我眼里的
"中国企业家"

张洪涛————

著

知识产权出版社
全国百佳图书出版单位
—北京—

U0500343

图书在版编目（CIP）数据

我眼里的"中国企业家"/张洪涛著．—北京：知识产权出版社，2024.1（2024.2 重印）
ISBN 978-7-5130-8988-3

Ⅰ．①我… Ⅱ．①张… Ⅲ．①企业家—研究—中国 Ⅳ．① F279.2

中国国家版本馆 CIP 数据核字（2023）第 227961 号

责任编辑：杨　易　　　　　　　　责任校对：王　岩
封面设计：杨杨工作室·张冀　　　　责任印制：刘译文

我眼里的"中国企业家"

张洪涛　著

出版发行：**知识产权出版社**有限责任公司	网　　址：http：//www.ipph.cn
社　　址：北京市海淀区气象路 50 号院	邮　　编：100081
责编电话：010-82000860 转 8789	责编邮箱：35589131@qq.com
发行电话：010-82000860 转 8101/8102	发行传真：010-82000893/82005070/82000270
印　　刷：三河市国英印务有限公司	经　　销：新华书店、各大网上书店及相关专业书店
开　　本：720mm×1000mm　1/16	印　　张：22.75
版　　次：2024 年 1 月第 1 版	印　　次：2024 年 2 月第 2 次印刷
字　　数：350 千字	定　　价：99.00 元

ISBN 978-7-5130-8988-3

序一

　　中国民营企业家的创业历程，既是一部挑战与机遇并存的奋斗史，又是一部创新与突破交织的发展史。作为新东方创始人，我参与并见证了改革开放以来中国民营企业的发展历程；作为亚布力论坛的轮值主席，也更加体悟到以亚布力论坛企业家为代表的中国民营企业家，在时代大潮中乘风破浪的勇气与智慧。

　　在这本书中，洪涛以他独特的视角和敏锐的洞察力，为我们描绘了这部以亚布力论坛企业家为代表的中国民营企业家群像。亚布力论坛是中国民营企业家的思想交流平台，在这里，我深感民营企业家身上散发出的那种创新、拼搏和勇于担当的精神。新东方也正是凭借这种精神，从一家小小的培训机构逐渐发展成为全球最大的教育集团之一，即便在新的历史形势下，我们也在不断积极转型，寻求蜕变。

　　洪涛以他的亲身经历和观察，为我们描绘了中国企业家的精神风貌和心路历程。他通过讲述不同行业、不同背景的企业家的故事，让我们看到了企业家在困难面前的坚韧和智慧，以及在成功背后的付出与坚持；让我们看到了中国企业家不屈不挠的创业精神，以及他们对社会责任的担当。作者通过对这些企业家的刻画，向我们展示了以亚布力论坛为代表的中国民营企业家在经济发展中的智慧与韧性，使我们更加深入地理解了企业家精神的内涵。

　　以亚布力论坛企业家为代表的中国民营企业家，面对困难不退缩，把握机遇不犹豫，以他们的聪明才智和辛勤努力，推动了中国经济的快速发展。同时，他们也积极承担社会责任，以实际行动回馈社会，为中国的繁荣发展做出了不可忽视的贡献，为中国式现代化建设注入了新的活力。

我想借此机会，向所有为中国经济发展做出贡献的民营企业和民营企业家们表示敬意。同时，希望通过这本书的出版，能让更多的人了解中国企业和企业家的成长历程与奋斗精神。相信这种精神，将会激励更多的年轻人投身于创业创新的大潮中，共同推动中国经济的繁荣发展。

俞敏洪

亚布力中国企业家论坛轮值主席（2022—2024 年度）

新东方教育科技集团董事长

序二

洪涛担任亚布力论坛的秘书长已有 20 年，一直坚持更新论坛的微信公众号"涛涛布诀"栏目。这次他把过去写的内容，结集成《我眼里的"中国企业家"》出版，我为他感到高兴。

亚布力中国企业家论坛可以说是我国改革开放和现代企业发展的一个缩影。当年，亚布力是中国滑雪的国家训练基地，刚刚开第一条雪道，荒芜一片，甚至没有一座像样的酒店。开始是田源他们创办的中国国际期货经纪有限公司到亚布力投资办滑雪场，但经营压力很大。1995 年，田源去参加达沃斯论坛，就想借鉴达沃斯论坛，也创办一个中国企业家论坛。就这样，2001 年第一次亚布力论坛很艰辛地开启了。

亚布力论坛运营三年，遇到一些困难走不下去了。田源要成立理事会，我是在这个情况下担任的理事长，同时把论坛接了下来，第一年以泰康保险集团为主举办了会议。张洪涛当时是我的秘书，第二年他主动申请到亚布力做专职秘书长，慢慢组建团队，发展理事，一晃就是 20 年。

这些年，亚布力论坛坚持"思想性、建设性"的定位，打磨亚布力论坛年会和夏季高峰会两个核心产品，聚集了一大批知识型、专业化、创新型的企业家和创业者，理事涵盖了"84 派""92 派""网络海归派"与"后 WTO 派"的核心代表，以及各地方商会的优秀代表，成为中国颇具思想力和正能量的企业家组织，得到了国家和社会的认同。亚布力论坛始终坚守我们的根本定位和价值底线，坚定做知识经济、专业经济和创新经济的代表，就是要让社会觉得企业家可尊重，企业家能担当，真正代表这个社会的正能量。应该说洪涛秘书长和他的团队付出了很多，做出了很大

的贡献。

现在很多地方都设立了"企业家日",提出"要像尊重科学家一样尊重企业家"。我一直讲,企业家是一个民族和国家强盛的筋骨,有了一代接一代、一波接一波的创业者和企业家,这个社会才会永葆活力和青春。现在中国经济正在从高速度转向高质量,从投资出口驱动转向效率创新驱动。中国的企业家从我们"40后""50后""60后"的老一代,到现在"70后""80后"的新生代,一代又一代,一波接一波,前赴后继。这就是民族的希望,这就是国家经济的希望。

企业家精神不是抽象的,是超级具体、有血有肉的。洪涛秘书长在亚布力论坛20年带领团队服务理事和会员的过程中,近距离地接触和观察我们这批企业家,他以自己的视角,坚持记录企业家们一些工作和生活上微不足道的小故事,讲述企业家们创业的经历和经营企业的思考,对于关注、了解和研究中国企业家这个群体具有一定的价值和意义。

我相信,通过了解中国企业家真实的故事、真实的情感,以及最原始的动力与最本质的思考,我们一定能够更好地理解这个群体,理解中国经济和中国社会的发展历程。希望这本书能够给读者带来一些启示和帮助,激发更多的人来关注和研究中国的企业与企业家,为推动中国经济的持续发展做出更大的贡献。

陈东升

亚布力中国企业家论坛理事长

泰康保险集团创始人、董事长兼首席执行官

序三

　　洪涛秘书长要出书了，真是件大好事！因为迄今为止，了解亚布力中国企业家论坛的每位企业家的人，非洪涛秘书长莫属！

　　从我第一次认识他开始，已经过去二十多年。2003 年，从我向陈东升董事长要人才出任亚布力论坛执行秘书长那一刻，时间飞快地过去二十年。一个年轻人，来到亚布力论坛这个企业家群体，通过努力工作得到信任，默默地领着一帮"小年轻们"不辞辛苦地为办好亚布力论坛奔波二十年，并获得认可，值得尊敬。

　　记得我上小学的时候，常常去母亲工作的郑州七中图书馆看书，影响我最大的，莫过于《钢铁是怎样炼成的》这本书。无论今人如何评价这本书及其历史背景，其中人物在艰难困苦中成长的故事，还是非常励志的。但是，最能打动我心弦的书，莫过于《红旗飘飘》。这是一部亲历者的回忆录，是一部真实的用文字写成的"纪录片"。书中的许多历史人物描绘得栩栩如生，大部分人物当时依然在世，从事着各级领导工作；书中的百折不挠的精神如火炬引领着年轻的心，成为人们一生难以忘怀的记忆。

　　《红旗飘飘》由众多亲历者多角度的回忆文章集结而成，与之不同的是，《我眼里的"中国企业家"》是洪涛秘书长在工作之余躬身笔耕的佳作。从个人的视角观察一个群体发展壮大过程中的人和事，无疑是一个非常好的"摄影"角度，一个个碎片可以绘就整个蓝图，一块块拼图就是企业家的世界。我非常喜欢的一个定义是"优秀企业家是我们这个国家的优质资产"。而这本书，从一个个企业家的经历中，选取各种片段集锦，让任何不了解企业家的人可以很容易地跟着洪涛的视角走近他们的世界，了解这是一批什么样的人，他们在做什么，他们是如何为社会服务的，从而看到自己与这些企业工作者之间的不可分割的联系。从这个意义上说，洪涛所做的工作，不仅是记载历史，更是一部常写常新的走向未来的微缩电视剧本，非常有必要，非常有意义。

亚布力论坛创办二十三年来，一批中国企业在中国大地上完成了从无到有、从小到大、从弱到强的生长过程。亚布力论坛作为颇具影响力的企业家交流平台，也已经初步实现了建成"中国达沃斯"的初心和目标。现在，论坛正在向着实现"世界亚布力"的伟大目标迈进。这将是一次新的远行，也将是企业家们为"中华民族屹立于世界之林"的奋斗目标。我衷心希望洪涛秘书长继续用他智慧的观察和手中的笔，续写亚布力论坛企业家们奋斗不息的新篇章！为洪涛鼓掌！为亚布力论坛企业家们喝彩！

田　源
亚布力中国企业家论坛创始人、主席
迈胜医疗集团董事长、元明资本创始合伙人

"企业家"是新时代最可爱的一类人

改革开放以来，中国企业家在国家的经济与社会发展中扮演着重要角色。他们不断创新、拼搏，不断追求卓越，见证并推动着中国逐渐走向经济强国。他们的成功标志着中国经济的崛起，也展示出中国人民的智慧和勇气。

21世纪中国加入世界贸易组织（WTO），参与全球化浪潮，企业家有了更广阔的发展空间。从2001年开始，一群企业家每年都会来到一个叫"亚布力"的小地方，纵论一年的得失，畅想未来的想法。

一晃23年过去了，他们依然每年都去，无论是风雪也好，路途奔波也罢，或是其他原因，从不缺席。亚布力中国企业家论坛（简称"亚布力论坛"）也因此成为企业家精神的代表名词，亚布力论坛——中国企业家的思想交流平台，它代表着思想性、建设性、正能量。

本书多以亚布力论坛企业家为主要讲述对象，仅仅是我非常有限的观察和记录，希望可以让读者更好地了解中国企业家的创业经历，感受到他们对中国经济发展做出的巨大贡献。他们有的从零开始，有的在已有平台上更上一层楼，他们的成功经验和故事，不仅是中国企业家的精神瑰宝，也是中国经济发展的支柱。

在中国经济发展的过程中，中国企业家的创新精神与实干精神，展现了中华民族的优秀传统。他们用自己的汗水和努力，创造了许许多多优秀的企业和品牌，推动了中国经济腾飞。他们是中国经济社会发展的中坚力量，是让我们更加自豪、对未来更加坚定信心的重要人物。

"企业家"可以说是新时代最可爱的一类人，他们勤劳、勇敢、孜孜不倦地为社会和国家创造财富，解决就业问题。陈东升、田源、俞敏洪、郭广昌、王石、刘永好、杨元庆、张文中、郭为、田溯宁、李东生、丁健等企业家们在农业、金融、科技、大健康、互联网、物流等方面推动着社会的进步，他们都在不同阶段、不同行业做着自己的贡献。在各种公共卫生等事件中，他们更是无须命令，无须动员，主动奉献自己能做的一切，积极承担应尽的社会责任。"义工精神"也因此成为亚布力论坛企业家精神的代名词。

当了二十年秘书长之后，我发现虽然我对他们很熟悉，然而他们创业成功的秘诀不是我们这些没有做过企业家的人可以完全解释的，但是记录、整理、传播企业家思想已经成为我的使命。

希望读者在阅读本书的过程中，可以深入了解中国企业家的精神和中国经济发展的历程。通过学习他们的成功经验，能够更好地认识中国经济的特点和未来的机遇，同时也希望能为读者的事业和人生提供借鉴和指导。

如果"中国"是一套书，希望"企业家"能够成为其中的一本，"亚布力论坛"能够成为其中的一章；而作为记录企业家历史的我们，也希望能被其他记录历史的人所记录，能够出现在这套书的某一页中。

20年前，陈东升董事长的一次意外决定，让我来到了亚布力论坛工作，谁也没有想到，正是这次决定，成就了我一生的选择。

张洪涛

CONTENTS

目 录

01 第一篇 "大企业家"的"小故事"

第二篇　**中国的达沃斯，世界的亚布力**

03
第三篇 **亚布力论坛与中国企业家**

04 第四篇　企业家教会我的一些事

05
第五篇 **我的二十年秘书长生涯**

06
第六篇　　我对热点事件的一些看法

07
第七篇　　我的四十年工作与人生感悟

第一篇

『大企业家』的『小故事』

在这个时代，商业英雄人物很多，仅仅科技领域就数不过来——马化腾、李彦宏、刘强东、雷军等等。他们既是企业家，又是明星，是创业者学习的榜样，更是无数大学生的偶像。此外，在金融、制造、房地产、文化、艺术等领域还有很多杰出人才。这些企业家是这个绚丽多彩的市场经济时代的主角，是时代的脊梁。

亚布力论坛创始人田源

田源是一位改革者，成名于 20 世纪 80 年代中后期，是当时杰出中青年的代表，时任领导人钦点的"四大青年经济学家"，与周小川、宫著铭、王小强齐名，是最早的市场经济拓荒者，曾任国务院经济体制改革方案办公室价格组副组长。

田源还是一位经济学家，是莫干山会议的最高级级别参与者，还曾提出"价格双轨制"，与华生、张维迎共同获得"中国经济理论创新奖"。

田源又是一位企业家，是中国期货之父。在田源之前，中国没有期货，是他建立了中国的期货市场，筹备中国的期货交易所，成立了中国国际期货经纪公司。

田源现任元明资本创始合伙人、迈胜医疗集团董事长，他也是中国的"施瓦布"，开创了有"中国达沃斯"之称的"亚布力论坛"这个中国企业家组织，是亚布力论坛创始人、主席（见下图）。如今，亚布力论坛已经屹立 20 多年，仍旧稳步向前，成为颇具影响力的中国企业家思想交流平台。

田源（中）在亚布力论坛首届年会现场

2004年4月25日那天,"亚布力论坛"开始成为我工作的重要阵地,我的生活也从此与它密不可分。

从冬天的银装素裹到夏季的南方沃土,从祖国的山山水水到纽约的城市森林,从南非的好望角到巴黎的埃菲尔铁塔,从皑皑白雪的滑雪场到绿树翠柏的高尔夫球场,从哈佛大学的教堂再到泰晤士河旁的赛艇小舟。近二十年的风风雨雨,不曾间断。付出很多,失去很多,也得到了很多"诗和远方"。

看到这张照片(见下图),我的思绪不禁回到了2004年4月25日,照片虽已模糊,但记忆很深刻。那是我第一次来到香港,也是第一次以亚布力论坛秘书长的身份出来工作,并参加了《商业周刊》年会。晚饭后,田源主席在酒店门口拦了一辆出租车,把我们带到了太平山山顶,从山顶向下看,一片辉煌!我们也留下了这张合影!

我与田源(右)在中国香港太平山山顶

田源问我:"你看到了什么?"

我答:"看到了人生!"

田源接着说:"我看到的都是企业家,一栋楼代表一个企业家,代表一个时代!我们就是要聚集这些人!成就'中国的达沃斯'!"

2004年的亚布力论坛才三岁,没有固定的团队,更不知道如何专业化运作一个组织。也是从那时开始,亚布力论坛走上了"职业化、专业化、规范化"的发展轨道,剩下需要我们做的,就是坚持、坚持、再坚持。

如今,亚布力论坛已经成为中国颇具思想力的企业家思想交流平台之一。如果再回到太平山山顶,他会看到什么?而我又会看到什么?

有粉丝吓坏张朝阳

　　要问哪位企业家是大众心中的偶像？我相信每个人心里都会有一份答案：马云、马化腾、李彦宏、雷军、王石、冯仑、俞敏洪、周鸿祎等等。首先，可能是因为他们企业做得好；其次，可能是他们本人比较有特点；最后，他们大多能说会道。

　　亚布力论坛创建之初的偶像是谁？谁出席亚布力论坛年会一定要坐在第一排？答案是：搜狐公司创始人张朝阳！（见下图）

张朝阳在亚布力论坛第二届年会现场

张朝阳是陕西省西安市人，1986 年毕业于清华大学物理系，并于同年考取李政道奖学金赴美留学。1993 年，他在麻省理工学院获得博士学位后，继续博士后研究。1996 年 8 月，他手持风险资金，回国创建了搜狐爱特信信息技术（北京）有限公司，于 1998 年正式推出其品牌网站——搜狐网。

光是这份简历，就比很多人都牛！张朝阳曾经是亚布力论坛的常客，但很遗憾近些年他没有再出席亚布力论坛年会。

给我印象最深的是 2006 年，那也是张朝阳最后一次参加亚布力论坛年会。那一次让我知道了什么叫"疯狂粉丝"。那时在亚布力开会的环境很艰苦，我们要先从哈尔滨机场用大巴车把所有嘉宾拉到风车山庄注册（中间车子很有可能会抛锚），之后再将他们分配到附近的 8 个山庄住宿，晚饭时再统一接回风车山庄，吃完饭再用车送到通信山庄开会，开完会再送回各自的住处。全程都是在 –40℃的冰天雪地中完成的。

好几百人上车、下车、吃饭。由于当时参会证件上也没有照片，更没有二维码，于是就有人不请自来。有个粉丝应该是在报纸上看到张朝阳来亚布力参会的消息，于是就跟了过来。她没有地方吃住，就在大堂默默等待"偶像"，举动疯狂。这让张朝阳很困扰，他让我给他换了个酒店，我换好了酒店但忘了给他安排车，于是张朝阳就自己扛着行李，在 –40℃的夜里步行 30 分钟才"逃"到酒店。当然，为了保障这位粉丝的安全，我们也给她另外安排了住处。

其实，其他大佬如俞敏洪、冯仑、王石、雷军和周鸿祎等也都有不少粉丝。我要强调的是，我们办会的条件逐渐改善，以前没有安检，现在我们用高科技保障会场安全，谁再想混进会场是不可能了。

"知行合一"陈东升

陈东升的爱好

我毕业于中国金融学院，专业是保险学。1998 年，我从大学毕业后就进入泰康人寿保险有限责任公司工作，2001 年开始给泰康保险集团股份有限公司创始人、董事长兼 CEO 陈东升（见下图）当秘书。2004 年 4 月，我离开泰康人寿，但没有离开陈东升董事长——我还是在亚布力论坛工作到现在，他也是亚布力论坛理事长。在陈董身边徘徊这么多年，我也一直视泰康人寿为"娘家"，我非常想聊聊陈东升的爱好。

亚布力论坛理事长、泰康保险集团股份有限公司创始人、董事长兼 CEO 陈东升

看报

陈东升不是不喜欢看书，而是太喜欢看报。各式各样的报纸，各个国家和地区的报纸，他都喜欢看。每天，秘书会把当天的报纸塞在一个大大的纸袋中，无论坐车还是坐飞机，他都要带着，而且他看报的速度很快。他自己也讲过：看报是获取信息最有效的方式。

聊天

经常有同学问我："你跟了陈董这么久，他没事的时候都在干什么？"我总是不假思索地告诉他："聊天。"无论是以前还是现在，只要陪陈董出差，除了正常工作，空余的时间就是聊天，天南海北地神侃。当然，在亚布力论坛活动期间，因为朋友众多，聊天更是不可或缺。通常都会聊到后半夜，聊到困得打瞌睡才结束。

思考

陈东升的思考发生在每时每刻，他对很多问题的思考很深刻，不会停留在表面。我印象最深的是他关于"中国现代化"的思考。我不敢随便引用，担心表述不清楚，陈董口述过他关于《中国的现代化》的理解，我们也整理了厚厚的一本书，但陈董一直不甚满意，所以也没有出版。其核心观点如下：

第一，鸦片战争是中国落后的结果，而不是落后的开始；第二，自鸦片战争以来，中国一直在探索现代化的道路，存在两个版本的现代化：苏联模式和欧美模式；第三，在中国式现代化进程中，1992 年有着至关重要的节点作用，那一年国家发布了建设社会主义市场经济体制的总体方针。"92 派"企业家由此而生，真正的企业和企业家从此走上舞台。

陈东升董事长自诩是一个经济学票友，他师从经济学大师董辅礽教授。他在创立企业之前，从事过很长时间的研究工作，对宏观经济发展趋势有着非常敏感和准确的判断；他在创立企业之后，还在不断学习，从未停止思考，可以说是最懂经济学的企业家之一。泰康人寿成立 20 多年，资产已经超过 1 万亿元；在此之前，他也已经创办了中国嘉德国际拍卖有限公司和北京宅急送快运股份有限公司，是当之无愧的企业领袖。

陈东升董事长的多年奋斗印证着一句话：活着就是为了改变世界！

"知行合一"

2021 年是陈东升理事长创建泰康保险集团的第 25 年，虽然彼时我离开泰康保险集团已有 18 载，但与陈东升理事长、泰康保险集团都依旧保持着密切的联系。我大学毕业后就来到泰康保险集团工作，先后历经 5 个部门 7 个岗位，最后居然成为陈东升董事长的秘书。这些际遇，都是我实在没有想到的，改变了我此后的人生路线。

当年和我一起在泰康保险集团工作的很多小伙伴，如今都已成为泰康保险集团的高管。这个"高管"的含金量也早已远超 25 年前，因为现在的泰康保险集团已是利润超百亿元、规模进入世界 500 强的大企业了。

2002 年 2 月，我第一次陪同陈东升董事长一起去往亚布力论坛，当时的组委会安排他做闭幕发言，由我准备发言材料。我清楚地记得 2002 年的泰康保险集团计划收入是 4.3 亿元人民币，这个收入目标并不高，但这在当时的我看来根本完不成。谁也想不到，20 年后的泰康保险集团营收竟有这么高。

这么高的目标，究竟是如何实现的？我想这与陈东升董事长的持续思考、学习密不可分，最重要的，是他对"知行合一"的坚持。很多企业家讲过"知行合一"，也表示崇拜王阳明，但我从没听过陈董提起王阳明。现在想来，也许陈董从在武汉大学珞珈山上刻下"始"字的那一刻开始，就一直在用行动书写着"知行合一"。

互联网上可能有很多关于泰康保险集团和陈东升董事长的"大事件"，那我就来说说几个不为人知的"小故事"。

第一个小故事：2003 年可谓是泰康保险集团发展最快的一年，那一年泰康保险集团开了很多分公司和中心支公司，几乎每个分公司、中心支公司开业，陈董都亲临现场。不得不说的是，那一年泰康保险集团由于扩张，成本压力非常大，成本控制也非常严。陈董就以身作则，带头坐了一整年的经济舱。有一次我们上飞机碰到了原中国保险监督管理委员会副主席和北京银行行长，他们眼看着这位"陈老板"直直穿过头等舱，坐到了飞机最后面的经济舱，很是讶异。那一年真的很累，但那是泰康保险集团奠定全国网络布局基础的关键一年。

第二个小故事：我已经忘了具体是哪一年，只记得我和陈董从武汉参加东湖论坛后，晚上坐火车去郑州，到达郑州已将近凌晨 2：30，夜色漆黑。快到站的时候，陈董让我把他的领带给他，只见他慢慢地系好领带、穿好西服，疲惫的眼神里透露着一种坚持，看到这一幕，我也只好跟着系好领带、换好西服。当时的我并不理解这一举动背后的含义，我想的只是，这一举动根本没有必要。在这黑乎乎的夜晚，谁会注意到你有没有系得体的领带、穿正式的西服。但如今细想，陈董这一看似很小的举动，透露的是对他人最本真的尊重，他尊重深夜前来接站的分公司员工，用实际行动传达着他的态度和使命感，也传递着为泰康事业奋斗的坚定信念。

第三个小故事：这是陈东升理事长与亚布力论坛的故事。陈东升理事长是唯一一位 20 多年来从未缺席亚布力论坛活动的企业家，无论是大型的冬季年会和夏季高峰会，还是平常小型的 CEO 研讨会出访，他都尽力坚持参加。作为亚布力论坛秘书长，我时常担心办不好会议会挨骂，但只要有陈东升理事长在，我的心里就会感到无比踏实。因为我知道，很多会议只要陈东升理事长决定参加，自然就会有很多理事参与。（见下图）

我想强调的是，虽然陈东升理事长参加了所有论坛的活动，但他却是低调的存在。亚布力论坛实行的是轮值主席负责制，每届轮值主席都是各项活动的主角，陈东升作为理事长，经常是从活动开始一直待到最后致闭幕词。闭幕式的会场稀稀落落，往往那时与会人员都走得差不多了，但陈东升理事长还是坚持留到大会的最后一刻。

他用 20 多年的坚持告诉大家：什么是"责任"，什么是"义工"，什么是亚布力论坛的"企业家精神"。我从他的身上看到，"知行合一"并非空口说说，而是实实在在、坚持不懈的实践。我想，这或许就是他所说的"初心不改，商业向善"吧。

陈东升在亚布力论坛第四届年会现场

李宁的"李宁"

　　每逢奥运会，我都会想起李宁。他是李宁品牌创始人、李宁（中国）体育用品有限公司董事长兼联席行政总裁。一方面，李宁是国家英雄，为国家争得了无数荣誉，是 2008 年点燃北京奥运会开幕式火炬的人；另一方面，李宁公司曾经是亚布力论坛冬季年会的重要合作伙伴。我家里到现在还有四五件李宁牌滑雪服。

　　应该是从亚布力论坛第一届年会开始，一直到 2014 年，亚布力每年都会给参会嘉宾发一件滑雪服。2005 年以前，滑雪服都是亚布力论坛自己买的，每件 600~1000 元，也是一笔不小的开支。当时的滑雪服品牌好像叫"TT"，中间也用过"亚布力牌"，是尚志市当地工厂生产的。参加年会最多的几位企业家，例如陈东升、王维嘉、毛振华、王巍、赵民、郭广昌，估计家里都有很多滑雪服。因为每年都发，以至于有人和我说："今年我不要了，能不能给家里人要一件，给一件女士的。"

　　从 2006 年起，李宁公司开始赞助亚布力论坛年会的滑雪服（见下图）。当时李宁公司刚刚与法国艾高（AIGLE）成立合作公司，重点推广运动时尚服装，而滑雪服是 AIGLE 的一个重点产品。与李宁公司的结缘，要感谢赵民理事。他主动找到我，让我陪他去见了时任李宁公司 CEO 的张志勇先生。我没有见到李宁本人，很是遗憾，当然最遗憾的是李宁从来没参加过亚布力论坛年会。

　　后来我有幸见过李宁三次。一次是 2008 年奥运会之后，我们组织企业家到李宁公司新办公园区参观、学习；第二次是在东软集团位于大连的科技园，一起参加管理学研讨会；第三次还是在李宁公司办公园区，这次是专门找李宁本人，希望可以继续赞助亚布力论坛。当时也正赶上李宁公司最艰难的年份，张志勇先生已经离开公司，李宁重新担任 CEO。见到李宁的时候，他谈得最多的还是转型和发展。他谈到，虽然作为运动员他很成功，作为企业家也算成功过，但企业发展是长期的，不是一朝一夕的，一定要不断学习。我们聊得很好，也对李宁印象很深。但我的目的还是没有达成，李宁公司出于自身战略的考虑，不能再继续支持亚布力论坛。走出办公楼后我才知道，李宁公司根本就没有滑雪服生产线，之前的滑雪服生产线都是为了亚布力论坛单独设计、生产的！

　　谢谢李宁！

李宁公司赞助的亚布力论坛年会滑雪服

"退休不退志"的姜建清

2016 年，63 岁的中国工商银行原董事长姜建清光荣退休了，超龄"服役"3 年。

这张照片（见下图）是 2015 年在肯尼亚首都内罗毕拍下的，我非常荣幸能够与姜建清合影。但这身民族服装为什么和床单一样，就不得而知了。

记得筹备 2013 年亚布力论坛夏季高峰会时，我们非常希望能够邀请一位国有银行的负责人，于是我怀着忐忑的心情求助了原中国银行业监督管理委员会主席刘明康先生。过了几天刘主席告诉我，姜建清董事长已经答应出席高峰会了。从那次开始，亚布力论坛与中国工商银行越走越近，并且建立了战略合作关系。

我和姜建清（右）参加内罗毕民俗活动

很多人都把中国工商银行称为"宇宙第一大行"，为什么这么说？因为中国工商银行目前不仅是世界上市值最高的银行，也是世界上利润最高的公司。这一地位也是在姜建清领导中国工商银行 17 年的过程中确立的。

2014 年，我们共同策划了"亚布力论坛—工商银行·欧洲行"，从柏林、阿姆斯特丹、布鲁塞尔再到巴黎，5 天，4 个城市。在姜建清董事长的带领下，亚布力论坛 30

位企业家受到了欧洲各国的热烈欢迎。我们也开创了"产融结合"的新模式。

在布鲁塞尔，比利时王国国王菲利普参加完诺曼底登陆纪念活动之后，专程赶回来与我们见面。时任轮值主席、TCL董事长李东生不禁感慨道："这辈子第一次被国王接见！"

同年，在姜建清董事长的建议下，亚布力论坛正式开始发布《中国企业家发展信心指数报告》，并得到了中国工商银行大量的数据支持。

2015年，我们又共同策划了"亚布力论坛—工商银行·非洲行"，从南非、肯尼亚到埃塞俄比亚，除了领略非洲的风土人情，我们还知道了"宇宙第一大行"的边界之大。作为国际化的一部分，2007年10月，中国工商银行成功并购南非标准银行，成为这家南非最大的也是最古老的银行的最大股东。

中国的退休制度，好的方面是可以避免终身制，让优秀的人才及时得到补充；不好的方面是，即使能力再强，任期满了也必须退休。作为一位杰出的银行家，姜建清退休后或许会寂寞，但不会在家闲着。我们期待他继续为国际金融界的交流与合作贡献力量。

老先生的褚橙

说到这位老先生，连柳传志、王石都要称他为"前辈"，可谓"前辈"中的"前辈"。很多年轻人应该都没有听说过他，但他的威名不会因为年纪而减退，他就是褚时健。褚时健 1928 年出生，是红塔集团原董事长，曾是有名的"中国烟草大王"。1999 年被处无期徒刑、剥夺政治权利终身，后减刑为有期徒刑 17 年。2002 年保外就医后，与妻子承包荒山开始种橙。2012 年 11 月，褚时健种植的"褚橙"通过电商开始售卖。

2015 年，我上了哀牢山见到了褚时健，当时他已经 87 岁了，可谓"久不入江湖"，江湖却依然有他的威名！我见到褚老的一刹那，觉得自己错了，错在不应该来打扰。他就是位老人，或者说是一位老农民，日出而作，日落而息，为他的橘子洒水施肥，为他和老伴的生活，甚至为他的后代还在继续劳作耕种。

褚老依然吸烟，而且还是玉溪牌，不曾改变。我没有问任何问题，因为我想的问题已经被问了千百遍，褚老都已经说过了。首先，过去的辉煌来自党和政府，感谢党和政府；其次，种植褚橙并非他本意，本来是要和老伴开一个米线馆，算了算一天要卖 1000 碗，才能够生活，还不如去种橘子。但种橘子就要种最好的，不能有任何投机取巧，褚老会过问选种、施肥、销售等所有环节，这应该就是我们现在所说的"工匠精神"。

褚老已经不愿意下山了，我曾试图问他愿不愿意去趟亚布力，但始终没有开口，实在太不忍心，还是让老人静静地继续当他的农民吧。当我写这篇文字的时候，突然电脑中弹出了之前热播的电视剧《琅琊榜》，感慨之际，突然也想排个"企业家"的"琅琊榜"，看看谁是那个"江左梅郎"或者江湖兵器谱排名第一的兵器是什么，无论排人还是排兵器，褚时健或者褚橙一定上榜!

　　提及排行榜,我想了好久。为什么琅琊榜是权威的?立琅琊榜的人的威信是什么?榜首是怎样产生的?江湖第一帮是如何诞生的?江左梅郎是如何当上第一大帮帮主的?天下第一大帮帮主就是琅琊榜榜首吗?这些问题没有答案,因为这些问题就来自江湖,源自虚构,现实中是没有答案的。现实中有胡润排行榜,有福布斯排行榜,有财富500强排行榜,哪个是权威?哪个是虚构?可能用这句话解释最好:虚就是实,实就是虚!

阎焱的"江湖情怀"

如果按照亚布力论坛的青年标准（22 岁到 35 岁），我早就不是青年了，但我想，判断一个人是否为青年的核心不是年龄，而是情怀！

我认真查了"情怀"这个词的出处，出自东晋的袁宏《后汉纪·灵帝纪下》："老臣得罪，当与新妇俱归私门，惟受恩累世，今当离宫殿，情怀恋恋。"

现在的江湖上，认可一个企业家，可以说他"太有情怀了"；不认可一个企业家，也可以说他"太有情怀了"。我理解的情怀就是：理想、精神、责任、担当。

在亚布力论坛，经常能看到年轻的创业者。二三十岁创业者眼中的世界，和我们看到的已经完全不同：机器人、无人机、无人船、虚拟现实、生物工程……各种奇思妙想数不胜数！但我看到的更多的是热情——做事的热情；是情怀——创业的情怀！

于是想起了一首老歌：

曾梦想仗剑走天涯，看一看世界的繁华。年少的心总有些轻狂，如今你四海为家。曾让你心疼的姑娘，如今已悄然无踪影。爱情总让你渴望又感到烦恼，曾让你遍体鳞伤。

——《曾经的你》许巍

可惜情怀这东西，不像去加油站加油，只能自己酝酿！

想起一位"大侠"——赛富投资基金首席合伙人阎焱，有关他的网络介绍中赫然有一句评价：一位掌管着 22 亿美元风险资金的商界奇才。

每每提到情怀，阎焱总是说："不想说情怀，这东西说多了伤身。"但我想说的是，阎焱是我见过最有情怀的企业家之一。不知已过耳顺之年的阎焱，他的诗和远方在哪里？

虽然情怀不能当饭吃，也不能当作资本使用，却可以让我们有理想、有担当、有责任、有永不后退的精神！

我想，如果有个企业家江湖情怀排行榜，位居榜首的一定非亚布力论坛全体成员莫属。

"画家"张跃

　　在企业家群体中，画画最有名的可能要算华谊兄弟传媒股份有限公司董事长王中军，他是科班出身的艺术家。我还知道另一位企业家中的艺术家，他就是远大集团董事长兼总裁张跃。张跃也是科班出身，就读于郴州师范专科学校（现湘南学院）美术专业，后进入郴州市一中担任美术教师，再后来才创办了远大集团。

　　张跃曾经在 2008—2009 年出任亚布力论坛轮值主席（见下图），我也是在那时和张跃接触得越来越多，只要到长沙，我就会去远大城（我

张跃（右）在亚布力论坛第八届年会现场

认为这是张跃的乌托邦）看看。这个 1 平方公里的远大城，有着张跃的梦想，里面时不时会多出几个建筑，这些建筑少则一夜多则几个月就能建成。

想起与张跃的接触，有几件事情我一直忘不了。

张跃的时差

2008 年，我们在远大城开理事会，由于到长沙的飞机晚点，大部分理事晚上才到，所以理事会也是晚上开的。开完理事会已经是晚上 10 点多了，之后聊到午夜 12 点。张跃让我去他的办公室，我发现他越发精神，后来才知道，张跃和正常人的时差相差 6 个小时。午夜 12 点是他精力最旺盛的时候，凌晨 1 点以后，办公室不时有人打电话进来，张跃开始正式上班。我因为太困，申请回去睡觉了。

环保主义者

张跃是一个彻彻底底的环保主义者，他做的事情"非环保不做"，无论是公司，还是个人，做公益都必须和环保相关。远大集团的空调是非电空调，不使用氟利昂；生产的空气净化器是针对雾霾的；远大集团建造的房子都使用最环保的材料，窗户够用就行，窗帘一定是装在外面的，可以把热源阻挡在外面；远大集团办公楼很少开空调，因为保温隔热系统做得好，所以不需要；张跃本人吸烟，但也只吸焦油量最低的。我曾经和张跃出差，他最在乎的不是酒店的舒适度和豪华程度，首先要看酒店是否环保，房间通风如何。

画家

我在张跃的办公室见到最多就是各式各样的图纸。远大集团的所有设计几乎都出自张跃。他有一个收藏绘画作品的仓库，收藏的都是他本人的作品，据悉有上万幅。张跃告诉我，他最满意的绘画作品是临摹的《蒙娜丽莎的微笑》。

虎父无犬子

有一次，我偶然在爱奇艺视频看到了一个叫张贤铭的小伙子在国际会议上大谈环保，想办法联系上之后，力邀他加入亚布力青年论坛。后来才知道此人竟是张跃的儿子！张贤铭个性鲜明、独立帅气，从相貌上看与他的父亲有很大不同，但和他深聊之后就会发现，父子俩一样有情怀、有理想。他自己成立了 P8 空间，他的理想已经不仅限于 "天空城市"，而是要实实在在地建造一座 "理想城市"！

"万众瞩目"的俞敏洪

大众校长

1998 年大学毕业以后，我为了实现"去大洋彼岸"的梦想，开启了"新东方学习之旅"。每天早晨六点，我就要从北京南三环的家中出发，坐公交车到中关村新东方租赁的大礼堂去上课。大礼堂能容纳 300 多人。那是我第一次了解到新东方校训："从绝望中寻找希望，人生终将辉煌！"我还把这句话用很粗的笔写在了胳膊上。可惜的是，过去我的人生没有把自己置于"绝望"的时刻，所以也没有"辉煌"。后来，我放弃了出国留学的愿望，向其他方向发展。十年之后，在冰天雪地的亚布力火车站，我接到了专程来参加亚布力论坛的新东方教育科技集团有限公司董事长俞敏洪，和其他人一样，我说的第一句也是："校长，您好！"

很少有人叫俞敏洪"俞董"或"俞总"，大家更习惯喊他一声"校长"。"校长"是企业思想家，人气超旺。

从 2009 年亚布力论坛年会开始，俞敏洪校长参加过亚布力论坛各种活动，包括冬季年会、夏季高峰会、中美商业领袖圆桌会议。（见下图）只要有俞敏洪的地方，就会人头攒动，掌声、喝彩声不断。听众不仅有学生，还有青年创业者、成功企业家。俞敏洪也是全国工商联评选出的改革"开放 40 年百名杰出民营企业家"。

2012 年，亚布力论坛年会的主题是"市场的力量"，这次年会主要是和纪念邓小平同志南方谈话二十年主题相关，所以我们决定出版一本书叫《九二派："新士大夫"企业家的商道和理想》。广义的"92 派"企业家是

俞敏洪在亚布力论坛第九届年会现场

指受到邓小平同志 1992 年南方谈话影响，大批在政府机构、科研院所的知识分子"下海"创业，形成一个相对独特的企业家群体，当然也包括此前在学校教书、不甘寂寞的俞敏洪。后来就有了新东方，有了"俞校长"。

采访俞敏洪是一件很"痛苦"的事情，因为他很难约，我们的问题必须准备齐全、透彻。记得我们为《九二派："新士大夫"企业家的商道和理想》采集资料的时候，采访过俞敏洪，那次我们去了五个人。他反应速度很快，语言表达能力很强，可以非常透彻地阐述任何一个问题，当然采访者如果不能领会，没有准备好就"自认倒霉吧"。

校长不会轻易答应事情，答应了就一定会做到。校长有情怀，只说实话。他在 2018 年亚布力论坛夏季高峰会上的演讲题目是"在一个动荡的时代做不动荡的自己"，讲了真话，讲了实话。虽然会有不同意见，但赢得了更多认同和掌声。

校长认为：企业家要做有情怀的事情，而不是捞一把是一把，现在之所以大量民营企业陷入困境，很重要的一点是很多做企业的人，干的就是捞一把是一把的事情，哪儿赚快钱往哪儿冲。

我曾经和校长交流，他也认为亚布力论坛就是一群有情怀人的思想交流平台。

一朝为师，终身为师！虽然当年校长本人没有教过我，我也只是听过他讲课的录音，但我始终认为他是我的老师，那句"从绝望中寻找希望，人生终将辉煌"深深影响着我。

中国合伙人

2012 年 4 月 14 日，在波士顿的哈佛大学会场里挤满了人，会场有600 多人，大多数人都是站着的，他们正在等待一个人的演讲。他就是俞敏洪。据说，无论俞敏洪走进美国哪一所大学，都会立刻有人围上来高喊"校长好"！

俞敏洪出生于 20 世纪 60 年代，是标准的"92 派"企业家。他曾在北京大学任教，后因私开补习班被处分而在 1991 年从北大辞职，隔年便创办了新东方教育科技集团有限公司。给我印象最深的是 2010 年，俞校长第一次来亚布力参加论坛大会。他自己一个人从北京坐飞机到哈尔滨，再从哈尔滨搭火车到尚志市。俞校长到达尚志火车站以后给我打电话："洪涛，怎么去亚布力？如果没人接，我可以打车去。"当时我们没有在尚志火车站设立接站点，因为没有想到，会有人自己坐火车直接来亚布力。

校长的演讲总是精彩的，校长的歌声也总是嘹亮的。2010 年是亚布力论坛十周年，我们专门组织了一次晚会，邀请姜育恒来唱《再回首》。在姜育恒唱得最陶醉的时候，校长站到了台上一起合唱，瞬间点燃了全场的热情。

姜育恒也被校长的激情所感染，直接把身上穿的西服拿出来拍卖。而有趣的是，西服最后竟被校长拍得，当场就穿在了身上。不过更有趣的是，在接下来农家院的斗酒活动中，衣服竟然不慎遗失。第二天，校长给我打电话询问是否看到那件衣服，我也专门去寻找过，却依然不得所踪。

关于校长的酒量，校长自己在博文中曾经透露过："大概 1 斤白酒。"这酒量在企业家中算是很大的了，不过大家喜欢校长的原因可不是因为酒量，而是因为校长的情怀、精神以及理想。电影《中国合伙人》很是火了一阵，让我们更深刻地了解到新东方的另一面。无论电影是真实的，还是虚构的，我都从中学到了很多。创业需要伙伴，需要志同道合的人，但真正能够走到最后的人却是少之又少。或许成功可能真的属于少数人吧！

从"远见"到"酌见"

2021 年，俞敏洪校长主持的财经节目《酌见》火了。

俞敏洪跨界当主持人，每期都会携一瓶"五粮液"采访一名企业家。他们边吃边喝边聊，碰撞出的思想火花，可谓真知灼见！其实，节目里的嘉宾都是亚布力论坛理事或即将加入亚布力论坛理事会的企业家，包括俞敏洪本人也是论坛的理事。从这个角度看，《酌见》也是一场属于亚布力论坛的思想盛宴！

说到亚布力论坛，2021 年 3 月，我陪同张文中、陈东升、田源、俞敏洪、冯仑、李东生、王玉锁等企业家一起前往遵义。在参观遵义会议旧址后，我心生感慨。一是感慨革命胜利来之不易。遵义城很小，但诞生于这座小城的遵义会议却改变了红军的命运，改变了中国的命运。二是感慨遵义会议的参加者那么年轻。当时朱德 48 岁，毛泽东 42 岁，周恩来 37 岁，博古只有 28 岁，并且大部分一线指战员都不到 30 岁。这是一支多么年轻的队伍，遵义会议之后的短短 14 年间，正是这群人带领中国共产党建立了新中国。

紧接着，我想起那句老话，"大事要敢想，小事要一点一滴去做"。创业和红军长征其实是一个道理，不可能一帆风顺，甚至会走很多弯路，但信念不能丢，理想不能忘，最重要的是脚步不能停。同时，我还想起另一句话，"理想还是要有的，万一实现了呢"。我们必须坚信理想是有可能实现的，要勇敢地朝目标走去。

从遵义归来后，我接到了王巍理事的电话。他问我："洪涛，你有亚布力论坛第一届年会的照片吗？"我立刻意识到，王巍理事一定是发现了什么"宝贝"。果然，他一直保留着亚布力论坛第一届年会的全部视频资料，这份资料不仅记录着亚布力论坛的历史，更记录了中国企业家的历史。

跟随《酌见》穿越回 2001 年去看首届亚布力论坛，我怀着无比激动的心情打开了视频。由于时间久远，画面颜色已变成黑白，但仍清晰地记录着 20 年前的亚布力论坛发生了什么。

那一年，陈东升董事长谈了他对未来金融保险的三个判断，张文中作为"网商世界创始人"谈了对创新的看法，王石谈了"什么是农民企业家"，冯仑谈了 2001 年房地产的趋势，张朝阳把互联网称为新媒体，并说"需要用狗的年龄来衡量互联网企业"。视频里还有年轻的周其仁教授和刘伟教授，他们都发表了各自的真知灼见。

俞敏洪校长第一次参加亚布力论坛年会应该是在 2008 年，所以视频里没有他的身影。如果校长 2001 年就做了《酌见》，而且是采访同样的人，不知道他会有什么样的感觉。

再说回《酌见》，我仔细听了节目里企业家们的思想脉络以及核心观点，可以说，2021 年的《酌见》印证了中国企业家的远见。特别是已经成为中国企业家栋梁，却依然积极探索、阔步向前的这批亚布力论坛企业家们。他们的思想不仅没有过时，反而一直在超越时代，一直在领航！

雷军与小米

提及"小米",大家首先想到的已经不再是"小米加步枪"的小米了,而是小米集团。"小米"已经不仅仅是手机品牌,而是代表着一种生活方式和生活态度,这就是我作为非小米手机用户但却是忠诚"米粉"的观点。

我认识雷军(见下图)的时间很早,大约是在 2003 年,作为陈东升董事长的助理,我陪陈董参加"2003 年武汉大学 10 大杰出校友颁奖大会"。在 10 大杰出校友中,只有两位是企业家:陈东升和雷军。主持人提到陈东升的时候,全场掌声雷动,提到雷军的时候,现场欢呼声此起彼伏。雷军当时的身份是北京金山办公软件股份有限公司总经理,他还曾经创建过最早的电子商务公司卓越网,是名副其实的互联网创业老兵。

小米集团创始人、董事长兼 CEO 雷军

我对雷军的印象一直是朴实、厚道,像个大学生,永不疲倦地学习、思考、求进步、求发展。若干年之后,雷军离开金山公司,创建顺为资本,返回金山公司,再创建小米公司,默默打造了一个"雷军系",慢慢地有了"小米朋友圈"。

2018 年 7 月 9 日,雷军在港交所"敲锣",港交所首支同股不同权的股票上市了。雷军在公开信中说到"唯有持续奋斗,才能回报这份信任"。这是对伙伴、员工、股东以及数以亿计"米粉"讲的。

小米集团成立时间并不长，但其中的跌宕起伏、辛酸苦辣不是外人能够体会的，或许唯有雷军和小米人知道。现在的小米集团也更受关注，更值得期待，同时也更容易受到质疑。如果只看财务报表，分析股票 K 线图，试图从中找出小米集团估值高或低的依据，我们就会忽略一种最有价值的东西，就是雷军和小米团队的企业家精神——坚忍、担当、责任、奋斗。

如今的小米集团几乎是"全能"的，不仅有越来越精致的手机，还有家庭、办公室需要的大部分产品，而且万物互联；小米有品不仅卖手机，还有红酒、白酒、啤酒、零食、厨房用品、儿童玩具等等，甚至还可以买到猪肉、牛肉，种类足够多，品质足够好。

自从有了小米有品之后，我就很少用京东和天猫，不是因为后者不好，而是因为产品数量太多，我需要花很多时间去搜索对比，才能找到自己需要的产品。我是个无趣的人，即便逛商场也是直接找到想要买的商品，买完就离开。所以小米有品的简单、高效更适合我，不需要花太多时间做选择。

小米手机的手感和照相效果很好，运行速度也很快。每天早晨"小爱同学"（智能音箱）会把我叫醒，小米电饭锅已经把粥熬好，小米扫地机会帮我扫地，小米净化器会保障家里空气质量，小米加湿器会保障室内湿度，我每天用小米体重计称体重。如果全家去旅游，我就会设置小米摄像头记录。我出门时，居然发现皮带也是小米的。我大约有 50 个小米设备，这些设备都通过小米路由器连接在一起。不知不觉中，我早就成了"米粉"。我知道，未来一定会有万物互联的那一天，这是从量变到质变的必然过程。

需要说明的是，我是站在"米粉"的角度来谈我的感受，可不是公关软文。雷军说"小米"是一个新物种，我认为"小米"更像一种生活方式。在互联网大潮中，行业已经不重要，没有企业离得开互联网，任何企业都在建设属于自己的"朋友圈"，也就是"生态"，不同生态构建着不同人群的生活方式。

小米集团的追求是很宏大的。我曾经也以为小米就是卖手机的公司，现在看来大错特错，其实它卖的是一种简单、高效、有品质的生活方式。

记得有一次我出门上班时，太太对我说："家里麦片没了，回来记得买一点儿！"我回答道："小米的怎么样？Mi Home 有麦片、红酒，尿不湿要不要？"

银行家洪崎

2015年7月，我陪同陈东升董事长出差，在上海虹桥机场偶遇洪崎董事长。我给洪崎董事长正式递送了名片，介绍了亚布力论坛，而且提及以前经常给他发信息。洪崎董事长笑着说："原来你也叫张洪涛，我以为给我发短信的是中国人民大学的张洪涛。"这里要说明的是，中国人民大学原统计系主任的确是张洪涛，不过是一位老大姐，而且她非同凡响，曾申请、批筹过两家寿险公司。

2016年8月，中国民生银行董事长洪崎正式加入亚布力论坛，成为亚布力论坛理事，也是亚布力论坛第一位银行家！当年9月在中国民生银行的交流活动中，陈东升理事长向洪崎董事长正式颁发理事证书。

在此之前，亚布力论坛成员企业来自各行各业，保险、互联网、房地产、信息技术、投资、制造、医药、娱乐等等，但唯独缺少银行家，我们也曾苦苦寻觅，希望有银行家可以正式加入亚布力论坛。中国工商银行是我们的 TOP 合作伙伴，我们曾无比亲密地接触，共同举办了很多具有建设性的活动，也都取得了丰硕成果，然而，时任中国工商银行行长的姜建清始终没有成为亚布力论坛理事会成员，真是非常遗憾。

中国民生银行与亚布力论坛成员同根同源、同成长、共发展。亚布力论坛是企业家思想交流的平台，代表着中国企业家的方向和未来。1996年，中国民生银行成立，它是首家主要由非公有制企业入股的全国性股份制商业银行，是中国银行业改革的试验田，是一个由民营企业为主要股东的银行，而亚布力论坛理事会成员恰恰以民营企业家为主体。这份不解之缘早已结下。

亚布力论坛理事会成员在与中国民生银行的交流中，洪崎董事长提出了三点倡议：

第一，以民生研究院为中心，整合各方面研究力量，提高民企战略联盟的政策前瞻性，共同提高跨周期经营能力。

第二，由民企战略联盟牵头成立民企科技、信息互助共享平台，在科技系统、信息共享、大数据、智能化等方面互通有无，共同应对挑战。

第三，建立完善民企托管机制，成立民企托管基金，通过机制安排强化民企的抗风险能力。

相信未来亚布力论坛与中国民生银行将会有更多合作，同根同源，共谋发展。

我们在洪崎董事长身上看到了激情与理性的平衡，也看到了亚布力论坛企业家特有的责任、担当、创新与进取的企业家精神！

多彩的陈启宗

陈启宗先生（见右图）有很多身份：恒隆集团有限公司董事长、原美国亚洲协会董事会联席主席，听说他担任过以色列驻中国民间大使，也曾是中国—以色列考察最佳导游。

2016 年 11 月 29 日，亚布力论坛与陈启宗先生联合发起了以色列考察，行程一共 6 天。我们每天早晨八点出门，晚上十点回酒店，累到不想动。每天参加8~10 个正式活动，拜会了包括以色列总理内塔尼亚胡在内的以色列政要、经济学家、将军、企业家，总计 40 余位，我们对这个"创业国度"终于有了更多的了解。

恒隆集团有限公司董事长陈启宗

那次以色列之旅，给我留下了非常美好的印象，对陈启宗先生更是印象深刻。

慈祥可爱的以色列导游

我们每天乘坐大巴出行，车辆一启动，陈启宗先生就站在车厢内，双手抓住栏杆，开始大讲特讲以色列的风土人情，从公元前两千年开始讲起。他对以色列的历史、文化、风土人情无所不知，对我们的提问有问必答，从不厌烦。他每天提醒我们不要忘带护照，不要忘带同传设备，出发前亲自清点人数。我真的不知道陈启宗到底有多少个学位，可查到的就是南加州大学、特拉维夫大学、香港科技大学等多个不同学科的学位。这应该是我见过最大牌的导游了。

乐善好施的企业家

大家都知道，陈启宗先生的家族慈善基金"晨兴基金会"早前向美国哈佛大学捐赠了 3.5 亿美元（约 21.5 亿元人民币），这是哈佛大学校史上金额最大的单笔捐赠。一路上，我们逐步了解到，陈启宗先生对教育的支持远不止于此，晨兴基金会在过去这些年中，向中国五所重点大学持续捐赠了晨兴奖助学金，每年支持 500 位家境困难但学业优秀的大学生。中国科学院晨兴数学中心、世界华人数学家大会、黄山地区雅礼协会教学计划、中国科学院昆明动物研究所及北京生命科学研究所生命科学暑期课程以及晨兴音乐桥计划等活动背后，都有晨兴基金会的身影。当然作为陈启宗母校的特拉维夫大学也在其中。

我们在以色列遇到所有人都对陈启宗先生尊敬有加，不仅因为他是企业家，更因为他是一位慈善家。

精力充沛的老人

陈启宗先生不仅充当导游，还担当所有活动的主持人并致辞，向对方介绍亚布力论坛团队成员，这么大的年纪和我们一起舟车劳顿，精力之旺盛令人叹服。每天晚上回到酒店，我最想做的事情就是睡觉。在电梯间，陈先生总是和我开玩笑："洪涛，我们去喝一杯怎么样？"我看着陈先生那充满灿烂笑容的面容，苦笑着答道："No！"

偶遇韩后王国安

第一次见到韩后董事长王国安是在红杉资本中国基金十周年的年会上。红杉资本全球执行合伙人沈南鹏时任亚布力论坛轮值主席，我请沈南鹏主席帮忙邀请一些红杉中国投资的初创企业家参加亚布力论坛年会，多增加一些互联网味道，其中就有韩后创始人王国安。

那次回家后，我就和太太讲："今天我见到一个很有意思的人，是韩后的老板。"太太问我："你什么时候去的韩国？"她一直认为韩后是韩国品牌，老板自然也应该是韩国人。事实上，韩后董事长王国安是一个地道的中国人，皮肤黝黑，拥有非常健康的肤色，怎么看也不像是卖面膜起家的。我也一直难以想象，这么一位棱角分明、语速极快的大男人居然是做化妆品生意的。但王国安的激情的确属于互联网，他胆子很大，很多人叫他"王敢敢"。

第二次注意到王国安是在 2016 年亚布力论坛年会公益拍卖的现场，王国安和王石竞拍时任轮值主席、联想集团董事长杨元庆捐赠的 2008 年北京奥运会祥云火炬。由于这支火炬与深圳有非常大的渊源，所以王石志在必得。有朋友看到此种情景，便不再加价。就在王石即将得手之际，后排的王国安突然出手，大有和王石死磕的架势，价格也在不断飙升。很多人都在想：这么不给王石面子的年轻人是谁？当然最后在拍卖师陈东升理事长的帮助下，火炬还是归了王石。

第三次与王国安见面是在秘书处办公室，我们邀请了韩后成为亚布力论坛战略合作伙伴，共同策划 2017 年"亚布力好声音"。最初的想法其实很简单，就是在开了整整三天会之后，让大家轻松一下，办一场"企业家卡拉 OK 大赛"，但王国安用他超快的语速改变了我的想法。"既然要做，就一定要认真。""我们要策划一场让所有企业家都愿意参加的好声音。""一种声音，也能成为一次思想的传播。""不能消费大佬，要让大佬开心。""让亚布力好声音成为亚布力论坛的固定项目。"听到他说的这些，我不禁感叹他的敬业精神。

这三次见面，让我对这位创业者有了更深的印象——勇敢、执着、认真。王国安真是应了那句话："大事要敢想，小事要一点一滴去做。"

民营钢铁大王丁立国

望海楼是个好地方，那里有个元代的三层塔，曾是当时最高的建筑，那里有大片幽静的湖水，夏季荷花盛开的时候，清香满溢。那里还有 1000 多条锦鲤，也常有三五朋友聚会，或喝茶或品酒，常有高谈阔论，总是笑声不断。那里的主人叫丁立国（见下图），是位"70 后"企业家，也是民营钢铁大王。他热心公益，热心环保。

我第一次遇到丁立国主席的情景还历历在目。记得 2005 年亚布力论坛第二届夏季高峰会在深圳召开，我知道他要来参会，所以在午餐主桌安

德龙集团董事长、新天钢集团董事长丁立国

排了座位，但午餐的时候却怎么都找不到人。午餐开始后我坐在了最后面一桌，和旁边一位很低调的企业家换了名片，这才知道原来他就是丁立国董事长，在我再三的邀请下，丁立国董事长才肯去主桌就座。

丁立国也是亚布力论坛 2017—2018 年轮值主席，他曾邀请全体秘书处成员去望海楼游玩。那次去望海楼已是秋天，望海楼的荷叶已经枯萎，秋风从湖面吹来，寒意阵阵，但我们的心因为丁主席的热情而暖意融融。那天刚好是中国共产党第十九次全国代表大会闭幕，选出了新一届中央领导机构。我依稀记得习近平总书记在十九届中央政治局常委同中外记者见面时的讲话："新时代要有新气象，更要有新作为……全面建成小康社会，一个不能少；共同富裕路上，一个不能掉队。"还有最后那句："我们不需要更多的溢美之词，我们一贯欢迎客观的介绍和有益的建议，正所谓'不要人夸颜色好，只留清气满乾坤'。"从里到外透着自信。

还是在这一天，亚布力论坛选题委员会初步讨论了 2018 年亚布力论坛年会的主题和内容。因为亚布力论坛年会都会设轮值主席时间，我问丁主席想讲什么，他说他想讲"从失败到失败"。企业家是不惧失败的，失败了可以重新再来，最重要的是企业家信心、企业家责任和企业家精神。

悼念鲁老

2017 年 10 月 25 日，万向集团公司董事局主席兼党委书记鲁冠球先生去世了。第二天，恰逢亚布力论坛召开新一届理事会，在会议正式开始前，陈东升理事长提议所有人起立，为鲁老默哀。会后，他专门让我陪同冯仑董事长一起专程到杭州参加追悼会。

追悼会现场有很多朋友来送他。冯仑结束手里的工作赶来杭州已经是凌晨。我们早晨七点出发，到达万向集团公司的时候，已是人山人海。相信主人如果知道冯仑来送行，一定会给他安排内场的位子，但这个时候没人去问，也没人去找。七点半，我们默默跟着人群到外场排队，一直到告别仪式开始后我们走进内场，足足等了 2 个小时。中间不时有工作人员搬来椅子，让白发苍苍的老人坐下休息。这么多朋友来送他，鲁老应该没有遗憾了。

作为企业家的常青树，鲁冠球是改革开放后第一代创业者，是时代开创者，也是企业家精神的代表，他用一生实践着中国梦。他曾对后人讲："我每天工作 16 个小时，相当于其他人活了 120 岁，也值了。"

我有幸见过鲁老一次，那是在 2015 年 11 月，下着秋雨，特别冷。我陪田源、冯仑一起到杭州拜会鲁老（见右图）。刚好亚布力

鲁冠球先生（右）与田源交谈

论坛出版了一本新书叫《一九八四：企业家归来》的新书，希望请鲁老题字。鲁老看了看，说要到书房去认真签。鲁老的书房很小，摆放着一张很老的写字台，上面放着毛笔，屋里飘扬着电视剧《长征》的主题曲《十送红军》。

我们那天还邀请他参加亚布力论坛年会，他很谦虚地拒绝了，说自己就是一个农民，不会讲，而且家乡口音太重怕别人听不懂。这是真的，在和鲁老交流的一个小时中，幸亏有他的儿子鲁伟鼎董事长在场帮着"翻译"。我们聊到万向集团公司产业梦想时，鲁老拿出一本厚厚的产业手册给我们看。如今很多企业家都放弃了起家的事业，去做投资、做"互联网+"，鲁老一直在坚持他自己的理念：产业就是产业，投资就是投资，自己不懂的事情绝对不做。这也是一种不忘初心吧。

鲁老没有来过亚布力论坛，但亚布力的企业家博物馆里一定有鲁老的故事。

"农民"艾路明

　　"农民"是很多人对艾路明（见下图）的普遍印象，因为农民代表了朴实、厚道。艾路明的确是"农民"，他是农村户口，还是村党支部书记；但同时，他也是武汉大学博士，师从一代经济学大师董辅礽教授；他是著名企业家，创办了武汉当代科技产业集团股份有限公司；他是大学教授，在大学开了"犹太学"；他还是探险家，曾经从长江源头漂流到入海口，经历过生死的考验。

　　除了"农民、企业家、博士、教授、探险家"的身份，艾路明还是第七任阿拉善SEE生态协会会长。他为阿拉善SEE生态协会投入了自己

武汉当代科技产业集团股份有限公司董事长艾路明

90% 的时间做公益，个人及公司捐款 2000 多万元，发展"80 后"会员 61 人，当选会长实至名归。

我想聊聊艾路明不为人知的几件小事。

2011 年，亚布力论坛理事会在北京召开，艾路明背着一个很旧的书包来开会，没有带秘书，而且是打车来的。走的时候他问我可否帮忙找辆车送他去火车站，他要去郑州。刚好另一个董事长也要去火车站，就一起走了。艾总和我说，因为还要去另外一个城市，他一个人在候车室睡一觉就可以了。这就是上市公司的老板，没有华丽的衣着，还可以在候车室长凳上睡一晚。

2012 年，亚布力论坛夏季高峰会在武汉举办之际，我准备向艾总开口申请费用支持。我找他秘书约艾总时间，希望去武汉做具体汇报。结果艾总说："不用了，你大概讲一下，把账号给我秘书就行。（这是）亚布力论坛的事情，又是在湖北，我都支持。"我知道他相信的是亚布力论坛企业家这个群体，因为他也是其中一分子。在为筹建亚布力企业家永久会址募资的过程中，艾总也是积极支持。

还有一件事情，虽然只是听说，但我相信是真的。作为村党支部书记，艾路明的工作之一就是协调乡里纠纷。这些年城市扩建，农村拆迁，会分配拆迁补偿款。农村家庭人口多了，如何分配经常会出现问题。据说有一家婆婆和儿媳妇因为拆迁款分配问题闹矛盾，找艾路明解决。艾书记听了半天，觉得"清官难断家务事"，只好给自己夫人打电话，问问自己家里存折还有多少钱。据说类似事情很多。

一直以来，亚布力论坛与阿拉善 SEE 生态协会的公益情谊有很深的渊源。阿拉善 SEE 生态协会的大多数创始成员也都是亚布力论坛理事。2008 年 5 月，亚布力论坛、阿拉善 SEE 生态协会等企业家组织共同发起了"拉住孩子的手"公益活动；2014 年 8 月，在亚布力论坛夏季高峰会上，我们又联合阿拉善 SEE 生态协会发起"拒吃鱼翅"活动……

企业家精神的核心之一就是企业家的社会责任，亚布力论坛也将在公益方面有所突破，我们也将鼓励亚布力论坛青春合伙人更广泛地参与公益项目。

向时代致敬的"沈南鹏们"

　　这张照片（见下图）来自红杉资本中国基金十周年年会，红杉资本全球执行合伙人沈南鹏在演讲"向时代致敬，向创业者致敬"，其实沈南鹏又何尝不是创业者，他是这个时代的骄傲！我很想再当一次创业者，并且遇到沈南鹏！

　　回想 2003 年，我们在筹备 2004 年亚布力论坛年会时，田源、陈东升、王巍等人聚在一起讨论内容，大家都觉得应该请一位新晋企业家。当

红杉资本全球执行合伙人沈南鹏

沈南鹏在亚布力论坛年会上发言

时，35 岁的沈南鹏还是个创业者，是携程旅行网联合创始人、总裁，也是最大股东。亚布力论坛年会开幕之际，我在陈旧的风车山庄酒店大堂遇到了沈南鹏———身黑色中式正装，很精神、很帅。让我印象最深的是他的头发——整齐向后而且非常亮（见上图）。他见到任何人都非常客气，总是主动握手："我是沈南鹏！"他有着与年龄不相符的成熟。

2006 年，连续创业的沈南鹏成为红杉中国的创始及执行合伙人，也成为这个时代的骄傲！估计沈南鹏自己都数不清楚，红杉中国到底投资了多少企业，包括阿里巴巴、京东、小米、蚂蚁金服、新美大、滴滴、今日头条、360 等企业的成长都离不开红杉中国。

2015 年，沈南鹏当选亚布力论坛轮值主席。亚布力论坛连续三次访问硅谷，我们才发现沈南鹏已经成为红杉资本全球三个执行合伙人之一，已经是比肩世界的顶尖投资者！

沈南鹏曾与香港科技大学李泽湘、香港大学陈冠华教授联合发起了香港 GX 科技创业平台，计划在未来支持 120 个早期项目，50 多个天使项目。目的是瞄准香港青年科技创新热点，激发香港科技创业基因。

2015 年，亚布力论坛理事会成员与时任香港特别行政区行政长官梁振英会面，梁振英希望亚布力论坛理事会成员能够多为香港青年人创造一些机会，让他们能够到内地企业去实习，有更多的交流，也更好地了解内地。不知道沈南鹏理事是否就此"落实"了梁振英的建议。

我总是记起陈东升董事长说过的一句话："中国自古以来，有伟大的思想家老子、孔子、孟子，有伟大的军事家孙子，也有伟大的政治家孙中山、毛泽东、邓小平，唯独缺少伟大的企业家，这个时代需要企业家精神。"这真是最好的时代，我们有创新商业模式，有广告的市场空间，有诸如沈南鹏、丁健、吴鹰、田溯宁、张磊、胡祖六这些具有创业精神的投资家！当然就会有更多的"外星人"来过！

永远不出河南的胡葆森

想到河南买房，就会首先去看看"建业"的房子，想到河南发展，就需要想办法认识下老胡。这个老胡就是建业地产股份有限公司董事长胡葆森。胡葆森说，建业一定会扎根河南，在河南盖好房子，造福家乡。26年过去了，胡葆森说到做到。建业集团应该有很多机会到外省去发展，但是都没有去，这可能和河南地大物博有关系，也可能和中原人"落叶一定要归根"的思想有关，但最终还是要归咎于胡葆森的情怀：服务河南人，让河南人过上好生活！当然，这句话按我自己理解，这是新时代的企业家精神的体现。

建业集团的足球队也坚持了很多年，全中国的足球队老板换了又换，俱乐部名称也跟着改，唯有建业还是建业。我侧面问过几个人，河南建业足球俱乐部赚钱吗？所有人都会摇头，肯定亏很多。要知道建业地产是上市公司，股东会质疑的。但这也是一种情怀，一种责任，一种对家乡的责任。

我专门去了趟许昌，因为建业集团第六家高品质酒店在许昌开业。我在火车上一直想，这会是一家什么样的酒店？到底是怎样一个格调呢？如果特别高档、特别贵，那么开在许昌，谁会去住？客人在哪里？如果档次不高、价格不贵，那么就不能称为"高品质和精品"酒店。

我到了许昌的酒店后，对胡葆森的情怀有了新的理解。胡葆森是深耕中原文化的企业家，他的目标是让全世界的河南人在全世界都能感受到中原文化。建业小镇已经遍布河南，但不仅限于此，建业作品可能会走向北京、上海、纽约、伦敦……但最重要的不是房子，而是中原文化、中原饮食和中原生活方式。这可能就是胡葆森的情怀。

我想起一个命题：越是民族的，越是世界的。我们更应该坚持自己本来的样子，特别是坚守我们的文化。中华文明有五千年的历史，世界四大文明古国唯有中国文明一直绵延持续至今，这是我们所有人最应该珍惜的财富。当然需要补充的是，这绝不是让我们闭关锁国，而是应该更加自信，相信我们的文化，相信我们一直在进步，可以着急、可以批评、可以质疑，但不能不加思考地自我否定。对任何和欧美不一样的东西都急于否定，那也是一种"闭关锁国"。

我们的文化应该走向世界，韩国人利用奥运会、世界杯把泡菜也能包装得很好。从一个小罐子开始，让世界了解韩国，我们也可以尝试从一份煎饼、一份烤鸭、一份春饼、一个火锅……让外界不仅了解中华饮食，也来了解中国文化。许昌建业酒店的名字叫"花满地"，房间里有其他酒店没有的东西——一套中式棉麻休闲服，这可不是睡衣，而是外衣，穿在身上很轻、很舒服，应该可以流行起来。

我的班主任王石

　　说起王石（见下图），大家聊得最多的都是：珠峰、游学、田小姐，而我只想聊聊赛艇，聊聊这个"激流老男孩"。

　　由于没有留过洋，我特别希望能够在海外生活一段时间。2015 年 4 月，我刚好参加了王石在牛津大学组织的"深潜训练营"，王石当了一回我的班主任。

　　王石是一个非常好的领桨手，因为赛艇最讲究的是配合、协调，个人划得再好也没有用。如果领桨手能够不急不躁，后面的人就可以很轻松地

万科集团创始人兼董事会名誉主席、万科公益基金会理事长王石

跟随，这是当大哥的风度。

和王石在牛津大学吃饭，特别是晚上的正餐是一项很重要的工作，也是认识人、结交朋友的好机会。但吃饭不是一件容易的事，要穿西服、打领带，坐在座位上岿然不动，使用刀叉3个小时之久，同时又不能像在国内吃饭一样可以在各个圆桌游走。

王石在饭桌上的自制力超强。他平时滴酒不沾（据说以前也特别能喝），不会多吃一个小笼包，也不会多喝一口果汁。

王石聊天聊嗨了就会忘记时间。往往一开始是我们追着王石聊，到最后是王石追着我们聊，他不聊尽兴是不会让我们走的。聊生活、聊登山，但基本不聊如何做企业，不聊那点儿是是非非。

从牛津大学回来，很多人改叫王石为"王教授"。其实，王教授讲课有些枯燥，往往从"人类起源"开始谈起，谈宗教、谈理想、谈人生信念。我偏偏对这个没兴趣，所以经常上课睡觉。

我有点儿不喜欢和王石一起讨论问题，因为他太认真，甚至可以用"较真儿"来形容。我经常见他和别人讨论问题时，争论得让人下不来台，他不同意的事情绝对会认真提出来。

从牛津深潜归来，我也开始对生活有了新的思考：是否需要做一点儿改变，让生活和工作可以更加积极，甚至可以换一种方式生活？

伟大来自改变！王石的魅力不在于万科集团的世界第一，不在于登上珠穆朗玛峰，而在于他的信仰、坚持、返璞归真，以及对人生的把握和对生活的自我管理。

"丰满"的冯仑

为了标题吸引人，我去掉了"理想"两个字，但我坚持认为，形容御风集团董事长冯仑（见下图）最好的词语就是"丰满"，此人经历丰满，语言丰满，理想丰满。

经历丰满：看冯仑简历，西北大学毕业，是恢复高考的前三届大学生，党校硕士，中国社会科学院博士，后来又在新加坡大学学习，既是"土鳖"，又是"海归"。他在体制内工作过。1991年创建北京万通实业股份有限公司（现为万通投资控股股份有限公司），是万通六君子最后一个留守万通的人，也是"92派"企业家的代表。"92派"企业家大多都有责

冯仑在亚布力论坛第九届年会现场

任、有担当、有情怀。这些都记载在冯仑自己的书籍《野蛮生长》中。

语言丰满：听过冯仑讲话的人，都会有意犹未尽的感觉，他的语言之幽默、风趣、丰满让人叹为观止！冯仑可以用很简单的语言来描述和解释复杂的社会和人生的疑惑，诚如他对万通集团转型的评价——继"吃软饭、戴绿帽、挣硬钱"之后，大万通将"鼓干劲、争上游、赢未来"。这些都是冯仑最实在的表达方式，通俗易懂。

理想丰满：理想是什么？冯仑的答案是，理想是人生的 GPS（Global Positioning System，全球定位系统）。有了理想，就有了方向；有了方向，你就会感到快乐，你的生活就会变得简单，你就不会变成"纠结哥"，而会变成"淡定哥"。事实上，我不了解冯仑的理想究竟是什么，我只知道他的理想非常丰满。他永远不会满足现状，一直在尝试各种事情，对互联网、对新技术总在一丝不苟地学习。2016 年 4 月，冯仑和我们一起在牛津整整待了 4 个月，早晨 5 点起床去练习赛艇，上午在语言学校学英语，下午上历史与文化课，晚上穿上西服，打上领结去吃 3 个小时的正餐，最后还有英语辩论。

如果说企业家群体也是一个江湖，江湖有很多门派，那么在各个门派中都有一定地位的人只有冯仑。

看看他的简历：冯仑，亚布力中国企业家论坛创始理事，与王石共同发起中国城市房地产商策略联盟（中城联盟）、阿拉善 SEE 生态协会第四任会长、中国企业家俱乐部理事、中国医健联盟会长……他一个人拥有这么多职务，说明我们都需要冯仑，但不知道冯仑是否忙得过来。我听过有人这样评价冯仑的安排：冯仑不是在机场，就是在去机场或离开机场的路上。给冯仑打电话，一定要先发短信或者微信，因为他可能在国外，有时差，同时也得提醒他看手机。我曾看过一眼冯仑的手机，未读信息竟达1000 多条！

理想很丰满，现实很疲惫，冯仑也有很累的时候。由于在牛津上课打瞌睡，我们给冯仑加冕了另一个头衔"Sleep King"（睡觉大王）。

最后告诉大家，冯仑还是亚布力中国企业家论坛 2016—2017 年度轮值主席。

心怀感恩的郭广昌

2018 年，亚布力论坛组织了珞珈之行。我参加了珞珈论坛，走访了合作伙伴企业易瓦特科技股份公司，听到了赵国成董事长关于"共享飞翔"的梦想。同时作为武汉大学 EMBA 毕业的校友，我参加了武汉大学125 周年校庆，有幸挤进了武汉大学校友企业家联谊会，惭愧的是的确没有能力为武汉大学捐款、捐物，只是希望有机会为学校贡献一份力量，希望有机会成为主流校友。我非常羡慕武汉大学校友企业家联谊会秘书长蹇宏师兄的号召力，有很多值得我学习的地方，可以把亚布力论坛秘书长这份工作做得更好。

武汉大学有很多知名企业家，如陈东升、雷军、艾路明、阎志等等。但在武汉大学 125 周年校庆中，有一位特殊的企业家，他就是毕业于复旦大学的复星国际董事长郭广昌（见右图）。他也是亚布力论坛理事，曾任 2011—2012 年度亚布力论坛轮值主席，同属"92 派"企业家。

郭广昌董事长在自己的随笔公众号"广昌看世界"中，发布过一篇名为《夜游武大，桂园深处巡礼中国企业的 1992 精神》的文章。文中对陈东升董事长言必称"大哥"。东升与广昌有着同样的理想，同样的目标，同样伟大的公司，更有着

复星国际董事长郭广昌

同样的家国情怀，同样的包容并进的态度，同样与人为善的胸怀。正如广昌随笔最后所写"做企业往往是痛苦的，我们总在不断否定自己又重新出发的路上。但有了志同道合的同伴，彼此勉励，前行路上不缺少把酒言欢，更不会孤单。我相信，我们的目标一定会实现"。东升和广昌有着中国企业家共有的"坚忍、顽强、不屈不挠"的企业家精神。

早在2004年，我就认识了郭广昌董事长。那个时候我刚到亚布力论坛工作，筹备亚布力论坛第一届夏季高峰会。田源主席告诉我一定要请到郭广昌董事长，因为他年轻、有思想、有实力、有作为。亚布力论坛第一届夏季高峰会的主题是"全球大变局时代——中国企业的生存之道"。我不记得郭广昌的演讲题目，但我依稀记得他的演讲中透露着忧虑、担心，也饱含着坚忍、勇气、信心。这似乎是郭广昌董事长每次演讲都会透露的内容，也就有了复星集团后来的社会责任信条：修身，立业，齐家，助天下。

让我最钦佩的是郭广昌始终有一颗感恩的心。关于郭广昌和复星集团的流言蜚语一直很多，至少每年都需要集中辟谣一次。幸好有微信、微博，谣言来得快，去得也很快。但这些流言似乎并没有影响郭广昌的感恩之心。复星集团越来越大，投资的企业越来越多，管理的资产遍及全球，郭广昌却越来越谦虚，感恩的心也越来越浓厚。我相信这不仅仅是郭广昌的状态，也是所有中国企业家的状态。

无论是40年多前开始的改革开放，还是20多年前加入世界贸易组织（WTO），企业家都是最大受益者之一，知道感恩，知道中国从哪里来，才会知道把自己的企业带到哪里去。有些人只有抱怨，只有批评，明明是受益者，却做出受害者的样子，缺少企业家应有的风范。

新时代是奋斗者的时代，奋斗是企业家的底色。如果全社会能够形成尊重企业家、理解企业家、关怀企业家、支持企业家的社会氛围，企业家也就能踏实地为中国经济社会发展做出更大贡献。作为新时代的企业家，亚布力论坛的企业家们自愿肩负更崇高的历史使命，弘扬企业家履行责任、敢于担当、服务社会的精神，争当社会企业家，担负社会责任，一起"修身，立业，齐家，助天下"。

厚道的王梓木

　　1998年，我毕业于中国金融学院，学的专业是保险，所以对当时的三大新型全国保险公司——泰康人寿、新华人寿、华泰保险——都特别向往。那时我认为人寿保险的前景无限美好，因此首先放弃了财产保险公司华泰保险。这样，认识华泰保险创始人、社会企业家联盟联席主席王梓木先生的时间就推迟了3年。

　　第一次看见王梓木董事长时，我已经是陈东升董事长的秘书了。那次是2002年，在香山，也是和亚布力论坛有关的一次活动。活动中，主持人请王梓木董事长上台致辞（见下图），王梓木董事长从怀里拿出稿子，

王梓木在亚布力论坛第二届年会现场

说的第一句话竟然是："今天赞助了一个活动，所以来致个辞。"我当时就想：这个董事长够厚道，真实在。令我想不到的是，这位厚道的王梓木董事长在 2005 年成为亚布力论坛第一位轮值主席，从此开启了亚布力论坛非常有特色的轮值主席制度。而我自己，在 2004 年也成为这个"有组织、无纪律"的组织的秘书长。

2004 年，亚布力论坛再出发，重新构建组织构架，田源主席给了我一份 20 人名单，告诉我说："这 20 人都已经答应了出钱当理事，你去'收'就行了。"除了田源和陈东升，最容易打交道就是王梓木董事长，可能是我比较"专业"的原因，王梓木董事长告诉我："我只参加亚布力论坛这个组织，其他民间组织都不参加啊。"他也用实践证明了承诺。

厚道的王梓木董事长太喜欢滑雪了，在最开始的几年，亚布力论坛滑雪比赛的冠军都是他。会议活动发言不甚积极，但每次拿到冠军，领奖的时候总是要即兴演讲，主题往往是"滑雪和企业家精神"。随着时间的推移，亚布力论坛名气大了，参加的人多了，滑雪比赛竞争也变得异常激烈。曾经有一位外国友人坚持认为自己比王梓木滑得快，但最终的冠军却不是他。为了亚布力论坛的荣誉，王梓木只好和这位外国朋友在北京南山滑雪场"约了一场架"。

王梓木董事长也曾受伤，而且是非常严重的跟腱断裂。厚道的王梓木还是一瘸一拐走上台，虽然嘴几乎张不开了，还是向冠军表示祝贺，并发表了著名的演讲《为什么是亚布力》，彰显了企业家精神，表达对亚布力论坛的深情厚谊。亚布力论坛也为能有这样的成员感到自豪。

2018 年的 12 月 5 日那天，在从巴黎到洛桑的列车上，我收到了王梓木董事长的短信："报告秘书长，我到哈尔滨了，参加明天的龙江论坛。"我有些惭愧，我回不去，当时要继续在欧洲旅行。（见下图）

亚布力论坛理事们都是伟大的义工，对于秘书处安排的活动都尽量挤出时间来参加。要知道，时间对于企业家来讲是多么的宝贵，可以让企业家捐钱捐物，但最难的是让企业家奉献他们宝贵的时间。庆幸的是，亚布力论坛就有这么一群企业家，愿意为公共事业、为社会责任奉献自己宝贵的时间。

王梓木在亚布力论坛第十八届年会现场

永远在创业路上的田溯宁

　　2018 年，亚信联合创始人田溯宁敲响了港交所的铜锣，亚信科技控股有限公司上市了！

　　田溯宁（见下图）似乎永远在路上，在创业的路上，从亚信科技到网通，从网通到宽带资本，从宽带资本再到亚信科技，验证了《创业维艰》的传奇故事：创业难，再创业更难，一直在创业最难！一直高高兴兴地创业，可贵可敬！这就是"爱国学生"田溯宁，可是谁能想到，这个享誉全球的科技精英，最开始在美国留学学的居然是草原和农业专业。

　　20 世纪 90 年代是企业家的时代。1992 年，邓小平南方谈话，兴起新一轮创业兴业热潮，田源、冯仑、郭广昌、艾路明、毛振华、王梓木、刘

青年时期的田溯宁

积仁、俞敏洪、胡葆森等一大批在国家机关、科研院所的知识分子纷纷下海。"寻找一个行业空白,创办一家标杆企业,带动一个产业的发展",他们被称为"92派",是中国现代企业的试水者。与此同时的1993年,田溯宁、丁健等留美学生在美国创建了以 Internet 技术为核心的亚信股份公司。1995年,胸怀"科技报国"理想,田溯宁、丁健率公司主体回国,立志"把 Internet 带回家,为中国做事,做中国最好的企业",亚信科技(中国)有限公司正式成立。亚信科技是在美国纳斯达克成功上市的中国高科技企业。

"92派"企业家是从体制内下海、经商、创业,与"92派"企业家相反,田溯宁在亚信科技最风光无限的时候,选择了上岸,来到了体制内,成为国资委管理的国企干部:中国联合网络通信集团有限公司总裁。在过去、现在、将来估计都是绝无仅有,可谓"神奇"。为什么有如此选择?都是源自田溯宁的"革命浪漫主义情怀",对祖国有浓厚的爱国情怀,永远是那个身在他乡、心在祖国的爱国青年。这是我每次见到田溯宁的印象。

田溯宁被人称为"宽带先生",因为他最早提出了万物互联、云平台,当时很多人不相信。我甚至听田溯宁董事长身边一位助理说过:"田总说的,估计就田总自己信。"我本人在1995年的时候就有了一台"486"电脑,可以通过拨号"刺啦刺啦"地上网,看到屏幕一条一条打开的图片,激动不已。不承想,今天有了3G、4G、5G;更不敢想象,今天全世界最好的5G技术属于华为技术有限公司这样一个中国民营企业;而亚信科技重新在港交所上市,也是基于未来的5G技术,未来5G一定会有非常好的发展前景。

田溯宁说过:"互联网时代需要想象力和勇气。"想象力足够大,勇气足够大,空间就会无限大。亚信科技上市前夕,我收到了田溯宁董事长的一条信息:"创业维艰,再创业更不易,亚布力论坛是我们奋斗的思想家园。"亚布力论坛微信群给田溯宁和亚信科技的祝福是:"卧薪尝胆,精心耕耘,可喜可贺!"

田溯宁的创业之路还很长,我相信会一直延续下去!(见下图)

田溯宁在亚布力论坛第二届年会现场

张文中的"潇洒"

　　据说国务院发展研究中心曾有"三剑客"，按照年龄排序分别是：田源、陈东升、张文中。他们同属"92派"企业家，都曾在国务院发展研究中心任职，后下海创业。当时据说从"大院"出来创业的人很多，但最后在企业家群体中名声显赫的只有这三位。

　　2020年正值亚布力论坛成立二十周年之际，物美集团创始人、多点Dmall创始人张文中（见下图）任亚布力论坛轮值主席，同时，陈东升是亚布力论坛理事长，田源是亚布力论坛创始人、主席，三人再次联手，也算是企业家群体的一件趣事。如果让我找个词来形容张文中，我愿意用"潇洒"二字。当然，"潇洒"也包含了无数的酸甜苦辣，很多滋味是常人永远无法理解的。自己的人生，只有自己最能体会。

　　二十多年前，我还是陈东升董事长的秘书，陈董事长和我讲："一会儿物美集团张总来，你去门口接一下。"我早就知道张文中，因为我之前在董事会办公室得知物美集团是泰康保险集团重要股东。于是我早早地就在楼梯间等着。电梯门一开，首先映入眼帘的是一位扛着摄像机的摄影师，倒着走出来，我赶紧让开。接着走出来的是一位潇洒

我与张文中（左）董事长合影

的"帅小伙"——深色西服，白色衬衣，一头微曲的自来卷，以及一张让我印象深刻的、永远微笑的面孔。我赶紧上前说："张总，您好，我是董事长秘书，在这里等您。"张总微笑着伸出手说："他们要拍个片子，在跟拍！"

2001年正是物美集团突飞猛进的时候，物美集团连续在北京收购并购，成为北京家喻户晓的"米袋子、菜篮子"。于是企业家江湖上有了一位"海归留学卖白菜的数学博士后"。因为张文中董事长大学学的是数学专业，而且曾在斯坦福大学工程学院做博士后研究。

之后我和张文中董事长见过很多次面，基本上都是在亚布力论坛年会上（见下图）。张文中董事长也是亚布力论坛早期积极参与者，是最早的19位理事之一。再后来的故事很多人都知道，在2006年蒙冤入狱很多年，直到2018年5月31日，最高人民法院依法宣告张文中无罪，彻底平反。

青年时期的张文中（中）

在这期间，我曾去看望张文中董事长，怀着特别忐忑的心情走进房间，我以为会看到一位躺在床上、一蹶不振的张文中，但我看到的还是那个潇洒的张文中，虽然瘦了很多，透露着大病初愈后的疲惫。但一见面，他还是立刻认出了我，还是那个微笑！同时，让我感觉无比佩服的是，满屋的书：桌子上，椅子上，还有床上，到处都是书。后来我才知道，张文中在服刑期间，居然还取得了四项发明专利。这种"潇洒"可不是常人能及的。

2018 年 2 月，张文中再次来到亚布力论坛的舞台。在亚布力论坛年会上，张文中在《给 40 年的信》中表示，对于冤案，他"对得起良心，对得起历史，我无怨无恨。谁也不愿意坐牢，但我不会因为我坚守道德和诚信，因为自己不苟且，不违背做人的底线而后悔"。这封名为《丹心鉴岁月　情义满人间》的信，在网络上广为传播，感动了无数人。他没有抱怨，没有失去信心，不仅没有倒下，而且依然在奔跑。

2021 年 8 月，"亚布力成长计划"①邀请张文中上课，我们去物美集团拜访董事长，他的秘书通知我们可以早点去，我问几点，秘书说董事长一般 7：30 就到了，物美集团每天 8：00 开早会，董事长一般 7：30 到公司食堂和大家一起吃早餐。如此勤奋的董事长估计也不多。成功的企业家千千万万，如果统一用一个词来形容就是：勤奋。我躲在物美集团员工人群中，看着站在讲台上侃侃而谈的张文中，举起手机录了一段视频，他还是当年那个潇洒的少年。

人可以一时潇洒，难得的是一辈子潇洒，最难的是遇到困难，遇到磨难，还是这样乐观向上、潇洒自如。

耳边突然响起风靡 20 世纪 90 年代的那一首歌《潇洒走一回》：天地悠悠，过客匆匆，潮起又潮落。风风雨雨几十年，"潇洒"走一回，张文中做到了！

---

① 亚布力成长计划是亚布力中国企业家论坛成立二十周年之际，在中华全国工商业联合会等关心和指导下，由论坛全体理事本着助力新一代企业家的初心，践行社会责任与时代担当，将中国卓越企业家群体的领先思考与智慧结晶打磨成课，合力打造的一个以高质量学习为核心的企业家成长平台。

"坐不住"的刘永好

在 2002 年亚布力论坛第二届年会上，我第一次见到新希望集团有限公司董事长刘永好（见下图）。当时我想这次可见到中国首富了，结果看到的就是一位朴素的农民。他当时在年会上的演讲题目是《经营企业加减乘除》。

刘永好在亚布力论坛第二届年会现场

他说："2002 年第一次去亚布力，是印象中最冷的一次，也是我印象中最好的一次亚布力论坛年会。"无论是激情澎湃的归国学子，还是朴实无华的本土创业者，都是一群厚道人，这群厚道人每年都回亚布力聚一聚，畅谈中国经济的未来。亚布力企业家是一个厚道集体，讲真话、讲实话，强调思想的原创性，发挥正能量！不装！不虚！

刘永好董事长（见下图）虽然加入亚布力论坛的时间不长，但他几乎

新希望集团有限公司董事长刘永好

参加了所有重要论坛，是一位非常重要的积极参与者。正如他所言，亚布力论坛是一个企业家思想交流平台，而作为一个有思想的企业家，刘永好和亚布力论坛形成了良好的互动。

刘永好董事长 2002 年参加亚布力论坛第二届年会后，直到 2017 年亚布力论坛夏季高峰会才又重回这个大家庭。当时，由陈东升董事长推荐、介绍，刘永好董事长加入亚布力论坛，成为这个厚道组织的重要理事会成员，而且在 2019 年，他还成为亚布力论坛 20 岁那年的轮值主席，我也非常荣幸能与他共同工作。

刘永好有一个特点，就是坐不住。无论是开会还是演讲，他喜欢站在舞台中央不停地走动，在开会的时候他也喜欢边踱步、边思考、边发言，这似乎代表着刘永好永不停步、永远前进的一种态度。

还有一点让我敬佩的是，刘永好永远聚焦于起家的农业，视农业为根本，从来没有因为农业利润低、周期长、发展慢而放弃他起家的本行。

70 多岁的刘永好善用年轻人，新希望集团有个副总裁居然是 1982 年出生，兼任新希望地产公司董事长，非常年轻有为。刘永好愿意接受新的思想，他创办的四川新网银行走了一条全新发展道路，已经成为很多银行的学习典范。

刘永好也为自己培养了一位非常优秀的接班人——女儿刘畅，她是新希望六和股份有限公司的董事长兼 CEO，是一位非常优秀的年轻企业家，是很多青年创业者的偶像。

"亚布力"是一个很"土"的名字，亚布力论坛却是一个很厚道的企业家平台。我们不合伙"搞基金"，不合伙"做生意"，不合伙"拿地"，永远致力于企业家的思想交流。

这些青涩的面孔，你能认出是谁吗

这是大家熟悉的面孔，虽然面孔略显青涩，但从某种程度上说，他们代表着这个时代的发展。（见下图）

你可能不知道：照片中的他们是第一次见面，第一次合影！

2002 年亚布力论坛第二届年会现场　搜狐公司创始人张朝阳（左）与
联想集团董事长兼 CEO 杨元庆

2002 年没有微博，没有微信，iPhone、iPad 还没有被发明，甚至连电子邮件都还没普及。如果去一个大公司上班，大家需要共用一台电脑。那时候正是电脑的黄金年代，IBM 当然也没有把电脑部门和 ThinkPad 卖给联想。王石也没有登上珠穆朗玛峰，因为王石刚刚遇到张朝阳。张朝阳后来资助王石登上了珠穆朗玛峰。

2002 年的世界发生了什么：

2002 年 1 月 1 日，台澎金马单独关税区正式加入 WTO！

2002 年 1 月 1 日零时，当欧盟在比利时布鲁塞尔王宫里设置的欧元倒计时钟敲响最后一声时，欧元正式进入流通！

2002 年 2 月，亚布力论坛第二届年会召开。（见下图）

照片上的他们当时大约都在 40 岁，风华正茂，年轻有为。记得张朝阳说过，在亚布力是他第一次滑雪，从山上冲下来的感觉，和搜狐公司股票从高点坠落一样。他的意思可能是"太快、猝不及防"。2002 年是互联网低谷，不知道如何赚钱，不知道方向，大多数人不相信互联网的未来，更不要提移动互联网了。当时的阿里巴巴、腾讯、百度等公司都还在成长。

现在回想起来，在只有短信、传真和电话的 2002 年，亚布力论坛年会是如何组织联络的？人与人之间的沟通又靠什么？

2002 年亚布力论坛年会的主题是"WTO 的挑战"，是关于"狼来了怎么办"的问题。从某种程度上说，当时的亚布力论坛扛起了中国的希望！"狼"早就不算什么了，中国的企业早已走向世界！

亚布力论坛第二届年会合影

中国工商银行原行长杨凯生（左）和亚布力论坛主席田源（右）

第二篇

中国的达沃斯，世界的亚布力

　　"中国的达沃斯，世界的亚布力"是亚布力论坛的发展愿景。过去的20多年里，亚布力论坛组织出访了美国、德国、英国、法国、瑞士、卢森堡、捷克、荷兰、以色列、日本、南非、肯尼亚等20多个国家和地区，访问国际企业与国际合作组织50余家，多次邀请国际知名企业家来华交流，成功举办数十次大型国际会议。亚布力论坛致力于就国际社会关注的话题反映中国企业家最真实的想法，向世界展示中国企业家的软实力。

"很土很土"的亚布力论坛

亚布力论坛很"土"，是因为我们很"本土"。

在亚布力论坛企业家永久会址建成前，亚布力论坛全会只能容纳423人，而每年申请报名参加亚布力论坛年会超过2000人。我们有一点和达沃斯有点儿像，我们都是在一个偏远的小镇举行大会。缺点是吃得不好，住得不好，交通不便；优点是所有与会人员能够在两个酒店集中住宿3天，在同一个餐厅吃8顿饭，会议集中，讨论集中，约人方便。比达沃斯更"土"的是，亚布力吃的是农家饭，喝的是大碗小烧，更重要的是，在亚布力开会要求嘉宾不穿正装、不念稿、不宣传公司。

我有一个朋友曾在达沃斯中国办公室工作，后来离开达沃斯，到了香港著名资产管理公司做高管。他曾非常努力地推动亚布力论坛与达沃斯的联系与合作，但最后没有达成合作。我这个朋友非常遗憾，我问他为什么，他的回答是达沃斯不接地气，即使在中国，即使是达沃斯夏季论坛每年都在中国举办，还是不接地气。亚布力真的很本土，很接地气。

亚布力论坛真的很"土"吗？

事实上我们也很时尚。因为亚布力论坛讨论的话题是世界性的，不仅是中国企业关注的话题，还是所有企业都要面临的问题与挑战。

亚布力论坛的参与者也是国际化的，就拿2017年来说，有来自美国、德国、印度、英国、以色列、韩国、卢森堡等各国的参会者。虽然亚布力论坛是一个中国会议，但实际上已经是一个国际广泛参与的会议了。

亚布力论坛其实不"土"，我们在不断向达沃斯学习，学习如何制定议题、布置场景、组织会议、邀请嘉宾以及寻找合作伙伴。目前各级合作伙伴基本处于上限，我们之后还要学习如何"涨价"，当然也要提供更多的合作方式。我们在不断寻求新的内容扩展方式，试图能够创造更多原创内容。

我有一个梦想：也许在不久的未来，虚拟会议已经很普遍，因为没有必要再聚在一起开会，但亚布力论坛依旧繁荣，它可能是最后一个人与人直接面对面的会议。

世界这么大，要出去看看

由于一年一度的世界经济论坛在达沃斯举行，故而达沃斯在世界范围内的知名度非常高。在中国，企业家们则更加关注属于我们自己的"达沃斯"——亚布力（论坛）。如果要说它是"世界的亚布力"，现在听起来似乎还有些缥缈，有些遥遥无期，但这是我们的梦想。也许路很远，也未必是坦途；也许需要一路摸索，难免还会误入岔路。但要想实现梦想，我们最需要的，不是去考虑有多少困难、多少艰险、失败的后果有多严重，更不是去等到万事俱备再行动。我们要做的只有一件事：迈出第一步。有了第一步，才会有第二步。

亚布力论坛是企业家的思想交流平台，作为论坛秘书处，我们需要发扬企业家精神，用企业家精神做底色，做好工作。

2018 年，我陪同陈东升理事长在新加坡参加"彭博创新经济论坛"，感触很多。

第一，中国离不开世界，世界也不开中国。中国是世界第二大经济体，是人口最多、市场最大的国家。中国和美国的关系影响到方方面面。不仅跨国公司在看，欧洲在看，东南亚在看，政治家在讨论，连老百姓都在打听。彭博创新经济论坛的每一场讨论、每一次发言的话题都离不开中国。时任中国国家副主席王岐山也到场发表了演讲，包括中国香港在内的很多中国企业家也到场参与了发言讨论。

第二，彭博创新经济论坛的目标似乎是超越夏季达沃斯，成为新的"政企和跨国公司"交流平台。这同样给亚布力论坛带来了压力和挑战——我们需要国际化。亚布力论坛需要在内容和形式上与国际接轨，我们需要用更加开放的胸怀去学习、追赶和超越。

第三，梦想有多大，步伐就会有多大。梦想是靠打拼才能实现的。狭隘的思想和短视的态度都会制约亚布力论坛的发展。我们需要团结更多的企业家平台，一起完成平台国际化的目标。每个平台都有自己的特点和优势，也分别拥有不同的杰出的企业家群体，在 2018 年全国工商联评选的"改革开放 40 年百名杰出民营企业家"名单中，亚布力论坛的理事成员也只占到了 11 位。包容、学习、共赢，一直是亚布力论坛合作的态度。

世界那么大，我们要出去看看！我们的第一步会是哪里呢？

亚布力论坛与哈佛中国论坛

自 2004 年起，我就一直担任亚布力论坛秘书长。这些年来，我参加了大大小小的很多会议，期间只错过了两次重要活动。一次是王石担任轮值主席期间的 2014 年亚布力论坛年会，另一次是 2017 年举办的第八届中美商业领袖圆桌会议。两次原因都是一样的：太太的预产期刚好在会议期间。我感到无比幸福，我有一个好太太和两个好儿子，而且我的家庭在和亚布力论坛一起成长。我的愿望就是儿子也可以上哈佛大学，等我和太太都退休了，都去陪读。

虽然没有参加这两次会议，但我一直在关注，感谢亚布力论坛的理事、会员，还有我的同事们。2017 年举办的第八届中美商业领袖圆桌会议，由陈东升理事长带队，冯仑、雷军、郭广昌、张跃、胡祖六、王维嘉、毛振华、张文中、田源、何启强、赵民、曾强不仅参加了纽约会议，还再次来到波士顿，参加了第二十届哈佛中国论坛。

想起 2008 年张跃担任轮值主席期间，亚布力论坛开始支持哈佛中国论坛。每年，我们帮助邀请国内知名企业家参加哈佛中国论坛，而哈佛中国论坛的组织者也成为亚布力论坛各种会议的参与者。

哈佛中国论坛成立于 1998 年，是北美最大的由学生组织的中国峰会。据说最初的发起人是哈佛大学的学生张黎刚。会议主要探讨中国面临的挑战、问题和趋势，并邀请商界、学界、政界领袖各抒己见。目的在于改变与会者对中国的传统印象，并鼓励他们为建设中国的美好未来出谋划策。

第八届中国商业领袖圆桌会议上有一个重要奖项是"中美商业合作贡献奖"，后来颁给了"哈佛中国论坛"。正如美中关系全国委员会主席欧伦斯所讲："美中关系未来的发展就掌握在今天现场众多听众的手中。年轻人将来能够不惧失败，以长远的眼光观察美中关系，为两国关系发展做出自己的贡献，美中关系就会更上一层楼。"

由于哈佛大学的中国留学生们长达 20 多年的坚持，哈佛中国论坛从创始到繁荣再到今天的辉煌，已经成为北美地区的一个"大事件"。

从 2008 年开始，哈佛中国论坛第一个主讲人都来自亚布力论坛。记得 2008 年参加哈佛中国论坛的理事是陈东升、张跃、李小加、田源、毛振华，那一年最热烈的话题是"92 派"。当时学生们问得最多的话题是"要不要回国创业"。王中军那句开场白"造福社会的同时，也造福自己生活"被很多哈佛学子铭记；梁锦松讲普通话，王石用英语演讲也时常被学子们谈起。胡祖六博士更是哈佛中国论坛最坚定的支持者，年年参加论坛会议；陈东升理事长的泰康保险集团每年在哈佛大学举办招聘大会，很多北美学子因此加入泰康保险集团，据说，陈东升董事长的秘书也是哈佛大学毕业的。

让我自豪的是，我在 2008 年的哈佛中国论坛主持了"92 派"的讨论，而且，早期哈佛中国论坛的几千个证件也是我从北京用行李箱带过去的，过海关的时候还解释了很久。记得当时我还捐过几千美元，当然现在肯定不用了，因为哈佛中国论坛现在得到了泰康保险集团、万科集团、复星集团、诺亚集团、IDG 集团、爱康集团等的支持。

虽然听说"可以做出波士顿最好吃的回锅肉"的燕京饭店已经没了，这实在可惜，不过我们倒是可以去波士顿的查尔斯河上划划赛艇。

维多利亚的秘密

2010 年，亚布力论坛代表团访问美国俄亥俄州首府哥伦布市。我们在哥伦布市访问了三个公司：一个钢铁公司，一个养老保险公司，还有一个公司就是"维多利亚的秘密"（Victoria's Secret，以下简称"维密"）。当我走进维密公司时，心里只有一个念头：这里绝对有世界上数量最多、颜色最多、款式最多的内衣。当然，我们看到的这些内衣都是挂在墙上的，而不是穿在维密模特身上的——事实上，我们连一个模特都没有见到。

当我们在设计中心参观时，竟然"偶遇"了有"内衣界的巴菲特"之称的维密公司董事长莱斯利·卫克斯奈（Leslie Wexner）。当时我们都非常惊讶，这位看起来相貌普通、穿着朴素的老人，竟然就是时尚界顶级企业的董事长和创办人，无数绚丽多彩的内衣产品就是从这位老人手里诞生的。

这其中还有一个非常有意思的插曲。我们与卫克斯奈先生和他的高管团队举行了 1 个小时的座谈，双方交谈甚欢，卫克斯奈也对中国市场表达了浓厚的兴趣。这时，亚布力论坛代表团中，有一位国内零售企业总裁当即表示维密的产品在他的企业也有销售，希望能够加大合作的力度。

可听到这里，卫克斯奈先生却是脸色一变，立刻与旁边一位高管低声密语。那位高管当即起身离开，很快回来后很有礼貌地对我们这位总裁说："维多利亚的秘密目前尚未进入中国大陆市场，所以在中国大陆没有销售。"尴尬！我们的确有些尴尬！个中原因可想而知。

当然，这仅仅是一个小插曲。我们在哥伦布市依然受到了热情的欢迎。虽然我们的代表团中只有 8 位企业家，但在俄亥俄州举办的欢迎宴会上，大约有 200 位当地企业家出席。我们在宴会上才得知，原来湖北省与俄亥俄州是友好省州，他们还专门邀请了当年访问过湖北的时任州长出席了宴会。

回想起来，这些年也的确去过很多地方，见过很多人，听过很多故事，聊过很多天。如果不是使劲翻照片（见下图），我几乎不记得自己去过哥伦布市，访问过维密，以及和卫克斯奈先生合过影了。

我与莱斯利·卫克斯奈合影，照片虽已模糊，记忆却很清晰

留情法国

法国人的友谊

法国和中国在两次世界大战中，经历相似，都曾经濒临亡国，但都坚持到了最后，取得了胜利。与此同时，法国和中国都采取了非常包容的态度，在战争结束一段时间后，分别与德国和日本恢复了正常的外交关系。不屈不挠、包容共进是我们两个国家和民族的传统。

第二次世界大战结束之后，特别是现在的法兰西第五共和国展现了自己独立、从不人云亦云的魅力，坚持走自己的道路。新中国成立后，法国是第一个和中国建立大使级外交关系的西方大国。

法国的每一位总统都非常有个性。我非常喜欢现任总统埃马纽埃尔·马克龙，不仅因为他的爱情故事举世闻名，更因为马克龙所坚持的"全球化"主张。很多朋友可能不知道，马克龙总统在就职典礼上，播放的音乐并不是法国国歌《马赛曲》，而是欧盟国歌。马克龙更在达沃斯论坛上呼吁"实现兼具包容和可持续性的全球化"。

法中委员会前主席同时也是法国施耐德电气公司董事长，他的中文名字叫赵国华（Jean-Pascal Tricoire），是一位地地道道的法国人，但能够用汉语进行演讲。2010 年，赵国华先生出席了亚布力论坛第十届年会并发表《能源的前景和未来》的中文演讲，成为第一位参加亚布力论坛年会的世界 500 强企业董事长。

世界是链接在一起的，全球化不会逆转！各种文明、文化、宗教、制度都需要相互交流和碰撞！或认同或排斥，但都需要我们去接触、交流，用心去体会，才能相互影响、相互学习并且不断进步。

再见，巴黎

2018 年的一天，我在前往巴黎之前，有朋友关心地说："你还敢去巴黎，那里在闹暴乱！"一路忐忑、颠簸，我到了巴黎，看到了一些破碎的玻璃橱窗，看到了一些看不懂的法语涂鸦，看到了来不及清除的路障和垃圾，在微信朋友圈看到了"愤怒的黄衫军"，但巴黎大街十分安静。迎接我们的，是热情的笑脸、周到的服务、可口的饭菜、美味的红酒。我们开始了在巴黎为期三天的访问。

我与林碧溪女士（右）合影

2008 年前的亚布力论坛年会期间，一个偶然的机会，我认识了当时外交部在佳木斯挂职副市长的夏煌先生，他的夫人当时在施耐德电气公司工作，通过夏夫人，我认识了一位法国朋友——林碧溪女士（见上图）。

和我一样，林碧溪女士一直担任法国法中委员会秘书长，我们由此开启了亚布力论坛和法中委员会十多年的友谊，开始了中法企业家之间的交流与合作。在此期间，我们几乎每年都会在北京举办法中企业家交流活动，也曾安排法国企业家访问泰康人寿、复星集团、联想集团，甚至还访问了一家游戏公司。

2018 年，我们应法中委员会邀请，组团来到巴黎，参加象征中法友谊的紫色晚宴。所谓紫色，就是中国红和法国蓝的融合色。亚布力论坛获得法中委员会授予的"10 年法中企业家交流贡献奖"，法国前总理让 – 皮埃尔·拉法兰（Jean-Pierre Raffarin）为亚布力论坛颁发了此奖。

那次巴黎之行，我们还参观访问了施耐德电气公司、路易威登博物馆、法国兴业银行，并与法中委员会主要的法方企业家进行沟通和交流，学到了知识，增长了见识。但最让我兴奋的是，能够与俞敏洪校长同行。这也许是我 20 多年前在新东方学校就读的回报。那次法国之行弥补了我 20 年前没有上过俞敏洪校长课的遗憾。

当时，为期三天的巴黎之行一结束，我们立刻动身前往瑞士。这三天中，俞敏洪还是让我惊叹，因为他认真的态度。现在智能手机太发达了，信息量太大，无论做什么，我们时刻都在玩手机、看信息。即使手机没有任何信息，我们还时不时拿出来"刷"一下，参观公司时也不例外。法国企业的高管们准备得很认真，接待工作做得非常细致，我们有些团员却在不断刷手机。只有一个人例外，就是俞敏洪。

他非常认真，没有刷微信，没有拍照，一直在聆听讲解者的发言，不时地提问互动，更在回到酒店后，深夜写下一天的总结体会。这是我们这些人所不能及的。企业家不是随便可以叫的，需要长期修炼，不断学习进步，需要经历常人无法理解的等待和付出，同时保持一颗开放、乐观、积极的心。

2018 年，我们去法国之际，正好是在 G20 峰会期间，中美两国元首会晤。虽然这解决不了所有问题，但我们已经看到了未来！

40 多年前的改革开放让中国经济开始起步，让老百姓的日子一天天地好起来，也让中国有了企业家。20 多年前，中国加入 WTO，让企业家成为最大的受益者，也让中国融入世界，赶上了全球化的末班车。

企业好了，老百姓日子就会好过些，国家也会更强大。企业家既是受益者，也应该成为这个时代最受尊敬的人之一。企业家应该感恩时代，感恩国家。企业家应该团结，应该自律，应该更注重契约精神。

中国走向世界，需要中国企业家。

有"洋人"参加的亚布力论坛

记得来亚布力论坛的第一个"洋人"是胡润（见下图）。当时他操着一口似懂非懂的中文，与一群媒体总编调侃"媒体是不是狗仔队"的问题，之后就没再来过。2016 年 6 月的某一天，我突然接到了胡润的电话，问我是否使用微信，之后就建了一个讨论群。他已经完全中国化了。现在我们出国到世界任何一个地方，只要是和中国经常打交道的人，都会用微信甚至淘宝。

2009 年 4 月，亚布力论坛与纽约交易所联合举办了第一届中美商业领袖圆桌会议，从此实现了从亚布力到华尔街的跨越。在华尔街，不知道亚布力论坛的企业家，一定是非主流的企业家。

同时，每年都会有很多外国人不远万里从纽约、欧洲、澳大利亚、非洲专程来到亚布力论坛，看看每年中国最有思想的企业家们的聚会是什么样的。他们之中，有各国前政要，有哈佛大学、耶鲁大学、斯坦福大学等知名学府教授，有跨国公司 CEO，也有百年家族继承人。2014 年，亚布力论坛理事会更是多了一位洋面孔——怡和集团的艾特·凯瑟克（Adam Keswick）先生——专注海外华人

胡润在亚布力论坛第四届年会现场

的英国人。

　　我印象中这张照片（见右图）是在 2012 年或者 2013 年亚布力论坛年会，地点是亚布力农家院土炕。我们给这个土炕取了一个名字叫"英语角"。我记不清照片中这几位外国朋友是谁，也许是纽约大学学者，也许是华尔街的高管，但我记得他们一直在问："我能不能也去农家院？我一定要知道闻名遐迩的农家院到底是什么！"去了之后，他们很兴奋，也喝醉了，还和中国企业家一起唱歌。我们唱了"红歌"，他们唱了自己家乡的"英雄歌曲"。

外国朋友在亚布力农家院土炕合影

　　亚布力不大，它只是哈尔滨尚志市亚布力林区的滑雪场。我们不曾想过要影响什么，只是记录思想，记录企业家历史，成为中国企业家思想交流的平台，并且能够流传企业家的思想。

　　照片中另有亮点，可自寻。

到火星去开夏季论坛

　　马云非常喜欢武侠小说，特别是金庸的小说。阿里巴巴集团的员工很多都有外号，都是武侠小说中的名字，从逍遥子、令狐冲、郭靖、杨康，再到八姐、九妹，好人坏人都有。马云自己的外号据悉是"风清扬"。有一次，马云在聊天中说，武侠什么都好，武功肯定是年轻人厉害。但在武侠小说中，姜是老的辣。大侠们从小练功，经历了各种机缘巧合和艰难险阻，看了很多书，吃了很多药，武功随着年龄的增长越来越高。周伯通到了 100 岁，还可以轻松一巴掌打倒一群小伙子，这在现实中是不符合逻辑的。

　　可对于企业家群体来说，无论老的还是小的，都很"辣"。记得 2015 年亚布力论坛在重庆召开夏季高峰会，闭幕式上的一老一小都绝对惊艳，堪称重庆夏季高峰会的"绝配"。老的是重庆力帆科技（集团）股份有限公司董事长尹明善，77 岁的老爷子，精神矍铄，壮志不改；小的是滴滴全球股份有限公司董事长程维，35 岁年轻气盛，当时发誓要打败优步（Uber），如今已经收购了 Uber 中国业务，大有一统江湖之势。老的企业家还有很多，任正非、柳传志、张瑞敏、宗庆后，小的企业家更多，看看亚布力青年论坛就知道了。

　　老企业家的阅历、经验以及失败的教训值得小企业家学习、借鉴；小企业家爱的创新冒险精神，对新科技的讨论，对新商业模式的颠覆推动着商业的进步。我曾经非常感叹美国硅谷有太多的神人，可以造出我们最初无法比拟的智能手机、电动汽车、机器人、虚拟设备，他们甚至也可以有着让人无法想象的梦想！

　　亚布力青年论坛成立了。我惊奇地发现，我们也有很多梦想家：无人机、人工智能、虚拟现实，一个都不少，甚至有年轻人也开始造火箭，飞行高度竟然可以达到 60 千米！我看完了《硅谷钢铁侠》一书，让我们共同再看看埃隆·马斯克最想干的事情，其中还有一项目标是我们中国企业家实现的，梦想真是没有边界。

（1）超级高铁。你喜欢自己坐在一个能够容纳 28 名乘客的吊舱里，并以 1220 千米 / 时的速度滑行在一根钢管上吗？而这恰恰是马斯克公布的"超级高铁"计划的大致概念。

（2）超声速电动飞机。有什么能比一架以超声速速度飞行的电动飞机更酷的发明吗？更何况这架电动飞机还能够实现垂直起飞和降落。

（3）可重复使用的火箭。太空旅行成本昂贵是由许多因素造成的，但其中最大的原因或许就是火箭使用的单一性，这些火箭通常在经过大气层的时候逐渐解体，并最终落入大海。马斯克旗下的美国太空探索技术公司（SpaceX）正在研发一种可以在太空飞行之后重新进入地球大气层，并垂直返回发射台，且仍然可以再次起飞的火箭。

（4）商业太空港。尽管 SpaceX 公司已经分别在美国加利福尼亚州的范登堡空军基地（Vandenberg Air Force Base）和佛罗里达州的卡纳维拉尔角空军基地（Cape Canaveral Air Force Station）成功发射了火箭，但该公司仍然希望能够在得克萨斯州的布朗斯维尔地区建立自己的商业太空港。马斯克曾表示："这一选址将成为公司今后整体计划的起始点。"

（5）在得克萨斯州开设特斯拉（Tesla）门店。马斯克希望在得克萨斯州开设特斯拉电动车专卖店，这听起来似乎不是什么大胆的想法。但该州为了防止大型汽车厂商削弱小型经销商，已经明令禁止汽车制造商直接在门店向消费者出售汽车。然而，马斯克希望能够改变这一现状，因为汽车经销商总是有着自己特立独行的办事方式。

（6）车型远景。除特斯拉敞篷跑车和 Model S 豪华轿车以外，马斯克已经在此前谈到了公司有意研发不同电动车型的计划，其中就包括拥有鸥翼式车门类似《回到未来》（Back to the Future）里的钢铁之车 DeLorean 的 Model X 车型。除此之外，特斯拉还计划在未来推出更加实惠的电动轿车，以及十分符合美国环保人士口味的全电动皮卡车型。

（7）自动导航技术。特斯拉一直在考虑将无人驾驶技术应用到旗下的车型中，而据马斯克自己透露，公司已经就此同谷歌（微博）进行了多次讨论。尽管谷歌对此的定义是"自动驾驶汽车"技术，但马斯克似乎更加喜欢"自动导航技术"一词。"自动驾驶汽车听起来好像它会自动做一些你不想要它做的事情，但自动导航技术在飞机上的出现一直都是一件好事，所以我们应该将其安装在汽车上。"马斯克补充道。

（8）美国全国充电网络。马斯克希望能够驾驶电动车从洛杉矶一直开到纽约，并在此期间通过特斯拉独享的充电站来给自己的电动车充电。特斯拉曾表示，公司正在从西海岸至东海岸扩展自己的充电站覆盖范围，这将大大增加豪华电动车厂商对于消费者的吸引力。如果没有这些充电站，一辆电动汽车的最大续航里程大约仅为 425 千米，而超级充电站则可以在 20~30 分钟内完成对一辆特斯拉电动车的充电工作。

（9）机器人更换电池。据悉，部分特拉斯的超级充电站将内置该公司的又一项发明。马斯克曾为旗下 Model S 推出了一个电池交换系统，这个系统可以在 90 秒内完全充电来替换原本重达 450 千克的锂离子电池，当时的特拉斯甚至还录制了一段演示视频来展示这一系统。在这段视频中，使用机器人交换装置为两台车充电的时间比给一辆奥迪轿车加满油的时间还要短。马斯克希望通过这段视频，表达电动汽车比普通汽车可以更加方便的理由。

理想还是要有的，万一实现了呢。到那时，我们就可以到火星上去开一个亚布力论坛夏季会议了。

中美商业领袖圆桌会议

由于参加中美商业领袖圆桌会议的缘故，我去过很多次美国，2018年那次收获最大。可能是因为恰逢中美贸易摩擦，我听得很认真，希望找到一些灵感，得到一些启发。

十几年前，我第一次去美国参加哈佛中国论坛，主持"92派"企业家的讨论。主角是陈东升、田源、毛振华还有时任亚布力论坛轮值主席的张跃，同时一起来的还有当时已经大名鼎鼎的李小加，他曾是香港交易及结算所有限公司行政总裁。自此之后，亚布力论坛每年都要在纽约召开中美商业领袖圆桌会议。论坛后来还增加了硅谷学习考察环节，沈南鹏、杨元庆、阎焱、王维嘉等理事都积极帮忙安排，我们几乎走访了硅谷所有知名创新企业和风险投资公司，也认识了两位非常有影响力的华人物理学家——沈志勋和张首晟，他们的研究成果是对全人类的贡献。

2018年，我去往波士顿和去往硅谷的感觉，真的有点不一样。

第一，我想说的是：年轻真好！哈佛中国论坛最早由爱康集团创始人、董事长兼CEO张黎刚和IDG资本创始董事长、波士顿大学董事、哈佛大学商学院亚太顾问委员会委员熊晓鸽创办，比亚布力论坛的历史还要长。由于亚布力论坛十几年来的参与和支持，哈佛中国论坛已经成为波士顿地区最具影响力的学生组织。我认识的每一位哈佛中国论坛主席，基本来自中国，都异常优秀，都年轻有才。我看到了一批批中国留学生在美国学习、成长，并希望他们学有所成，回到他们的家乡，建设自己的家园。年轻真好，可以无所畏惧，可以闯荡天下，可以做自己所想。有时我就会想，如果十几年前，我努力一把，也许现在已经从哈佛大学毕业了，当然，只要努力，永远不晚。

第二，让我真正感受到了美国的人才之多，我们的教育需要更加努力。每年，哈佛大学本科只招收不超过 8 个中国留学生，每年参加哈佛中国论坛的学生有 1000 人，他们都留在了美国，而这些在美国读书的中国人只是哈佛大学、耶鲁大学、麻省理工学院等美国几百所高校培养的人才的一小部分。虽然越来越多留学生选择回国发展创业，但更多的人选择留在美国，导致中国与美国的人才差距更大了。我们的教育体系应该更加努力，人才是一切事业发展的根本，人才也会是各企业之间竞争产生差距的主因。

第三，硅谷的原创精神令我印象深刻。在硅谷，我们参观了几个原创科技企业，其中一个就是人工智能企业。人工智能企业在国内也有很多，而我们这次看到的人工智能科技公司研究的不是传统的"神经网络"，他们甚至认为，"神经网络"是"旧脑"，不够聪明，不懂得变化，没有逻辑思维能力，包括谷歌（Google）、OpenAI、脸书（Facebook）、百度都是如此认为。他们不仅是在挑战权威，更是在走一条自己认为正确的、改变世界的路。他们的计划是让每个家庭拥有聪明的机器人。如果成功了，他们将会引领新的世界潮流。

第四，关于"理想与计划"也有新感受。活动期间，我们临时增加了一场参访 Lucid 电动汽车的环节，该电动汽车很豪华、很舒适。公司创始人来自特斯拉，我们很认真地讨论了对埃隆·马斯克的看法。当我们讨论移民火星理想的时候，埃隆·马斯克已经做好了征服火星的计划，《硅谷钢铁侠》的世界真的超过我们的预期。当我们还在说着："理想还是要有的，万一实现了呢。""钢铁侠"已经开始制订计划了，从特斯拉到 SpaceX，再到 SolarCity 和火星殖民计划，这是"钢铁侠"的理想吗？不是，这是他的计划，是步骤，是手段。

从哈佛大学、麻省理工学院的实验室，到硅谷原创企业，还聆听了"钢铁侠"的宇宙征服计划，我听到最多的是："我们不讨论怎么赚钱，我们讨论的是改变人类，改变世界。"

欧洲之行的意外收获

还记得那是 2017 年的 7 月，亚布力论坛进行了为期 8 天的英国—中东欧之行。8 天里，我们走了 4 个国家的 4 个城市，去了伦敦、布拉格、华沙、维也纳。这一路上有很多故事，有很多惊喜，也有很多收获。虽然很累，但是非常开心。

在伦敦，我们知道了什么叫家族，什么叫财富。家族不是一个横向的概念，并不是说家人多就叫家族。家族是纵向的，它是一种历史的传承和延续，是整个家族为同一个目标或事业，世代相传，生生不息。财富并不是说一个家族在富豪排行榜上能够排第几，而是这个家族的财富能够传承多少代，后代是否依然以家族为荣，是否能够彼此协力，永不分离。

英国作为世界上最早的资本主义国家，存续了大量家族，这些家族历经百年沧桑，传承了 5 代、10 代甚至 15 代。我以前认为这些家族都只是传说，但这次欧洲之行，我亲眼看到了他们。走在伦敦街道上，你可能不知道，半个伦敦都归于格罗夫纳家族，而这个家族掌门是一个 26 岁青年公爵。家族土地所有权可以一直追溯到 1677 年。

在伦敦郊区，我们有幸入住了 Oare House 庄园，这个庄园属于怡和集团。怡和集团扎根中国香港，国内媒体已经认定怡和集团是中国企业，但其实怡和集团的决策全部来自伦敦。在这里，我看到了贝聿铭在英国唯一留下的建筑——玲珑阁。这个玲珑阁承载了怡和集团主席和他太太的传奇爱情故事。他们家族的成员艾特·凯瑟克是亚布力论坛成员，也是亚布力论坛唯一的"洋人"。这让太古集团的行政总裁施铭伦（Merlin Swire）很羡慕，一直在追问我，他什么时候可以加入亚布力论坛。

我们一行人还收到了罗斯柴尔德家族的晚宴邀请，地点不能透露。在这里，我看到了这个神秘家族的真实一面。这个家族没有《货币战争》一书描述的那样令人窒息的神秘，但却有着百年不息的企业家精神：低调、务实、谨慎、豁达。晚宴的英方嘉宾全部是传统的家族企业，每个人后缀都是公爵、勋爵、男爵。我坐在一个家族的第十一世继承人的旁边，这位绅士一直在问："我们家族有很多老房子，希望亚布力论坛企业家可以去看看、住几天。我们也希望做些新的事情，希望可以与中国合作。"

百年家族都会有一些有意思的规矩，例如，传男不传女，必须传老大，永远不做看不懂的生意（虚拟经济、互联网等）。这些古老家族的有些规矩看似非常古板，限制了这些家族的成长，但却保障了家族的传承。

亚布力论坛的企业家们都相识于各自企业创办之初，是中国第一代企业家。我们英国访问团中，企业历史最久的是新希望集团的刘永好董事长，他的企业创办了三十多年。中国企业的历史还不够长，还有很多地方需要向欧洲老家族借鉴和学习。中国企业家代表着世界的"新钱"，英国家族企业代表着世界的"老钱"。"新钱"应该向"老钱"致敬，应该看到家族传承和家族友谊的重要性。

哈佛两日行

第一天

2023 年 4 月 6 日美国东部时间 22：00，我们再次来到美国，感觉有点儿不一样。首先，我们是从广州起飞，因为北京到纽约没有直航，另外，这次多飞了 4 个小时，最后经过漫长的 15 个小时到了纽约。

哈佛中国论坛和以往也有很大区别，这次没有了科技论坛，可能是因为中美关于科技问题的摩擦越来越严重。不过，从筹备来美国参加哈佛中国论坛开始，我们就深深感受到，哈佛大学的教授、同学们欢迎亚布力论坛代表团的迫切心情。大家的想法相同，都认为加强双方的交流和沟通，才是解决问题最根本的办法。此前，新冠病毒感染疫情让我们失去了很多沟通和交流的机会，只能偶尔通过视频来缓解大家迫切想交流的心情。

来美国之前，中国发展高层论坛在中国国内顺利举办，很多来自全世界包括美国在内的企业家到达了北京。亚布力论坛借此机会分别给美国黑石集团创始人苏世民（Stephen A. Schwarzman）先生及美中关系全国委员会会长欧伦斯先生举行了座谈会，他们感到非常愉快，坦诚地同中国企业家谈了对中美经贸关系的看法。这些看法有乐观的，也有悲观的，但都包含了一个明确的共识，即中美需要更大的勇气和决心解决双方的问题，这不仅需要政治家的决定和智慧，也需要民间的声音，特别需要企业家之间的交流和合作，来推动民间经贸往来，这是中美关系的"压舱石"。

此次来到美国，我们又登上了从纽约开往波士顿的中巴车，13 年来，这条路我走了 11 次，相同的路途有着不同的感受，每次组织和参与中美商业领袖圆桌会议都能获得不同的感受。

中美商业领袖圆桌会议始于 2009 年。那时，亚布力论坛企业家第一次到波士顿参加哈佛中国论坛，我也第一次在哈佛中国论坛上主持关于"92 派"的讨论。陈东升、田源、毛振华、张跃参加了那次讨论。（见下图）

右起分别为张跃、田源、陈东升、毛振华（2009 年）

从那以后，亚布力论坛每年都会在纽约召开中美商业领袖圆桌会议，直至 2020 年新冠病毒感染疫情暴发才终止线下会议。（见下图）

回到此次行程。在开完中美商业领袖圆桌会议后，我们继续参加哈佛中国论坛。如今，在亚布力论坛的支持下，哈佛中国论坛已经成为整个北美地区颇有影响力的学生组织。

遇见彭博有限合伙企业创始人迈克尔·布隆伯格（2019 年）

经过多年努力，亚布力论坛在美国的活动逐步扩展到了很多城市。我们访问了华盛顿所有重要的智库，包括美国企业公共政策研究所（AEI）（见下图），也曾邀请这个美国最保守的智库总裁参加过亚布力论坛。

亚布力论坛企业家访问美国企业公共政策研究所（2010 年）

除此以外，我们还邀请过哈佛大学费正清中国研究中心主任柯伟林
（William Kirby）教授到亚布力论坛年会上发表演讲。据说这促成了王石
在60岁时游学哈佛大学。我们也曾多次访问硅谷当时最热门的科技公司，
包括特斯拉、多宝箱（Dropbox）、爱彼迎（Airbnb）、谷歌、优步、印象
笔记（Evernote）等。当然，还包括很多生物制药及人工智能企业，大概
和超过50家相关企业的创始人进行了深入交流。

除了哈佛大学，亚布力论坛还访问了耶鲁大学、纽约大学、麻省理工
学院、斯坦福大学、俄亥俄州立大学。曾经在去波士顿的路上专门访问耶
鲁大学时，耶鲁大学的校长和教授接待了我们，令他们诧异的是，这群中
国最有名的企业家为什么去哈佛大学参加学生组织活动，而很多次经过耶
鲁大学却不入。

亚布力论坛第一次访问硅谷是由沈南鹏主席组织安排的（见下图）。
我还记得那次去谷歌公司访问时见到了谷歌地球的负责人。多年以来，亚

亚布力论坛企业家第一次访问硅谷（2014年）

布力论坛访问硅谷分别得到了田溯宁理事、杨元庆主席、阎焱董事长、王维嘉理事的大力支持。亚布力论坛在硅谷走访了 50 多家科技和创新公司，接触了两位著名教授，一位是研究超导材料的沈志勋教授，另外一位是发现了"天使粒子"的张首晟教授，如今，张教授已经去世。我们还在硅谷参加过联想创新年会（见下图），从那之后我了解到，联想不仅是一个制造企业，更是一个全球性科技公司。

亚布力论坛在硅谷参加联想创新年会（2016 年）

除了上面提到的经历，还有很多令人印象深刻的故事。

例如，当时我们去印象笔记访问，大家都抢购这个公司生产的钱包、斜挎包等副产品，而现在这些产品已不再生产了；我们还认识了领英公司（LinkedIn）创始人里德·霍夫曼，第一次见面时，他体重有 300 斤，而第二次再见面时，他只有 170 斤了（见下图）；在访问俄亥俄州的首府哥伦布时，我们只去了代表保险、钢铁、快运、零售等产业的八家企业，但当时在欢迎酒会上，居然有两百位当地的企业家和专业人士前来欢迎；最后几年举办的中美商业领袖圆桌会议得到了郭广昌董事长的支持，因为后来所有的活动都是在复星集团收购的第一大通曼哈顿广场的顶层举办的。

在此刻回忆过去，感慨无限：过去的一切都过去了，但我相信很多美好的事可以重新再来。

亚布力论坛企业家与领英公司创始人里德·霍夫曼（2015 年）

第二天

经过长途旅行，我们终于来到了目的地——位于波士顿的哈佛大学。

我再一次见到了那个非常熟悉的查尔斯酒店，三年过去了，它几乎没有任何变化。

波士顿有两所著名大学，同行的朋友问我："波士顿相当于中国的哪里?"我没有回答上来。因为国内同时拥有两所世界知名大学的城市只有北京和上海，而北京和上海的人口、经济远比波士顿的体量大。波士顿在美国最多只是中等城市，可它因为哈佛大学和麻省理工学院而闻名，当然，还有被人熟知的波士顿马拉松赛，这是专业级的马拉松赛。

波士顿的天气很冷，但是这里的人非常热情，特别是哈佛大学费正清研究中心的朋友。2023 年 4 月 7 日美国东部时间 16：30，哈佛大学费正清中国研究中心举行了一场内部会议，研究中心的四位主任均参加了此次会议（见下图）。他们都是研究中国历史的专家，无论是黑眼睛还是蓝眼睛，他们的中文都讲得非常好。四位教授都表达了一个观点：无论中美关系怎么样，民间的交流都至关重要。特别是要主动了解彼此真实的看法和真实的价值观，而不是被动接受被媒体放大的内容。同时，教授们也一致认为，美国精英对中国的了解远远落后于中国精英对美国的了解。

亚布力论坛理事与哈佛中国论坛外籍嘉宾合影

亚布力论坛 2012 年出版的《九二派："新士大夫"企业家的商道与理想》记录了陈东升、田源、毛振华、冯仑等人在邓小平南方谈话之后，纷纷由体制内转向体制外的创业故事。这次来到波士顿，我们专门将这本书翻译成英文版，将其作为礼物送给教授和嘉宾，希望他们以此了解中国的创业者。

在波士顿，我还见到了很久未见的丁健主席和曾强理事，还有 10 余位亚布力论坛会员。虽然来的企业家不多，但这代表了亚布力论坛重返哈佛中国论坛，非常具有历史意义。

在本届哈佛中国论坛上，中美关系自然是大家的关注点，同时，科技、俄乌战争、人工智能等都是这次论坛的热点话题。与会人员关于中美关系的未来给予了极高期望，当然，也有一部分人对此表示无奈。不过，大家的共识还是主要集中在"多沟通交流，到对方国家多走多看，有生活更有发言权"上。论坛最后，AI成了"背锅"对象。一部分人认为，如果AI觉醒开始攻击人类，中美势必联合起来对抗非人类物种；还有一部分人认为，如果现场发言讲错了，一定是ChatGPT写的文稿，如果很精彩，那一定是出自自己之手。

会议期间，创业者活力满满。年轻人都在讨论自己的商业模式和投资计划，这让人感到未来的力量。我相信，现在人们解决不了的事情，一定会由未来的人们解决。

第一主持人

真人秀节目《最强大脑》让蒋昌建走上了舞台,他是我认为最智慧的主持人。第一次见到蒋昌建是在电视里,那时蒋昌建还是一个大学生,当然也是一个不同凡响的大学生,他是当年国际大专辩论赛的最佳辩手。

做主持人是蒋昌建的业余爱好,他的职业是复旦大学国际政治系副教授,职责是教书育人。第一次见到蒋昌建真人,是在波士顿中美商业领袖圆桌会议。他是复星集团特别邀请的主持人,当时还没有《最强大脑》,当复星集团的兄弟们告诉我,这是主持人,我满脑疑虑,面前这个头发花白且有点凌乱、面部消瘦的男性,可以当好主持人吗?虽然听过他辩论,但没有看过他主持。在疑惑中,等到蒋昌建教授登上舞台,我顿时感觉眼前一亮,头发不再凌乱,花白变成了气质,消瘦的面颊原来可以更上镜,但最重要的是自信、内涵、激情。蒋昌建是我认为最有知识的主持人!

忘了从哪一年开始,蒋昌建年年出席亚布力论坛会议,被称为"亚布力论坛特约主持人"(见下图)。2016年6月,我们去硅谷访问,到了优步公司总部,有一层员工都是华人,他们纷纷拿起相机,对准蒋昌建拍照。晚上到了硅谷一个中餐馆,我们一群人正在喝酒聊天,临近的几桌人开始骚动,我认为他们是发现了杨元庆、田溯宁、陈东升,结果他们是冲蒋昌建来的。

硅谷最后一站是纳帕酒庄,我在酒庄门口说:"如果我说蒋昌建在这里,会不会有人过来合影?"话音刚落,就来了一家三口:"这不是蒋昌建吗?"亚布力论坛邀请过很多有意思的主持人,不能一一历数,仅说几个代表人物。

许戈辉,可以是说亚布力论坛最漂亮的主持人,最早主持过亚布力论坛第二、三、四届年会,前几届音响硬件条件很差,估计连卡拉OK的水

蒋昌建主持亚布力论坛年会开幕式

准都不如。到第十届年会时，我们专门邀请许戈辉重返亚布力论坛。她走上舞台，拿起话筒，也不禁感叹"音响效果太好了"。

　　王利芬，主持了2005年亚布力论坛年会，给我印象最深的是"'雅虎中国'之夜"，那个晚上的主角是马云。那个时候的阿里巴巴集团刚与雅虎（Yahoo）签订战略合作协议。王利芬老师充分发挥了主持《对话》节目的功底，让效果达到了最佳。

　　朱丹，时任黑龙江电视台主持人，后来进入中央电视台。朱丹应该是亚布力论坛学历最高的主持人，女博士，也是主持亚布力论坛年会时间最长、次数最多的主持人。她非常敬业，每次主持都很早到会场，认真熟悉稿件，在上台之前，都在默默背诵。自从她主持亚布力论坛年会之后，被国内很多会议纷纷邀请，可谓论坛第一主持人。

　　上面说的都是大会主持人，以后我们讲讲议题主持人，亚布力论坛历史最悠久的议题主持人是王巍和刘晓光，社会知名度最高的议题主持人是敬一丹。

"楼梯杀"的启示

出差回来后的一天，大儿子突然问我："爸爸，你知道什么叫'楼梯杀'吗？"我琢磨了半天，终于想起来"楼梯杀"是围棋术语。我6岁学围棋，虽然只坚持了1个月，但和儿子对弈还是可以的。我曾在APP上下了6000多盘中国象棋，突然感觉围棋和象棋有着很大不同，乐趣不必说，思维方式上两者也有很大不同。

"楼梯杀"的原因就是一方太执着，总想跑出去，结果被另一方穷追猛打，越输越多。"楼梯杀"告诉我：人生要懂得放弃，放弃是为了少损失，是为了接下来的胜利，用一时的退让换来一生的荣耀。

人生更像是围棋，而不是象棋。如果我们每个人走的路都和围棋一样，道路就会越来越宽广，社会也会越来越和谐。围棋更讲究战略、宏观、大布局，更看重开局；象棋则更讲究三招速杀，关注战术，讲究出奇制胜。围棋是人生大棋，是没有硝烟的战场；象棋总是攻城略地，一直在厮杀，一直在战斗。围棋是子越下越多，象棋是子越下越少。围棋对弈双方无论胜败，都会有自己的空间和地盘，不会被绞杀得一无所有，不是你死我活的关系，输赢是由所占领的区域大小决定；象棋就不一样了，双方你死我活，一方要把另一方彻底绞杀殆尽。我们在生活中要学习围棋的精神，朋友要多，要有自己的空间，即便不能成为大赢家，也要经营好自己的"一亩田"，经营好自己的生活。占地广、资产多当然好，但我们更需要的是幸福的家庭、健康的身体。

创业更像下围棋。围棋众生平等，象棋等级森严。围棋更注重团结，注重团队整体的作用，是一个扁平化公司，大家都对棋手（老板）负责。任何人都可以下围棋，因为围棋顾名思义就是把对手围起来，可以"胡走一气",肯定不会犯规。这就好像创业,有想法是最重要的,如何走要慢慢学、慢慢领会,在创业过程中一点一滴去体会。象棋分工很明确,每个棋子都只能按照既定的规则工作,更像成熟的大公司的分工,需要稳健,步步为营,有守有攻,有主有次,最重要的是,要保护好主帅,以防被对方消灭。

亚布力论坛似乎更像是在下围棋,20 多年前我们不知道它今天的样子,但是我们一步一步走出来了。田源主席落下第一颗"子"的时候,估计没有想到 20 多年后会围成一个什么样的棋局。同样今天我们也无法预测 20 年后亚布力论坛的样子。也许只要有雪花,就会有思想,亚布力的思想就像雪花一样飘飘洒洒;也许不需要太多规则,最重要的就是坚持,执着地走下去!

你来或不来，她就在那里

经常有人问我，冬季年会和夏季高峰会的区别与定位有什么不同。胡葆森曾这样评价：冬天太冷没事情做，只能务虚，夏天与各地政府合作召开会议，可以务实。其实，冬季会和夏季会最大的区别是一热一冷。冬天的亚布力很热，因为屋里暖气很足，可以达到 30℃，穿短袖就可以；夏天空调很足，可以穿西服外套。

夏季高峰会源于 2004 年，当时就我一个工作人员，办公室有一台传真机，直到现在我还保留着，还有一台惠普电脑、一个座机、一个小灵通。时任深圳市市长李鸿忠邀请亚布力论坛在深圳召开夏季高峰会，希望每年 8 月在深圳召开一次夏季高峰会，连续在深圳召开三年之后，理事会决定夏季高峰会在不同省份召开。之后去了贵州、河北、云南、湖北、安徽、河南、重庆、江苏等地。

我自己也去过全国大约 200 个城市。吃过各式各样的饭，喝过各式各样的酒，见过各式各样的企业家、官员，被人骗过，也被人当过骗子。但现在看看，总结下来，凡是支持过亚布力论坛的人，如果是企业家，事业（不是"生意"）就越做越大；如果是学者，名气就越来越大；如果是官员，仕途就越来越好。当然亚布力论坛也在各级政府领导、企业家、经济学家、科学家的参与下，影响越来越大，知名度也越来越大。

有朋友问，为什么是亚布力论坛？我就会告诉他，因为是亚布力，所以是亚布力，因为我们的定位是思想——企业家的思想交流平台。亚布力"论"的不是生意，而是思想！亚布力"坛"的是成就、事业、思想，不是赚钱的手段！亚布力论坛还有一个理事会团队，每次开会，基本都到，没有他们的支持是无法想象的。亚布力论坛创办人、主席田源和理事长陈东升的无私发挥了至关重要的作用。无私是因为他们从来都是付出，所有工作都是义务，都是为了这个平台，从创办开始就没有想过利用这个平台成就自己，为自己赚钱。

亚布力论坛有什么？我们有的是新面孔、新思想、新科技！我们会根据当年热点，设定主题，除了老面孔，我们还邀请了很多新面孔；亚布力论坛是原创商业思想的平台，我们希望每个在这里发言的人，都不念稿子，但一定要有准备，一定不能只讲自己的公司，而是谈办企业的思想、经验、教训；亚布力论坛的交流一定是平等，讨论问题必须有建设性，而不仅仅是批判。

有朋友问我："你为什么一直在这里，不去创业，不去自己做点儿事情？"我的回答是：因为这里是亚布力论坛，她永远在那里！我不想走！

从"年会"到"青火"

2001 年，田源主席创建亚布力论坛，2004 年，亚布力论坛正式规范化运营，陈东升董事长出任理事长。2001—2004 年，我们举办了四届年会，开创了中国企业家自组织的先河，成为后来很多企业家自组织学习和模仿的对象。每次年会都有很多知名企业家参加，就像《复仇者联盟》大电影一样，集合一群超级英雄，都必须是主角，都不能怠慢，都要维护好。截至 2023 年，一共 23 年，相当于 23 部超级英雄大电影。

从 2004 年开始，亚布力论坛走出了黑龙江，第一次"远征"到深圳，开创了夏季高峰会，已经远征了十几次。冬季年会完全是企业家的思想交流平台，同时兼顾休闲娱乐——滑雪、喝酒；还有社交——每年都有 20% 的新人来到亚布力。夏季高峰会更多是企业家和各地市政府互动的平台，为地方政府招商引资，也为企业家带来投资机会。亚布力论坛和 5 个省签订了战略合作协议，累计协助完成招商引资 2000 亿元。

有了冬季年会和夏季高峰会这样的"超级英雄综合体"，亚布力论坛开始逐步尝试"独立大电影"。2010 年筹办了"中美商业领袖圆桌会议"，这是亚布力论坛的国际化平台，更多是为了让中国企业家了解美国的商业社会。国际化平台的侧重点，是开会之余的企业考察。企业家们先后走访了 50 多家美国的跨国公司，从东海岸的纽约、波士顿到西海岸的旧金山、洛杉矶，都留下了亚布力论坛中国企业家们的足迹。

时间长了，有人说亚布力论坛是个"老年论坛"，主角总是二十世纪五六十年代出生的企业家。不能说五六十年代的企业家真的老了，也不能说七八十年代的企业家就是年轻人，所谓术业有专攻，有志不在年高。更何况成立于 2015 年的亚布力青年论坛的"独立大电影"——创新年会，已经默默耕耘了数年，立足中国香港，辐射大湾区，是亚布力论坛创新精神的发源地。亚布力青年论坛可不是亚布力论坛的附属品，而是她的期望与未来，因为创新才是企业家精神的精髓。

有了青年论坛还不够，我们还有"青火"——青春合伙人，这是中国未来的希望。"青火"的代表人群是大学生，都是年龄在 16~26 岁的年轻人。"青火"本是亚布力论坛年会的一些志愿者，但我们逐渐发现，太多的大学生都期待成为志愿者，年会只需要 120 位，报名人数居然有 23 万！可怜秘书处的伙伴们逐个筛选，我告诉他们：要公平、公正、公开，杜绝任何后门。每次年会最后，嘉宾都会与志愿者们合影，伴着《青春合伙人》的主题歌，更让无数人梦回青年时代。

马云说得好：一个论坛想办得好至少要 30 年。我们还要坚持很久，如何让每个人都感到有价值，这是我们面临的巨大考验。企业家们不能仅仅发个言、露个脸、喝顿酒，要有创新、有意义、有影响、有作用，只有这样，亚布力论坛才能真的有价值，才能真正实现这句话：帮助企业和企业家成为社会与国家重要的建设力量。

"年轻的"亚布力论坛

我看到有条朋友圈说，"亚布力论坛是中国少有的、持续的、高水平的企业家思想交流平台"。我意识到这句话中有两个字很重要——持续。的确，20多年来，亚布力论坛始终持续简单、重复地做着一件事，那就是"坚持"！坚持在亚布力，创建在亚布力，品牌在亚布力，影响力在亚布力，永久会址在亚布力。这一切都是坚持的力量！

2017年，陈东升理事长提出要在亚布力修建企业家论坛永久会址，大多数理事表示支持，也有少数理事质疑。最终经过4年的努力，熬过了疫情，我们终于建成了"亚布力企业家论坛永久会址"。如今，它如同一只美丽的蝴蝶在黑土地上挥翅绽放，如同新时代的企业家精神，在祖国大地生根发芽、绚丽多彩。

20多岁的亚布力论坛正年轻，她就像一位大学三年级的学生，一边读书学习、不断汲取知识，一边对社会充满创想、对未来充满希望，期盼着大四毕业走出校园的那一天，能大有作为。很多人说，亚布力论坛有点儿老了，其实我们还很年轻，还有很长的路要走，还有很多事要做，也有很多需要完善的地方，我们还需要不断地学习。

我想起2021年的亚布力论坛年会出现了很多新面孔：王传福、宇学峰、王宁、唐彬森，还有很多青年论坛的新嘉宾们，甚至我们还请来了大艺术家刘小东老师。他们都是第一次登上亚布力论坛的舞台。

为了便于我们与企业家互相沟通，每年大会前，每个板块都要提前建立微信群，那时都需要我"拉人进群"，但只有青年论坛的嘉宾们不需要我做这件事，因为这些嘉宾，我一个都不认识。

会场上，俞渝理事找到我说："青年论坛真棒！"她问我这些青年企业家都是从哪里找来的。我说,这些青年企业家我都不认识,都是秘书处小伙伴"一点一点挖出来的"。当然,能有这么多年轻的企业家加入青年论坛,也离不开理事们的支持,很多理事都是这些青年企业家的早期投资人。

我们还有一个"秘密武器"才刚刚登场,那就是"亚布力成长计划"。我希望"亚布力成长计划"能够培养更多年轻人,让他们成为未来亚布力论坛舞台的主角。

亚布力论坛还有一群人,他们身穿白色 T 恤衫,背着统一背包,在会场里穿梭忙碌,找人,找会场,找餐厅,拿咖啡,引导和帮助嘉宾们解决各种问题,等等。这些事看似很小,但着实帮助我们解决了很多问题,这群白衣人被称为"青春合伙人"。

他们都是大学生志愿者,年纪也大都 20 来岁,与论坛年纪相仿,正处在人生最好的时光。他们选择来亚布力论坛当志愿者,相当于上了"人生选择第一课",亚布力论坛会让他们"看清理想的模样"。

2021 年的年会还评选了"十大干货王",如果按我最初的想法,不会叫"干货王",可能会称之"十大思想力企业家"。但秘书处小伙伴们坚持要用"干货王",说这个称呼接地气,现在看来,我的同事是对的,否则就不会有这么好的效果了。

有时,我真的感觉自己跟不上时代,很多网络新词听不懂,很多新人不知道,很多事情不理解。但我们秘书处的小伙伴比我年轻,比我爱学习,比我了解新事物,爱思考,能突破常规,有新想法。我也得努力,争取让自己变得"年轻",才能和秘书处的团队完成下一个 20 年,从而实现"世界的亚布力(论坛)"这一美好愿景。

未来可期,未来已来。亚布力论坛会继续年轻下去。因为企业家是最开放、最爱学习的一群人,我们作为企业家论坛,也要跟上他们的脚步。坚持开放,保持学习,就会永葆年轻。

亚布力青年论坛

　　2010 年，亚布力论坛在长江游轮上第一次开展了两代人的对话，这应该是亚布力青年论坛的起点。之后每年在亚布力论坛年会、夏季高峰会期间，都会召开一次青年论坛，青年一代开始成为主角。这里说的"青年"绝不仅是富二代，也不是创二代，更不是官二代，而是优秀的青年一代。（见下图）

亚布力青年论坛理事

　　2015 年，亚布力青年论坛开始独立走上舞台。2016 年，冯仑董事长担任亚布力论坛轮值主席。冯仑主席和我特别强调了一件事情：办好青年论坛。他在轮值主席任期内，最希望完成的就是青年论坛的可持续发展。

　　碰巧那次英国怡和集团行政主席班哲明·凯瑟克（Benjamin Keswick）先生到北京，除了拜会亚布力论坛理事长、轮值主席，还希望和几位创业者、青年一代多聊聊。于是我们邀请了时任美团公司 CEO 的王兴、地平线机器人公司创始人余凯以及亚布力青年论坛成员陈奕伦、苏德中、毛赛等人一起见面。

　　亚布力论坛是企业家思想交流的平台，但交流的目的和意义在哪里？应该在于传承，亚布力论坛要成为一个与时代相交的朋友圈。中国第一代企业家因亚布力论坛而聚集，成为合作伙伴、朋友，甚至联姻成为家族。中国第二代企业家开始茁壮成长，有接力中国、传承中国、美丽中国等各种青年一代组织，亚布力论坛依然将是所有人的道场。

　　无论是亚布力论坛还是青年论坛，都会坚持开放原则。无论观点是否一致，无论是创业者，还是艺术家、科学家，只要你有思想，我们欢迎所有人！亚布力青年论坛就是亚布力论坛的未来，是思想传递的阶梯！

成长计划

2021 年的正月十五，我没有出现在亚布力。当时早晨起床还有点不适应。以前的正月十五，刷牙洗脸要一气呵成（我经常是不刷牙不洗脸的），然后一路小跑去"迎客"。这里的"客"，指的是企业家们。以前每年亚布力论坛年会都会在正月十二到正月十五期间于亚布力召开。但2021 年由于一些众所周知的原因，我们在北京璞瑄酒店举办了"亚布力社会责任论坛"，主题是"2021 年的挑战与担当"。

那次活动有 20 多位理事参加，我们还邀请了很多由理事或理事单位创办的基金会的理事长和秘书长参与。当然，总人数控制在 40 人以内，因为不能违反相关防疫规定。张文中主席、陈东升理事长、田源主席、丁立国董事长、毛振华董事长在会议现场参加了讨论，罗康瑞董事长在线上参加了讨论，《英才》杂志宋立新社长主持本次会议。

亚布力社会责任论坛举办得非常成功，我们还宣布了两个重要委员会的成立。一个是亚布力社会责任委员会，另一个是亚布力研修中心。

社会责任委员会由丁立国理事担任主席，首批有 25 家公益基金会参与，主要工作是协调各个基金会的公益事业，形成合力，共行善举，为祖国公益事业添砖加瓦。

亚布力研修中心的核心是推出"亚布力成长计划"，也是亚布力论坛社会责任的一种担当和体现，即传承企业家精神，培养年轻一代企业家！

在 2021 年正月十二的晚宴上，冯仑董事长和我说："你看看我们的头发，都白了。亚布力需要 80 年代甚至 90 年代出生的企业家。"

在这点上，我们的确还要做很多努力，希望可以邀请更多"70 后""80 后""90 后"的企业家到亚布力。我们推出亚布力成长计划的目的也是增加和新一代企业家的黏性，培养更多和亚布力有感情的企业家。

亚布力成长计划刚公布，亚布力论坛很多理事就在朋友圈转发了该计划。很多创业者在咨询如何参与、如何报名、收费贵不贵等问题。也有很多理事推荐自己的孩子参加。我开始担心人会多，照顾不周，因为参与这个计划需要一个面试流程，由亚布力论坛理事进行评估筛选。我还担心有"理二代"被筛掉，我会被骂，当然，亚布力论坛"理二代"都是非常优秀的，这一点我很自信。

我需要着重说明的是，亚布力成长计划非常纯粹，完全关注在"企业家精神的传承和培养"这个点上。参与"成长计划"，就要准备认真学习，不能迟到，不能逃课，上课不能睡觉，要认真完成作业。亚布力论坛是一个社会组织，不是企业，所以不会去构建"投资生态"，亚布力论坛是没有投资功能的。

社会责任委员会和亚布力成长计划以及之前推出的青春合伙人计划，都是亚布力论坛践行社会责任的公益事业，需要一步一步地走稳走好。希望更多创业者、青年企业家加入亚布力论坛，亚布力论坛的舞台需要你们！

打造青年企业家的深度学习平台

亚布力论坛会被笑话是老年论坛。

2019 年 10 月，亚布力论坛一场理事会后，我把大合影晒到朋友圈，没想到有人跟了一句"张洪涛是专业服务老年企业家的秘书长"。——合影中的三十余位企业家，平均年龄 60 岁以上，最大的已经 70 岁了。那天正好开世界互联网大会，一群顶尖青年企业家聚在乌镇聊得热火朝天，在农家院饭局觥筹交错。同一天，两场会，却像两个世界。

更早之前，我在西安一个企业家大会，听到主办方的人在台下与朋友盘点江湖，他说："我们是青年论坛，他们（亚布力论坛）是老年论坛。"

对于论坛年龄结构，我们理事会更着急。陈东升理事长一直有危机感——再不"拉新"，亚布力论坛就成老年俱乐部了。一位理事曾多次叮嘱我多吸引新人，"你看我们这一代头发都白了"。

这些年，我常感焦虑不安、不知所措。我们每次邀请一些青年企业家来参会，他们要么不回消息，要么临开会前来不了。同时又能看到，其他机构举办造车、科技研讨会，几大巨头全去了。一天夜里，我梦见自己也老了，一个 60 岁老秘书长给一群 80 岁老企业家倒水。

解决问题的第一步，是承认问题的存在。

我记得王兴第一次来亚布力论坛是在 2013 年。我们乘坐同一辆车去安徽芜湖考察，当时我只知道美团是一家团购网站。后来我去拜访王兴，当时在一间特别小的会议室见面，虽然聊得尽兴，但我却没太在意这家企业。如今反思，是我们当时对有潜力的新企业、年轻企业家重视不够，我自己对创新的认识远远不足。

也有现实难题。亚布力论坛企业多是在几十年风雨中扛过来的，经得住验证，比如泰康集团、新希望集团、万科集团……但现在有些潮头企业历史太短，虽然受热捧，但我们看不太清楚。亚布力论坛希望聚拢既有思想、有家国情怀，又能把企业经营好的企业家，而不是像流星一样，在空中一闪而过。

但是，亚布力论坛不做老年俱乐部。2019 年，就在我被嘲笑是"专业服务老年企业家"的那一次理事会，理事们正式确定，要让"70 后""80 后"企业家逐步成为论坛主角，并吸引一批"75 后"企业家加入理事会。年轻化，是亚布力论坛所有企业家的共识。

2021 年亚布力论坛第二十一届年会，我们"拉新"就做得不错，发言的企业家几乎全是 1965 年以后出生。比亚迪公司董事长兼总裁王传福、泡泡玛特公司董事长兼 CEO 王宁、元气森林公司创始人唐彬森，都是第一次做主题演讲，还有中国银行行长刘金，他是四大行里最年轻的行长。亚布力青年论坛"后浪说"嘉宾，同样令人惊喜。

未来，我们希望邀请的名单还很长，比如马化腾、王兴、张一鸣、李斌、何小鹏、李想、刘畅、余凯……

在 2021 年的亚布力论坛年会上，老一代企业家主动让出话筒，让年轻一代当主角，这是刻意的安排，我们希望借此传递一个重要信息——亚布力论坛是开放的、创新的，呼吁中青年企业家都来。

2001 年亚布力论坛第一届年会，企业家大多 40 岁左右，年龄最大的王石、刘永好也只有 50 岁。20 多年前，田源主席开启亚布力论坛的大门，四处奔波，才把一位又一位企业家请进来。现在，我们要用同样的诚意和努力，做同样的事情。

也恳请各位论坛理事、企业家鼎力相助，多邀请 40 岁以下的企业家参会。当然，我们不会急转弯，不可能让大家千里迢迢赶来，一进门全是生面孔，无法与老朋友促膝长谈。亚布力论坛也不是清一色的企业家，像吴敬琏、周其仁等各界权威学者，不管年龄多高，都是我们的核心。

许多新人担心能否融入亚布力论坛。其实，只要来过一次，顾虑就会打消。我们始终坚持一个原则：彼此不分企业大小、不分"江湖地位"，谁的思想性更胜一筹，谁就是中心。我敢保证，在这开三天会，绝对比在办公室待三天强得多，因为你可以听到新观点，认识新朋友，可以在走廊、餐厅或者任何一个角落遇见知名企业家，与他交流、探讨和辩论。这几年，我们还特别预留洽谈室，你想和哪位大咖单独对谈，我们都可以协助安排。

冬季年会是亚布力论坛的最大特色。大家也许不知道，亚布力也有一个农家院，那个饭局更自在。梁建章理事就是在农家院喝酒、热聊之后决定加入论坛理事会的。亚布力论坛没有派系，没有"家长"，不会组建投资基金，所以就没有创建商业生态的功能。

目前，亚布力论坛是一个受中央统战部、全国工商联认可的企业家自组织，既有市场化活力，又是官方认可支持的企业家思想交流平台，不同行业、不同地域、不同年龄的人在这里完全平等，大家可以畅所欲言、激烈交锋，包括王石主席、陈东升理事长的发言也曾受到挑战。

如果说亚布力论坛有什么目标，那就是希望成为青年企业家的深度学习平台。我们正设想成立"学习与交流委员会"，多组织小范围内部研讨会，或者去创新型企业实地考察。雷军理事刚造手机时，我们就组织去学习过，我们还深入考察过很多企业，像360、百度、联想集团、字节跳动、地平线、元气森林……

过去20多年，有一批企业家受益于亚布力论坛的思想滋养，甚至实现企业跨越式发展。未来，我们希望继续帮助青年企业家成长。在组织形式、讨论议题、品牌传播上，也会更新颖、更年轻。总之，亚布力论坛会变。

在年轻化道路上，亚布力论坛已经形成三大支柱：

第一，青春合伙人项目。主要服务在校大学生，帮助他们走出原来相对狭小的世界，通过学习、交流，看清理想的模样，找到更广阔的天地，改变自我。我们也愿意支持年轻人创业。

第二，亚布力青年论坛。2009年，我们在长江游轮上举办两代企业家的对话，顺势成立了亚布力青年论坛，希望它成为青年企业家的舞台。我们希望亚布力论坛成为企业家世代相交的朋友圈。

第三，亚布力成长计划。这是新经济领袖成长营，目前有30位首期学员，年龄跨度比较大（1965—1995 年），但"90 后"是主体。他们当中至少一半人有望成为新商业领袖，做出市值百亿美元甚至千亿美元的企业，或者成为下一个沈南鹏、下一个刘永好、下一个张一鸣、下一个王兴。在这个过程中，亚布力论坛是一个加速器和巨大的知识库，我们用积累了 21 年的资源、思想和经验帮助学员成长。至于人脉倒在其次，核心是深度学习。

创立二十多年，亚布力论坛不仅帮助和关心企业家成长，并且以"促进企业家成为社会和国家重要的建设力量"为己任。

亚布力论坛作为全国工商联团体会员，与全国工商联、中央统战部、国资委、商务部等国家部委，以及黑龙江、天津、重庆、辽宁、安徽、山东、福建、四川、湖北、贵州、宁夏、广西等省区市密切互动，主要是为推动社会和国家发展。截至 2023 年 10 月，亚布力论坛已累计协助各省区市完成招商引资超过 4000 亿元。我们还在加快构建与国家发改委、国家市场监督管理总局等国家部委的长效联系。这些是任何企业家都需要的"朋友圈"。

坚持正能量、创造性、建设性，是亚布力论坛的指导思想和行为风格。正因如此，亚布力论坛与各个国家部委、地方政府的关系非常好，我们也一直努力成为企业家与政府沟通的有效平台。2021 年，亚布力论坛组织杨元庆理事、王传福理事、李东生理事等多位企业家拜访商务部，与王文涛部长面对面沟通，使企业家们对中国市场和未来更有信心。中国有一批非常有水平的政府官员，各地干部也都在年轻化。

王传福理事还在拜访的会上说了一个故事，令人深思。比亚迪公司是 iPad 代工厂商，有一年苹果公司要求比亚迪公司在印度建两条生产线，生产设备从中国运过去。结果设备刚到印度，就被当地人给砸了，最后只能把剩下的设备再运回中国。苹果公司对印度的失望可想而知。

大家也在担心中国供应链外移，比如转向东南亚。但是，东南亚人口远不及中国，订单稍微一多，人力成本马上上涨。另外，东南亚供应链能力不足，根本无法满足 iPad 生产的配套需求。所以，取代中国在全球的供应链地位，几乎是不可能的。

除了搭建企业与政府的沟通联系，亚布力论坛还有五大"朋友圈"：企业与企业、企业与媒体、企业与智库（高校）、企业与各大商帮、企业与跨国公司。

亚布力论坛像农家院铁锅炖，是一个大熔炉，可以支持各个组织之间深度交流，亚布力论坛的新愿景不会变——"中国的达沃斯，世界的亚布力"。我们一直在推动国际交流，助力中国企业出海。在任何环境下，亚布力论坛都在思考，如何促进社会和国家发展，如何将自己的能力和资源服务更多人。

第三篇

亚布力论坛与中国企业家

亚布力论坛已经成为中国颇具思想力的企业家思想交流平台之一，宗旨是"帮助和关心更多新兴企业和企业家的成长，促进企业家成为社会和国家重要的建设力量"。亚布力论坛是企业家自由、平等交流的舞台，企业不分大小、不分行业，但必须能够贡献思想，尤其是新的商业思想，希望亚布力论坛成为中国原创商业思想的聚集地！如果"中国"是一套书，希望"企业家"能够成为其中的一本，"亚布力论坛"能够成为其中的一章；而作为记录企业家历史的我们，也希望能被其他记录历史的人所记录，能够出现在这套书的某一页中。

为什么要在亚布力斥巨资建一座
"国家级建筑"

2020 年 10 月 20 日，亚布力论坛微信公众号官宣了亚布力企业家论坛永久会址落成（见下图），并向大家汇报它总造价 3.1 亿元，建设资金全部来自论坛企业家捐赠和论坛自有资金。

有朋友问，花那么多钱，在那么偏远的地方盖一座楼，有什么价值？

不要说大家，连我们论坛自己的理事也无法理解。2018 年，修建永久会址的动议刚刚提出，论坛理事、当当网执行总裁俞渝就发来一封信，坚决反对。她说，亚布力不在浙江乌镇，不在北京，建造一年只用一次的场馆过于浪费，"我们是企业家，不要做楼堂馆所的事情"。

两年后，2020 年 10 月 19 日，俞渝真切地站在新落成的永久会址时，她改了主意——盖得好。那么，为什么我们要建永久会址？它有什么价值？我们先来说说亚布力与企业家的故事。

亚布力企业家论坛永久会址

企业家思想诞生地，企业家的精神家园

亚布力有单条最长、变化最丰富的雪道，有五色的山林，有抬头可见银河星空的黑夜。但是，在极度漫长的岁月里，它荒无人烟，大雪孤独地飘洒，群山屹立了 4 亿年。直到 20 世纪末，它才等来了自己的故事——企业家改变了亚布力，亚布力改变了企业家。

1995 年，时任中国国际期货有限公司董事长田源坐着一辆大吉普，从哈尔滨出发，沿着土路摇晃八个小时才到亚布力。冬天气温达到零下三十多摄氏度的地方，没有一间房有热水，只有一部手摇电话机（一刮大风就断线），这是田源对亚布力的最初印象。后来，他在这里投资 4 亿元建造风车山庄、滑雪场、雪山项目训练基地……开创了中国的冰雪产业。1996 年，亚布力承办第三届亚洲冬季运动会的雪上竞赛项目，还迎来了国家领导人。

2001 年，中国加入 WTO。外国媒体说，中国的"墙塌了"，跨国公司将畅通无阻进入中国市场。弱小的中国民营企业焦虑不安，不断地问："狼来了，红旗还能打多久？""中国企业能否打败跨国公司？"……那一年冬天，亚布力也格外寒冷，气温达到 −35℃。而田源又招呼一群企业家，到这个天寒地冻、走出室外不到十米耳朵就被冻僵的山沟沟里商讨对策、抱团取暖。此后就有了"亚布力中国企业家论坛"，那一天也奠定了亚布力论坛的 DNA——企业家平等、独立、自由地交流思想。

23 年来，来自世界和中国的顶尖企业家像候鸟一样，每个冬天都会飞到亚布力，因为亚布力的思想像雪花一样自由飘洒。

2006 年，马云第一次参加亚布力论坛，并举办"'雅虎中国'之夜"，第一次提到了"退休"的事。马云第一次学会滑雪，也是在亚布力。此后，他成了常客，喜欢在这里与一群企业家聊天、探讨和辩论。

2014 年，王兴在亚布力论坛谈到了对边界的思考。他说，无边界特性会使所有事物互相关联，如果只是局限在小圈子里，就无法理解更大范围的事情。王兴的思考构成了美团的底层逻辑，如今它不仅在市值上令人

震惊，它的边界似乎也无远弗届。

2017年2月，在亚布力论坛年会上，刚刚成为论坛理事的雷军直面质疑和挑战。那段时间，小米集团陷入低谷，尝尽人情冷暖。对悄然过去的2016年，雷军焦虑而迷茫，他也想把小米产品卖得更便宜，但周围人反对。"我最孤独的感觉是几乎所有人都劝我把小米产品卖贵一点儿。我觉得大家都不了解我的想法和追求。"雷军最后还特意强调，小米集团遇到的困难，不影响企业家们对互联网思维的学习和应用。好在事实如他预期，他找到的新商业模型让小米集团从低谷迅速反弹。2019年，小米集团更是跻身最年轻的世界500强。

过去23年，中国企业风高浪急，很多企业家出局、退场甚至锒铛入狱，而亚布力论坛企业家却穿越复杂的环境，商业版图由小到大、由弱变强甚至鸟枪换炮，成为中国经济的主流和重要基石。与此同时，他们始终践行企业家精神，相信市场经济，推动制度、社会和商业文明进化。

亚布力论坛每年举办夏季高峰会和冬季年会，从历届大会的主题中，也可以看到亚布力论坛企业家的价值观、理念与行动，我们的主题有"企业与社会""开放中创新，改革中转型""企业家思想力与现代商业文明"……

可以说，亚布力论坛企业家是一种现象。这种现象的出现，有赖于企业家思想。亚布力，正是一个重要的企业家思想诞生地，是企业家的精神家园。

见证中国企业史

过去23年，亚布力论坛催生和记录了无数中国企业的历史时刻。

在中国企业史上，联想分家是件大事。2016年，杨元庆和郭为在亚布力相聚，当被追问分家以及两人相互竞争的内情，他们的回应睿智、坦诚。郭为回忆："当时柳总问我，杨元庆做总经理，你做副总经理，你同意吗？我的回答就两段话：'第一，必须同意。第二，为什么不是我。'"杨元庆也说了当初为什么力主拆分联想。场面突然热闹起来，时隔多年之后，这两位昔日的对手同台发言、握手拥抱。台下的大佬也相互抢话筒，田源、王石、马云、郭广昌、阎焱都谈起了企业家如何选定接班人和CEO。

2018年，改革开放40周年。这一年，对张文中而言也无比特殊。

事情要回溯到2017年12月28日，最高人民法院决定再审张文中案。2018年2月，张文中在亚布力论坛年会朗读了他写给改革开放40周年的信。在这封信里，他谈了那些年遭遇的坎坷和心路历程。在亚布力那个大雪纷飞的夜晚，他把积在心头十几年的话全说了。陈东升、俞敏洪、冯仑等全场企业家起立鼓掌，甚至有人一遍一遍地喊"文中"。张文中说，这是大家对他所遭受境遇的同情和支持，更重要的是对民营企业家获得公平待遇的期待。

2018年5月31日，最高人民法院宣告张文中无罪，物美集团无罪。

针锋相对又把酒言欢

过去23年，企业家在亚布力论坛做过无数次辩论。

中国企业界曾经有一个巨大争论——企业经营应该混业还是专业。有一年在亚布力，郭广昌与王石的一场激辩成为业界话题。那天，郭广昌请王石、马云喝酒，结果却被两个大佬"围攻"。王石说，万科集团不做综合类经营，但发展得很好，复星集团做综合有一天是会"死"的。马云也帮着王石。郭广昌急了，据理力争："综合类也好，专业类也好，道理是一样的，但是要搞清楚这么做的优点和缺点是什么。我现在跟各位说，我想清楚了，做综合类会有哪些问题，我也找到解决方案了，我能做好。"

郭广昌后来说，在企业经营上他最感谢的人就是王石，因为王石最真实地戳到了自己的痛处。

陪伴企业家成长

亚布力论坛23年的历史，是一部中国企业家的成长史和发展史。23年里，我们见证了很多企业家鸟枪换炮般的跃迁。

2001 年，陈东升第一次参加亚布力论坛时，泰康人寿的全部保费只有 5 亿元，每年利润不过数千万元。2019 年，泰康保险集团半年利润就超过 100 亿元。

2017 年，生于 1970 年的丁立国当选亚布力论坛史上最年轻的轮值主席。2018 年，他"赌上身家性命"参与天津渤铁系（当时总负债 2000 多亿元，破产重整）混改，历尽艰险，成功地恢复了新天钢集团（渤海钢铁集团重整后主体）的生机。混改一年多时间里，新天钢集团总产值翻了一番，员工收入提高 30%，保住了数万人就业，丁立国的事业也提升了几个数量级。

在新天钢集团混改中，一个民营企业家为国企带来了什么？丁立国说，首先是亚布力论坛提倡的企业家精神，如果没有企业家整合资源，带领企业突围，企业就不可能发展；其次是市场机制；最后是"会操心、敢着急、能解决"的观念。

相信市场经济，改善民生，建设社会和国家，是亚布力论坛企业家共同的气质。

如今，仅亚布力论坛 87 位理事创办及领导的企业，总资产就超过 15 万亿元，年收入超过 4 万亿元，间接影响就业超过 9000 万人，累计协助各省区市招商引资超过 4000 亿元。

建造亚布力企业家论坛永久会址，是用一座物理空间为中国企业家精神立下丰碑。

青年企业家的精神圣地

在永久会址内，还有一座中国企业家博物馆。

1860 年至今的 160 多年里，中国经历了三次企业家精神的黄金时代（洋务运动、民国初年、改革开放），经历了两次重工业化（洋务运动和"计划经济"）、两次轻工业化（民国初期和 20 世纪 80 年代）和以信息技术为特征的"第三次浪潮"。中国改革开放 40 多年这部波澜壮阔的世界史诗，也是企业家精神重新回归、重新发扬光大的历史过程，中国企业家就这样一波一波、一代一代、一棒一棒地接力、传承企业家精神。

中国企业家博物馆是企业家精神主脉延伸到今天的结晶，它记录和展现了160年来中国企业家的成长和精神变迁。博物馆首倡人陈东升说，永久会址将是集会议、博物馆、智库和培训于一体的神圣建筑，它将吸引一代一代年轻企业家来亚布力"朝圣"，享受企业家精神的洗礼。

助力龙江经济发展

一位国家高级领导曾说，亚布力论坛的企业家走到哪里，就为哪里带来发展。亚布力论坛创立这23年，对亚布力经济的兴盛贡献巨大，2008年当地还建起了五星级酒店。

2020年10月19日，亚布力当地两位居民被临时请来为永久会址做保洁。闲暇时，她们说着悄悄话："我们在山下住了一辈子，不知道山上有那么好看的'屋子'。"她们商量着，怎么在这个好看的"屋子"里耗上一整天。

保洁阿姨或许并不知道，她们眼里的"屋子"，将是黑龙江一座新的国家级建筑、地标性建筑，亚布力企业家论坛永久会址的落成和使用，将进一步助推亚布力以及周边地区的经济发展。

募资 3.1 亿元，建了一座中国企业家精神的殿堂

2020 年，正值亚布力论坛二十周年。这一年，亚布力论坛企业家又共同创造了新的历史——亚布力企业家论坛永久会址顺利落成。作为永久会址的一部分，中国企业家博物馆也即将建设完成。

永久会址总造价 3.1 亿元，其中超过 2.6 亿元由 40 多位亚布力论坛企业家捐赠，其余资金来自亚布力论坛自有资金。

2020 年 11 月 18 日，亚布力论坛第二十届年会开幕。同一天，亚布力论坛的第二十届年会和二十周年庆典、永久会址落成典礼以及全国工商联民营企业家培训基地（专注企业家精神的培养和传播）挂牌仪式，都在这座新建筑内举办。

亚布力论坛 20 年的历史，浓缩了中国民营企业的成长史、进步史和发展史。永久会址是亚布力论坛二十周年的集大成之作，也是近百年来中国企业家精神的辉映。

2020 年 10 月 18 日，亚布力论坛轮值主席、新希望集团董事长刘永好，亚布力论坛理事长、泰康保险集团股份有限公司创始人、董事长兼 CEO 陈东升，亚布力论坛创始人和主席、元明资本创始人田源，亚布力论坛理事、物美集团创始人、多点 Dmall 董事长张文中，亚布力论坛理事、当当网执行董事俞渝专程前往亚布力，验收永久会址。

该建筑由设计哈尔滨大剧院的著名建筑设计师马岩松主持设计，建筑面积为 1.6 万平方米，建筑高度约 23 米。白天，建筑犹如雪山的一部分，与其紧紧相连；夜幕降临后，灯火通明的建筑如同雪地帐篷，比喻企业家们围绕篝火，交流思想，探讨企业和创业的未来，展现了亚布力论坛创立

的初心。同时它又似匍匐在大地上的翅膀,喻示生机勃勃的未来。建筑主体顶部的玻璃天窗将室外的自然光纳入室内,而室内木材营造出柔和温暖的氛围,这些都为建筑增添了多重自然气息。

刘永好说,在亚布力论坛创立20年之际,由民营企业家自己出钱建成一个国家级建筑,说明民营企业家进步了、成长了。

陈东升说,中国企业家的发展有三个阶段,从洋务运动到民族资本的崛起,再到改革开放企业家精神的回归。中国改革开放40多年这部波澜壮阔的世界史诗,就是企业家精神重新回归、重新发扬光大的历史过程。永久会址记录、展现了中国企业家和企业家精神的历史,是集会议、博物馆、智库和培训于一体的神圣建筑,它将吸引一代一代年轻企业家来亚布力"朝圣",享受企业家精神的洗礼。

历史的深邃迷人之处,在于那些远大的目标能够穿越迷雾,像灯塔一样召唤着后来人,感动着后来人。

20多年前,田源来亚布力投资4亿元开创中国的冰雪产业,并创立亚布力论坛。他说,永久会址是企业家自己捐钱、捐地建造的,虽然它在物质和产权上不属于我们,但在精神上属于我们。有恒产者有恒心,亚布力论坛一定会传世。

张文中说,永久会址会传承改革开放一代中国企业家的精神、成就和思想,也会造就中国企业家的未来。

俞渝原本是一个坚决的反对派,但是在2020年10月18日那天,当她真实地站在这座建筑里时,终于改变了观念。"建筑不仅好看,而且跟自然环境毫不违和。这座既抽象又现实、具有动感的建筑,不是普通的会址,它凝集和记录了中国企业家走过的路程。"

验收成功之后,五位企业家启程前往哈尔滨,向时任黑龙江省委副书记、省长王文涛汇报永久会址建设以及论坛发展情况。当时,王文涛首先对亚布力论坛成立二十周年表示祝贺,也对亚布力论坛企业家为黑龙江贡献了一座新的地标建筑表示感谢。他说,亚布力论坛成立20年来,立足"中国的达沃斯,世界的亚布力",一直在坚持打造中国自己的企业家论坛。企业家们的真知灼见,为龙江产业转型与升级提供了有价值的参考。希望与亚布力论坛进一步加强交流与合作，充分利用龙江在农业、生态、冰雪等方面的优势，大力支持亚布力论坛及会员企业扎根龙江、扩大投资合作领域，实现互利共赢。预祝论坛二十周年庆典等相关活动取得圆满成功。

　　过去 20 多年，亚布力就是"中国的达沃斯"。下一个 20 年，它将是"世界的亚布力"。

往事侧记

王石滑雪摔伤，吊着胳膊去演讲

其实亚布力论坛第一次开会是 2000 年 12 月底，气温零下三四十摄氏度，这也是一年中最冷的时候。当时很多人冻伤了，陈东升说自己开会回来大脚拇指半年都没动弹。冻伤还不算最严重的，滑雪摔伤才厉害。大家都没滑过雪，但仍选择六号道，我们当时称其为幸福大道，也叫企业家大道，说"谁有冒险精神就能从六号道一下滑过去"，而企业家就应该具有冒险、勇于开拓的精神。

所有人都是第一次滑雪，我记得 2001 年，王石是吊着胳膊去演讲的。因为王石没有滑六号道，直接去滑了难度更高的专业道——九号道，结果当然是直接就摔下来了，摔完之后，他是吊着胳膊去做的演讲。

当时大家觉得那个氛围特别好，之后大家慢慢觉得，在亚布力可以保持"原生态"，可以说实话，可以很放松地进行交流，也是最先开始营造的氛围，基调很重要。

会议软硬件都很简陋　互相帮忙满地找证件

2002 年，我是第一次去亚布力开会，那时条件非常艰苦，先坐飞机到哈尔滨，在哈尔滨皇城饭店住一晚上，第二天早上发现酒店大堂里全是参会嘉宾，后来都上了各式各样的汽车。当时黑龙江一直很支持我们，嘉宾们上的也不知道是哪个司局派的车，直接拉到火车站，坐上专列到亚布力，下了火车又上了"来路不明"的汽车。

深夜天都黑了，我们才到酒店，地上摆满了嘉宾的证件，我满地找我的证件，找了半天也没找到，何力也没找着他的证件。大家互相帮着找，谁都不认识谁，因为那时候没有互联网，邮件使用得少，大家都发传真。

好不容易入住以后，再用各式各样的车把住在七八个地方的人拉到一个地方吃饭，吃完饭再拉到另外一个地方开会。在亚布力，我们都是晚上开会，开完会后，再分散回七八个地方。第二天上午滑雪再把他们拉到一个地方，再拉回七八个地方，再吃饭再开会，组织工作特别麻烦，又没车。

我后来听说一个故事，讲一位媒体总编好不容易找到一个房间，晚上开会开得很晚，差不多到 12 点，准备睡觉时，突然有一位女同志冲进来说："我没房间，反正我就要在这儿睡了，你愿意怎么着就怎么着。"一直到 2008 年，才有现在的亚布力阳光度假村酒店，开会条件才有所改善。后来复星集团收购地中海俱乐部（Club Med），接管度假村，会议组织也越来越有经验，现在软硬件比起以前好了很多倍。

有人强烈要求安排和冯仑住一个房间

我还记得有一次我们发会议通知，表格有个附注"你有什么特别要求？"有人回复"强烈要求和冯仑一个房间"。谈话时，旁边的工作人员立刻问："是女生吗？"其实是位男生，他想和冯仑交流。

亚布力论坛一直致力于打造企业家思想交流的平台。2007 年我们设置了轮值主席，2008 年轮值主席是郭为，我为什么强调 2008 年呢？2008 年对于亚布力论坛来说，有着特别重要的意义。这一年明确了亚布力论坛的定义：亚布力论坛是企业家思想交流平台，交流思想、企业管理经验、宏观经济的判断等等。

我们不是一个利益组织，也不是为某个集团代言，我们只是在一起探讨企业家思想，互相交流心得，大家之间也不做生意，这样就没有利益冲突，这可能也是亚布力论坛能一直发展到现在的一大原因吧。

亚布力论坛的"武大帮"

　　这张照片（见下图）是我们在 2014 年去法国观看法国网球公开赛决赛时所拍。在完成"亚布力论坛—工商银行·欧洲行"之后，因为行程上没有安排，刚好有时间可以看女单决赛，加上国手李娜是当时泰康人寿的形象代言人，风头正盛，所以我们纷纷买了决赛的门票。结果出发当天，李娜就在第一轮被淘汰了。虽然决赛很精彩，但没有李娜还是很遗憾。

2014 年在法国观看法国网球公开赛决赛（左起分别为田源、陈东升、毛振华、张洪涛）

这是亚布力论坛的武大帮：田源、陈东升、毛振华，还有我。我们都毕业于武汉大学，区别是他们都是本科生，分属于 1977 届、1978 届、1979 届，我这个秘书长在武汉大学读的是 EMBA，我的本科是中国金融学院（后与对外经济贸易大学合并）。

在亚布力论坛的企业家群体中，武汉大学的确是一个大帮，有五位成员。北京大学有四位，中国科技大学有四位，复旦大学有四位，西北大学有两位，其中西北大学的两位是冯仑和张维迎，他们相识几十载，又是同班同学。真想象不出他俩上学一块儿玩耍是什么样子。

王石在各种场合讲过："亚布力论坛开始很封闭，基本就是'北京圈＋武大圈'但在纽约邀请我当轮值主席时，我不假思索就答应了，因为我的上一任主席郭广昌是海派企业家代表，这说明亚布力论坛开放了。"

事实上，从亚布力论坛创建之日，开放就是准则，包容就是信条，这也是亚布力论坛生存、发展的根本！亚布力论坛是企业家思想交流的平台，不说官话，不讲俗套，不可以念稿子，不比钱多钱少，我们较量的是思想！

亚布力论坛理事对母校都有着浓厚的感情，成功之后，纷纷回馈母校，所以校董也特别多，在此就不一一列举了。我只提两件事：第一，复旦大学校董中有四位是亚布力论坛理事；第二，高瓴集团创始人兼首席执行官张磊、滴灌通集团创始人李小加分别是耶鲁大学和哥伦比亚大学校董，要知道中国企业家在美国知名大学担当校董的情况少之又少。

难忘的柏林之旅

召开理事会、考察工业 4.0、与财长座谈、拜会总理府、试驾奔驰、体验无人驾驶、穿正装参加晚宴……这是 2016 年亚布力理事会德国行的主要内容。几乎每个小时都有安排，紧凑至极，这让亚布力论坛理事们有些抱怨：收获虽多，但体力消耗也很大。

其实我们还是有业余时间的。那次柏林之旅，我们在第一个早饭前的凌晨 5：30—6：30，中泽嘉盟投资有限公司董事长吴鹰、上海亚商发展集团有限公司董事长陈琦伟、广东华铁通达高铁装备股份有限公司董事长宣瑞国、Aim Top Ventures 创始合伙人王维嘉相约跑步，我自告奋勇陪同。我们 5：30 在大堂集合的时候，出人意料地遇到了全联并购公会创始会长王巍，原来他已经骑自行车转一圈回来了。

虽然我身体状况很好，也经常锻炼，而且年纪最小，但经过将近 60 分钟的中速跑步，还是被甩在了最后。令人佩服的是，年过六十的陈琦伟在 2℃的气温下穿着短裤跑完全程，后来他告诉我他曾经跑过半程马拉松。

在那次柏林之旅的第二天早饭前的清晨，我们集合 18 个人一起骑自行车晨游柏林。当时一直在下雨，导游也很不给力，我们本来计划去附近的"查理检查站"，可是一直没有看到；自行车也很不给力。我们 18 个人身穿统一的红色服装，在漫天小雨中意外发现了德国基督教民主联盟（CDU）的总部大楼，于是激动地在大楼前合影。60 分钟的骑行之后，我们到达了"犹太人纪念碑"，纪念碑群由 2711 根长短不一的灰色碑柱组成，从远处望去，黑灰色的石碑如同一片波涛起伏的石林，让人不由自主产生一种不稳定的、迷失方向的感觉。最后我们在"勃兰登堡门"前合影完成了这次"晨游柏林"。

　　第三天午饭后的 60 分钟，我们一起来到了柏林墙。柏林墙是冷战时期的标志性建筑。1989 年 11 月 9 日，民主德国政府宣布允许公民申请访问联邦德国以及西柏林，柏林墙被迫开放。1990 年 6 月，民主德国政府正式决定拆除柏林墙。现在柏林墙原址拥有柏林墙遗址纪念公园以及世界上最大的露天画廊。

　　当晚，在正式晚餐结束之后，我跟随王巍等理事，在谷歌地图的指引下，经过了 30 分钟细细搜索，终于找到了位于弗里德里希大街和 Zimmerstrasse 街交界处的查理检查站，在冷战期间是非德国人在两个柏林之间通行的关口。

　　事实上，亚布力论坛任何活动基本不安排旅游、逛街、购物环节，满满都是商务活动。我非常感谢所有理事的支持和帮助，所有活动没有人迟到、早退和无故缺席，难得的是，我们还在仅有的业余时间做了这么多有意义的事情。当然我们也会在开会时累得睡着。

神秘的家族

《财富》世界 500 强排行榜中，怡和集团最特别。作为亚布力论坛理事所在企业，其实际控制人是一个英国家族，而且确切讲是苏格兰家族。有媒体报道说："怡和集团是李嘉诚最大的劲敌。"当然有市场经济，就会有竞争，有竞争才有发展，中国企业有发展，就会有更多 500 强。市场经济的本质就是自由竞争。

怡和集团事实上源自中国，成长在中国，发展在世界，核心在亚洲的跨国公司。它不仅大而且强，业务渗透于人们的衣食住行。号称最好吃的月饼——美心糕点属于怡和，号称最好的海外华人酒店——文华东方属于怡和，香港中环用廊桥连在一起的 14 个地标性建筑属于怡和，估计很多人都在这 14 个楼里逛过街、吃过饭。还有 7-Eleven 便利店、必胜客、空港货运、汽车销售乃至房地产、金融服务等方方面面。在海外旅行，中国人都喜欢入住文华东方酒店，因为早饭可以吃到油条，喝到白粥，房间更是有茶壶。

事实上，怡和集团在世界 500 强中排名并不靠前，但从未掉队。从1832 年成立于广州的洋行到今天世界 500 强，怡和集团可谓见证了世界商业历史的全过程。历史上的怡和集团也有过不光彩的故事，他们向中国输入了鸦片；当然也做过实事，为中国修建了第一条铁路——吴淞铁路，还在中国安装了第一部电梯。

怡和家族最令人羡慕的是家族传承，历经 200 年，始终没有分家。据说在甄选接班人中有很多不成文的规定，例如"传男不传女"。我曾经问过怡和集团第五代大班亨利爵士："是否会把公司传给自己的孩子？"亨利爵士的回答是："如果你的孩子足够优秀，为什么不？"同时亨利爵士也表示中国企业家传承有着现实问题——长期计划生育造成第一代企业家选择并不多，只有一个继承人。

　　亚布力论坛理事艾特·凯瑟克每年都来亚布力论坛年会，他是经冯仑和陈东升两位董事长介绍加入亚布力论坛的。记得开理事会时，与会企业家认真进行了讨论，中国企业家论坛是否应该吸纳英国人。最终因为怡和集团是香港企业而被接纳。如今怡和集团已经成为亚布力论坛的重要成员，成为亚布力论坛对外交流的重要窗口。"中国的达沃斯，世界的亚布力"需要怡和集团这样的跨国企业。

为什么会有这么多企业家组织

　　无论是冬季年会、夏季高峰会、中美交流或是 CEO 研讨会，它们都已不再是我的工作，而已经成为我生活的一部分。记得 2016 年，当时我们希望亚布力论坛理事雷军参与德国企业的访问活动，但收到了他的助理给我发的短信，"雷总最近很忙，10 月的德国活动实在去不了"。我的回信是："企业家要干企业家的事情，亚布力能有点补充就好，希望雷军理事亚布力论坛冬季年会一定要去！"

　　企业家挺累的，不仅要忙自己企业的事情，照顾自己的家庭，还要参政议政（很多都是人大代表、政协委员），还要参加各种企业家组织、同学会。怪不得很多企业家都是白天开会，夜里工作，实在是忙不过来。另外，还要时常做公益，如果哪里有灾有难，不仅自己要捐钱捐物，还要劝其他人捐钱捐物。老百姓的确生活不容易，企业家这份工作也的确不好干！

　　除了地方性企业家组织，比如深圳企业家协会、北京浙商会，这些都有很强的地域性和家乡情结，还有很多企业家联谊组织，有的在网上传了很久，也很神秘，有 N 大商帮之称，亚布力论坛当然不在其中，亚布力论坛定位明确，我们是一个论坛，是一个平台，是企业家的思想交流平台。

　　中国企业家俱乐部：主席是马云，成员 50 人左右，下设中国绿色公司联盟，简称"绿盟"，成员 120 人左右，主要招牌活动是每年 4 月绿公司年会及 12 月的道农会，大佬可以去演节目，号称"商界春晚"。

　　阿拉善 SEE 生态协会：历任会长包括北京首都创业集团有限公司刘晓光、万科集团王石、御风集团冯仑、大成食品（亚洲）有限公司韩家寰等。它是中国规模和影响力最大的企业家环保组织，主要招牌活动是每年

10 月召开的"绿色环保论坛"。

2005 委员会：挂靠在欧美同学会，服务对象是"海归"，成员不仅限于企业家，还有职业经理人、艺术家等。主要活动是每年 12 月举办的海归论坛。

数字中国联合会：主要成员是科技企业和企业家，主要活动是每年 4 月在深圳召开的数字中国年会。

还有一个大家都知道的正和岛，它不能被称为企业家联谊组织，但也非常有影响力。

这些只是秘书处在北京的几个组织，如果把这些组织的活动都加起来，那么几乎每周都有活动，企业家根本参加不过来。虽然天天可以有免费的午餐、晚餐，但公司是干不了了。如果公司不干，做不成企业家这份光荣的职业，估计也就没人整天拉着去论坛开会了。

微信被发明之后，多人直接沟通和交流变得简单了，建个群，要有事情统一发布即可，这些企业家组织就像微信上的群，多了就看不过来了，只能跳着看，我经常无意中看到热点人物的手机上有几百个、几千个微信未读信息，估计都是"群"信息。

为什么会有这么多组织？这些组织都是怎么来的？各自的宗旨是什么？有什么区别？大家可以去他们各自的网站和微信公众号看看。

我想说的是，我也是其中一员，作为秘书长们，应该联合起来，更好地为企业家服务，各个组织宗旨、目标各不相同，但成员有很多交叉，我们也应该搞一个秘书长联席会议，协调我们组织活动的时间，不能相互冲突，避免到处拉人，而且争取做到"人有我无"，也就是其他组织搞了的活动就去捧个场，自己就不要再搞了。给企业家多一些时间，干好自己的企业。如果没有优秀的企业家，这些组织也就没有存在的意义。

"拼了也得去趟亚布力"

　　很多企业家跟我说："拼了也得去趟亚布力（论坛）！"听到这些话，往往我还来不及开心，很多人又会接着说："我不是去凑热闹。我是要去看看，为什么这帮大佬每年一定要去这么大老远的地方开会。况且在那里还常常吃不好，住不好。"

　　我听了挺惭愧的。亚布力论坛年会举办这么多年，衣食住行虽然都有所改善，但总体来说还需要进步，有时候抱怨声也不绝于耳。

　　先说说吃的。我们在亚布力吃的是农家饭，还有土炕上的杀猪菜。有位跨国公司老板就曾经对我说："农家菜是好吃，但顿顿吃也真是受不了！"后来我们也在饮食上有了更多元的安排。

　　再说说交通。从牡丹江机场到亚布力的酒店必须乘坐大巴，但大巴是一小时一班的。我记得有一回，某位大企业家第一次参加亚布力论坛年会，结果在大巴车上整整等了一个小时还没发车，吓得秘书从公司总部直接给我打电话。在此之前，这位老板已经20多年没坐过大巴了，更不要说在车上等那么久了。

　　既然条件一般，为什么大家还要去，而且拼了也要去呢？因为亚布力论坛有企业家群体难得的氛围：思想，友谊，和谐，兄弟情！在这里没有"大佬"，有的是互相尊重与互相理解，追求的是探讨问题的平等与独立思考，享受的是思想的盛宴。

　　记得2015年，我陪同陈东升、田源、冯仑几位企业家专程到杭州阿里巴巴集团拜访马云，邀请他再次出席亚布力论坛年会，结果2016年的年会，马云就来了，待了三天，讲了两场，受到很多人的"围攻"，留下了几万字的演讲记录。马云很开心，因为亚布力论坛的氛围实在太好，在这里与世隔绝的几天，可以让企业家有许多新的思考。吴鹰也从纽约飞往北京，再从北京临时租赁商务机和杨元庆一起赶来。大家都是为了一份纯粹的承诺。

亚布力论坛年会号称企业家第一"道场"，几乎所有大佬都来过，到目前为止，还只能用"几乎"，因为还有很多大佬没有来过，马化腾、王健林、丁磊、董明珠等都还没来。来不了亚布力的企业家基本有两个原因：一是怕冷，亚布力冬天气温常常都在 −20℃；二是陪家里人过元宵节。不过，其实去过亚布力的人都不觉得那里冷，一方面是暖气足，屋里很热；另一方面是氛围好，气氛热烈。再者，从 2020 年开始，我们的年会举办时间就错开了元宵节，让大家可以回家吃晚饭过节。

"拼了也得去趟亚布力（论坛）"，它代表的是大家对亚布力论坛这个"朋友圈"最真诚的认可。

亚布力论坛的"标准"

越来越多企业家希望加入亚布力论坛，成为理事、合作伙伴，进入我们的大家庭。亚布力论坛有筛选标准吗？当然有！我们需要的是有思想的企业家。亚布力论坛是企业家的思想交流平台，宗旨是"帮助和关心更多新兴企业和企业家的成长，促进企业家成为社会和国家重要的建设力量"。所以这就是我们的标准。

从 2001 年开始到现在，亚布力论坛已经 20 多年了，我对很多人、很多事情都有些麻木，再也唤不起激情。有一次和冯仑董事长在飞机上聊了他对亚布力论坛未来的看法，很受启发。亚布力论坛讨论了无数有意思的题目，有很多问题已无须再讨论。诸如民企与国企的问题、公有制与私有制的问题、市场与效率的问题，这些能解决的都得到了解决。因此，亚布力论坛应该更多地关注未来，关注未来的企业家、未来的商业模式、未来的技术创新；更多地关注公益、环保，以及企业家对社会的回馈；更多地关注中国式管理以及提升国家竞争力的企业家责任。

各个时期最具影响力的一批企业家都到过亚布力，其中，最"神"的是史玉柱，赶一天路，待了一个晚上，又赶一天路回去；最"忠诚"的是陈东升和王维嘉，仅有的冬季会议从未缺席的两位；最长途跋涉的是德意志银行全球董事长约瑟夫·阿克曼，他从柏林赶到亚布力，并且为了让自己的德国朋友相信这个周末他是在中国一个偏远县城度过的，还特意拿走了房间的明信片；最"不靠谱"的也有几位，不过虽然被晃点过无数次，我们依然还是持之以恒地邀请；最渴望邀请的企业家之一是任正非，虽然希望渺茫，但我们总是期待着。

　　来与不来，亚布力始终在那里，始终是那个时间，那个地点，还有我们这些记录的人。如果有人再次问我为什么在这里待这么久，我的回答还是："我们是一群忠实的记录者，一群记录中国商业思想的人。"

富有思想的亚布力论坛

论坛年会在亚布力开幕的时间，常常遭遇暴雪天气，雪花转眼便会覆盖大地。农家院的铁锅炖配上粗瓷大碗，各种酒已备足。新落成的永久会址灯火通明，论坛秘书处加班加点筹备一切，只待各位企业家带上思想与锋芒，带上这一年的风霜苦楚，再次回到亚布力论坛大家庭中，喝酒、滑雪、谈天、辩论，变回"老小孩"。

火车上的亚布力

这 20 多年，亚布力论坛的规模越来越大，已是中国颇有影响力的企业家思想交流平台。论坛能度过重重困难走到今天，是很多企业家为之付出心血的结果。20 多年来，陈东升理事长是公认的亚布力论坛最大义工。所谓义工，是指那些在"亚布力精神"鼓舞号召下，不考虑回报、不考虑机会成本，为论坛贡献时间、贡献思想的人。在亚布力论坛最困难的时候，他扛起了旗帜，为论坛出钱、出人、出时间和心血，不求任何回报。如今，亚布力论坛知名度、美誉度与日俱增，他仍然低调地只在闭幕式做最后致辞。

陈东升理事长是亚布力论坛最早的见证者，也是唯一一位能拿"全勤奖"的人——他从未缺席过任何一次亚布力论坛活动，20 多年从不间断。他不仅"打卡"出工，出力也很真实。

我从 2004 年起担任亚布力论坛秘书长，负责具体的执行和接待工作。其实，那几年还有一位"秘书长"，就是陈东升理事长。当时交通不便，从北京到亚布力的火车要开 17 个小时。2006 年，我们包下两节火车软卧，陈东升、田溯宁、刘晓光、王梓木、王巍、张维迎等一群人坐火车去亚布力开会。

17 个小时的封闭空间，他们挤在车厢里一边喝茶，一边讨论世界的变革、和平，企业家的信仰和企业创新，无话不谈。还没到亚布力，非正式会议已经伴着隆隆的火车声开始了。每节车厢都是一个"分论坛"，谁想换话题，可以随时离开串去别的包厢，不用任何客套，也没有任何礼节。

这个时候，陈东升理事长当起了"秘书长"，不仅请大家吃饭（六菜一汤，比领导干部规定的四菜一汤还多两个菜），还与王梓木、田溯宁等几位企业家来回给大家沏茶倒水。到了亚布力，大伙也自由平等，来了都自己端个盘子找饭吃，找桌子坐，没人服务。

打广告会被反感的亚布力

亚布力论坛有自己的原则，来的朋友必须能够放下架子，这里不需要穿正装、打领带。毛振华理事说，亚布力论坛是个"有组织无纪律"的地方，交流自由平等，相互说话大胆直接。如果非说有一条纪律，就是不能在这里讨论自己的生意，不能做广告，否则会被大家反感，我这个秘书长也一定会被批评和责问："为什么要请这样的人？"正是这种宽松的氛围，让企业家讲真话、实话，愿意分享自己遇到的问题、困难、经验。

有一年年会，我们讨论"什么是 CEO"，王梓木理事讲中国的 CEO 和董事长是什么关系，王维嘉理事是个海归派，当时特别不明白。过了好几年他才恍然大悟，自己的公司在硅谷成立，完全按照美国那一套，董事长只是一个主持开董事会的人，CEO 才是公司老大。但在中国，所有老板都叫董事长，CEO 只是个职业经理人。也就是说，CEO 在美国是老大，到中国就成老二了。陈东升理事长则有更精辟的解释——坐班的董事长就是 CEO。后来，他当了保险行业第一位 CEO，王梓木是第二位。再后来，随着企业家们事业越做越大，大家的讨论开始涉及外部经营环境、创新环境、宏观经济等。

亚布力论坛的思想带给企业家的价值，远比广告更值钱。在毛振华理事的观察中，亚布力论坛理事企业失误比较少，几乎没有大起大落。为什么？在亚布力开一两次会，你对外界大环境、市场的认知搞得很清楚，基本上不犯大错误，不瞎搞。

亚布力论坛企业家为什么能持续发展？陈东升理事长说，是因为大家坚持了市场化的道路，坚持了专业化的道路，坚持了创新、与国际接轨的道路，他们代表着时代的未来，"跑马圈地"时代已经结束，一个新的、专业化的时代已经到来。20多年来，亚布力论坛企业家不断用社会主义核心价值观来凝聚、包容、发展，才形成亚布力论坛如今的格局。

所以，亚布力论坛是一个企业家愿意说、更愿意听的思想加工厂。

从成立那天起，亚布力论坛就带有思想交流的底色，但它真正明确定位为"企业家的思想交流平台"是在2007年。那一年，论坛理事会在白领时装有限公司董事长苗鸿冰理事的白领庄园召开，时任轮值主席郭为提出了"企业家思想交流平台"这一概念。后来，马云理事和陈东升理事长还分别提出，论坛要坚持建设性、正能量。

2010年，在亚布力论坛十周年年会上，马云理事说："我觉得亚布力的思想像雪花一样，比较自由，比较舒服。亚布力应该坚持自己的思想，像雪花一样飘扬。"

在亚布力论坛，陈东升理事长也收获了很多启发和帮助。他说，既然这个国家有了企业家，我们就应该在一起学习、交流、成长、进步。

不属于任何派系的亚布力

亚布力论坛最早像一个圈子，大家彼此熟悉，因此交流信息量之大、心态之轻松是少见的。对于一些企业家而言，认真投入交流、梳理思想、了解观点成了生命中的一部分，但也有过一些小误会。

刚开始，王石理事以为亚布力论坛是"武大帮+北京圈"，因为论坛的创始人田源、理事长陈东升、亚布力阳光度假村所有者毛振华，还有我这个秘书长都是武汉大学校友，大部分成员又居住在北京，而江浙、广东等其他地区的企业家比较少。

其实亚布力论坛是开放的，不属于任何公司系、任何派系。陈东升理事长除了服务大家，还与大家一起努力，不断扩大论坛圈子。在陈东升、田源、毛振华等一批老理事邀请下，马云、刘永好、王石、郭广昌、南存辉、李小加、梁锦松、沈南鹏、张跃、张磊等大咖先后成为新理事。现在，论坛已经有88位理事，他们来自不同地域、不同行业，年龄也不尽相同，我们还有一位"洋面孔"——麦赞臣有限公司主席艾特·凯瑟克。

王石理事非常欣赏亚布力论坛的开放性。他说，亚布力论坛带动企业家更开放包容，这就是中国企业家的希望，是改革开放的希望。"滑雪、开会这个形式没有错，但是亚布力论坛真正的价值在于突破了血缘、地缘和'帮会'（大学）的局限，邀请各方一流企业家聚到一起。"因为论坛的开放，当王石受邀担任论坛轮值主席时，他欣然应允。

张跃理事的太太曾经对她老公与王石的关系非常敏感。为什么？张跃理事是远大集团董事长兼总裁，王石理事是远大集团联席董事长，两人为了把企业和产品做得更好，经常针尖对麦芒。有一次在北京，王石理事拍桌子，对张跃理事说："如果下面你再这样，老子不干了。"一个星期之后，张太太问王石："你俩是不是闹矛盾了？"

2018年亚布力论坛夏季高峰会上，王石理事和张跃理事同台，王石理事说，这就是男人的友情，我们互相欣赏、支持、帮助，也互相批评、不服气，还互相嫉妒。但就是这样，我们走到一起去，也正是因为有我们亚布力论坛这样一个企业家的大家庭，使我们能在这样的氛围中互相信任。

一起赶路的亚布力

在田源主席眼中，亚布力论坛企业家是一群赶路的人，是一群有家国情怀、有思想的人。如果说有一段活的企业家群体历史和思想史，如果去寻找中国企业家精神的主脉，那就非亚布力论坛莫属。

所有伟大的事业都需要一棒接一棒地传递下去。在2002年，陈东升理事长就有了关于企业家精神最早的看法："中国自古以来，就不缺伟大的思想家，不缺伟大的军事家，也不缺伟大的政治家，中国唯独缺伟大的企业家！企业家的核心是企业家精神，企业家精神是推动国家和社会进步的源泉！当中国诞生一大批世界级企业家，就会再次屹立于世界民族之林。"

2020 年 11 月 18 日，50 位论坛企业家捐赠 3 亿元建设而成的永久会址正式启用，这不仅是我们的永久会址，也是中国企业家博物馆、全国民营企业家培训基地（专注企业家精神的培养和传播），更是中国企业家精神的殿堂。我们用一座国家级建筑，纪念一群赶路人共同的时光。

陈东升理事长是永久会址的首倡人和主要捐赠人。他认为，中国企业家从 1840 年至今长达 180 年的艰辛发展中，企业家精神这个主脉从来没有断，特别是改革开放 40 年多年来企业家一棒接一棒地发展，就是企业家精神重新回归、重新发扬光大的历史过程。今天，中国企业家精神的主脉在亚布力，永久会址就是企业家精神主脉延伸至今的一个结晶，希望它吸引更多年轻人来亚布力了解中国企业家走过的历史长河，经历企业家精神的洗礼。

亚布力企业家论坛永久会址的每一个厅、每一条廊，都将记录、展现近百年来中国企业家历史和企业家精神。

亚布力论坛企业家看上去很高大，但只有真正走过中国 20 多年风风雨雨的企业家才知道，自己的压力有多大，能坚持来亚布力参会，实属不易。站在千辛万苦建起来的建筑里，回首往昔，我脑子里就像倒带，闪现无数人、无数往事。如果用一个词形容他们，那就是"义工"。

就如陈东升理事长说，亚布力论坛能走到今天，就是因为论坛的这种定位、这种精神、这种文化，而且我们还会这样继续走下去。

排位的"秘密"

我们常年开会，最头疼的就是排位。当然，这里面有技术原因——我们现在的信息系统还无法完全实现自动排位，只能人工操作。可更让人觉得头疼的是，每次开会400人至800人不等，每一位都要做到对号入座，这样一来就一定有位次前后的问题。可到底应该谁坐在前面，谁坐在后面呢？

我不是百晓生，没有研究过天下兵器，排不出兵器谱；我当不了海晏，写不出《琅琊榜》，排出天下公子榜。所以每次开会的排位都让我特别头疼。我的女同事们倒是排出一个"企业家颜值榜"，如果按照这个进行排位倒也能算是一种依据。哪个排第一不好讲，但百度的李彦宏肯定排名靠前，春华资本集团董事长兼首席执行官胡祖六也会很靠前，还有鼎天资产管理有限公司的王兵也是榜首的有力争夺者。

记得2016年的亚布力论坛夏季高峰会结束之后，有媒体这样报道："王石作为亚布力中国企业家论坛理事出席，主持人口述出席企业家时，王石排在倒数第五位，排名靠后。"我看过后，特意翻出那份名单看了看。这个排名是怎么来的？首先按照"先中央再地方"的顺序排列官员，其次是我们邀请的主讲发言嘉宾，最后是理事会成员。

当时理事会成员总共来了45位，不可能把名字都念一遍，所以就只念当过轮值主席的。王梓木、郭为、张跃、田溯宁、王中军、郭广昌、王石、李东生、沈南鹏、杨元庆、冯仑、胡葆森、刘永好、张文中、丁健、俞敏洪等都当过轮值主席，所以王石排名靠后其实也无须大惊小怪。

当然，我更希望下次在理事会上能够提出建议，以后理事的名字一概不念。因为理事都是亚布力论坛的主人，在自己家里报自己的名字，实在没有必要。话说回来，亚布力论坛还真有一个排行榜，这个排行榜叫"最具思想力企业家"排行榜，每五年排一次。亚布力十周年、十五周年时各评过一次。与很多的评选稍有不同的是，这个排行榜的评选是没有评委会的，排行榜的结果是亚布力论坛理事、合作伙伴，还有参与过亚布力论坛的企业家，一人一票投出来的。

那次，我们把唱票过程以录像的形式记录下来，候选人是亚布力论坛的演讲嘉宾、理事，当然也可以向亚布力论坛自我推荐。两次评选的共性是马云、陈东升、冯仑、柳传志全部入选，区别是第二次明显对全球化、互联网企业的关注程度更高，所以第二次评选中，郭广昌、雷军、周鸿祎入选。

同台是一种自信

当了这么长时间的秘书长，还是有一种事情非常难协调，就是"某某和某某绝对不能同台发言，甚至不见面"。这对于我们来讲，难度特别大。市场经济需要竞争，企业之间也的确会出现"你死我活"的情况，尤其在互联网时代，似乎和传统产业的竞争还不太一样。企业好像必须做到行业第一，如果第二、第三就无法生存。不和竞争对手同台，我可以理解，但不能接受。

亚布力论坛是企业家思想交流平台，交流的过程平等、独立、客观，企业不分大小、不分行业。亚布力不能只为市场竞争一个主体提供平台，否则就会失去平台的作用，失去亚布力一直坚持的精神。同台演出是一种自信，特别是和竞争对手同台，亚布力论坛本身不会持有任何立场观点，因为我们是一个平台。

在一个市场上竞争，就是在一个舞台上表演。自由发挥的同时，也需要遵循规则，不仅是法律、行业规则，也要遵守道德和管理。自由竞争的自由也不是没有约束，既然选择了这个职业，就意味着默认了这些规则，不能太随便。亚布力论坛设立的选题委员会，核心在于审核内容，推荐年轻、创新的企业家，当然也要负责审核主题发言人的讲话。

这些年，亚布力论坛演讲者默认的规则如下：

（1）企业家思想交流平台，可以交流成功经验和失败教训；

（2）不能攻击其他个人和企业；

（3）不能做广告，但可以举例；

（4）遵守时间规则，不要延时，不要占用其他人时间；

（5）不打断其他人讲话。

　　作为秘书长，我还有一个最真诚的请求：确认参会了，答应了，就别变了。企业家应对瞬息万变的市场，可以说反应迅速，可以做到随机应变。我们也需要灵活机动地适应企业家的随机应变。其实我非常理解，亚布力论坛即使再重要，在企业家的心目中最高也就排在第五位，这还不包括党、政府、人大、政协召开的各种会议。我觉得排在前面的应该都是公司的事情、行业的事情、母校的事情、自己当"头"组织的事情，接下来，才有可能是亚布力论坛的事情。

　　我们的努力就是，让企业家把亚布力论坛当成自己的第五件事情。

饭局的“诱惑”

　　每个人都会组织饭局，这不仅是中国人的习惯，也是全世界的习惯。有人的地方就会有饭局，有人的地方就会有“江湖”。所以饭局和江湖总是联系在一起的，饭局也是一个很重要的社交场所，很多领导人都选择在宴会上发表重要讲话。

　　欧美的饭局习惯喝葡萄酒，无论是什么颜色的。开始的时候嘉宾都站着，后来都坐着，不会起来。菜要一道一道上，而且要吃光了才上下一道。他们基本只会和座位前后左右的人交流，宴会时间很长，吃得很累。中国的饭局习惯喝白酒，现在葡萄酒也开始多起来。开始都坐着，后来都站着，菜基本是一起上，大家每桌每个座位找人喝酒，时间可长可短，吃得很开心。文化不同，饭局不同。没有人会去指定饭局的标准是应该站着喝酒，还是坐着喝酒。当不同背景的人碰到一起的时候，饭局就需要互相尊重和包容。

　　大佬们也会偶尔在社交媒体上晒出自己参加了什么饭局，主要和谁在一起。小米集团的雷军就曾晒过一次国宴，还把菜单发了出来，相信一定没有人站起来四处敬酒。这是一种荣誉，不能根据自己的习惯任性而为。

　　说到世界互联网大会，很多人都在关心马化腾、李彦宏、刘强东、雷军等互联网大佬在乌镇讲了什么，而我无意中发现，媒体还在关心夜幕下的乌镇在吃什么，谁在组饭局，谁会参加谁的饭局，然后再跟着演绎一下。其中，“丁磊饭局”最有名，有媒体称之“东半球最强饭局”，汇集了中国互联网的半壁江山，参加饭局的人都夸丁磊的私家“猪肉”最好吃。因为太强，有的媒体还进行了直播，甚至从远处“偷拍”。菜单也成为稀罕的物件，我仔细看过，也没有什么特别的。无论吃什么，经过肠胃消化，结果总是一样的。不一样的是，和吃饭本身没有关系的东西。

亚布力论坛的饭局其实更早，但风头被乌镇饭局盖过去了，因为乌镇饭局是互联网饭局，参加的人不是首富就是首富的竞争者。乌镇的饭局无论坐着还是站着，还都是在地面上。亚布力的饭局则是在炕上，也就是俗称的"农家院"，吃得更"土"更接地气：杀猪菜和铁锅炖。参加饭局的企业家来自各行各业，但基本都是亚布力论坛成员。亚布力饭局还有一个很重要的环节就是唱歌——唱老歌、唱红歌。很多企业家参加亚布力论坛年会，据说就是为了这顿饭。希望事实不是这样，因为我们还精心地准备了会议内容。

事实上，在外面吃饭很累，吃饭基本是一种工作，我相信这不是我一个人的想法，而是很多人的想法。太忙了，如果能闲下来，我最想的就是回家吃饭，最习惯吃的永远是父母亲手做的从小吃到大的饭菜，长大以后如果还能天天吃到，那几乎就是一种奢望。

想知道亚布力饭局的菜单吗？我可以告诉大家，亚布力饭局真的是铁锅炖。一定好吃！一定要齐全！大家都要满意！

最震惊的奇闻逸事

有朋友问我，在亚布力论坛干了这么久，最震惊的奇闻逸事是什么？其实，奇闻逸事都是挺令人震惊的，不过在震惊多次之后，我就开始变得麻木了。

最开始的震惊

为什么企业家们喜欢受罪？明明在北上广深开个会挺好的，为什么非要千里迢迢来到亚布力这个偏远的穷山沟？只是为了每年聚会一下？

最震惊的歌咏比赛

其实很多人去亚布力就是为了在农家院炕上喝大酒，唱红歌，痛快地醉一场。如果你没体验过，建议去一下，不要嫌乱，也不要嫌吵，更不要嫌喝的酒不好。歌咏比赛从来都没有结果，谁的声音大谁就赢！

最震惊的滑雪比赛

企业家参加滑雪比赛的认真程度简直让我震惊，甚至为了这个名次可以较真 10 年。有些人由于没有练过"大回转"，居然学狐狸"吃不到葡萄就说葡萄是酸的"而干脆不参加比赛。可与此同时，他们却要找个显眼的地方滑野雪，以便让其他人能够看到。

最震惊的粉丝

这个已经讲过很多次了，张朝阳的粉丝、马云的粉丝、冯仑的粉丝、李彦宏的粉丝，个个令人震惊！他们穷追不舍的精力与体力都让我终生难忘！幸亏他们不是同时来的，否则我们还真应付不了。

最震惊的演讲

2016 年，马云出席亚布力论坛专场的演讲，短短几个月，在喜马拉雅平台上播出收听人次超 2900 万。可惜无论是现场，还是音频、视频，我都没有听完。

最震惊的2005年

那是我们第一次组织亚布力论坛年会。当时专职的工作人员包括我在内只有两个人，可参会嘉宾整整来了 400 多人。这可怎么接待啊！

主角和配角

曾经有个非常著名的小品叫《主角和配角》，虽然大家都知道表演者是陈佩斯和朱时茂，但在写出他们的名字时，我还是不得不"百度一下"，看看两位表演者的名字的排序到底谁在前谁在后。在生活中，每个人都是自己的主角，可在社会中每个人却又都会成为配角。主角与配角本来就是相互依托，可以相互转化的。

有时我也在问自己：为什么在开会、搞论坛的时候，会议嘉宾一定要细分为致辞嘉宾、开幕主题发言人、闭幕主题发言人、议题主持人、分论坛发言人等不同的角色？这些角色是不是有主角、配角、客串、龙套的区别？是不是"开会"这项工作一定要这样弄？我们是否能够多一点儿创新，多丰富一下形式，让每个人都成为主角？

我在参加达沃斯夏季会议时，发现主角其实只有达沃斯创始人施瓦布一人而已。然而，施瓦布也不过是个主持人，其他参与者都是来捧场的，都是配角。达沃斯非常有创意地搞出很多"联席主席"与主题议题，让"大佬"们都有主人翁精神，都能成为某一场的主角。并且，我惊奇地发现，达沃斯竟然没有开幕式！作为一个普通参与者，我在达沃斯会场徘徊、游荡，又吃又喝，就像参加嘉年华一样，感觉很好。当然，说句题外话，达沃斯的安检非常严格，虽然去洗手间不用安检，但出洗手间却需要安检。

话说回来，我们在筹备亚布力论坛会议的过程中，一直都有很多类似的困惑：我们应该遵循什么样的原则来邀请发言人？谁可以进行主题演讲？如何告知某些人"你的发言不当"？如何说服"大佬"在闭幕论坛演讲？因为大部分企业家会认为闭幕的重要性不如开幕，受关注程度也相对较低，因为会沦为配角。带着这些疑问，我们不得不平衡、平衡、再平衡！因为名气大的企业家不一定都善于演讲，善于演讲的不一定有好内容，有好内容的名气不一定大。"大佬"就一定要发言吗？如果不发言，他就不会来亚布力了吗？我真的不知道答案，但不论来与不来，亚布力就在那里。

我们不妨再想想，亚布力论坛到底是什么？是中国企业家的思想交流平台吗？我们需要时下最新的商业思想，最新的商业理念，最新的科学技术。我们需要更多的新技术、新人才、新思想出现在亚布力的舞台上，所以我们也可以安排所有参与者之间进行交流、提问与互动。因此，我们可以改变会议形式，不再是刻板的台上台下说教，而是互相平等的圆桌论坛。我们可以让所有人在同一个餐厅一起吃上 8 顿饭，彼此之间相互交流，但前提是你要能从头到尾地参与。当然，如果你是亚布力论坛的成员，不论是亚布力理事还是合作伙伴，都能参加我们的小型聚会，一起去农家院唱歌喝酒，相互交流，不亦乐乎。

在亚布力论坛，我们希望每个人都能成为主角。

需要交书面作业的"中国商业心灵"

年底或年初，我们回顾过去一年的时候，总是会用一句话来形容："××年是不平凡的一年"，每年都想找新词，但都找不到比"不平凡"更贴切的词，于是一年比一年不平凡，一年比一年追求上进，一年比一年辛苦，一年比一年衰老，一年比一年赚得更多。最终在很多个"不平凡"中，度过了平凡的半生（特指我自己）。

之所以这样，原因可能是没有去认真回味，没有认真思考。逐利的雄心掩盖了创业初心，做大做强的步伐超越了稳健发展的策略，造福自己的私心掩盖了造福社会的理想。我们要在回望中前行，回望是为了更好地前进，绝对不是徘徊，更不会退缩，时代需要初心不改的企业家精神，社会也需要更包容企业家，因为企业家是财富的创造者，是社会的栋梁。

亚布力论坛有要求"不念稿"的传统，因为念稿让人感觉是在背书，也有要求必须念稿的环节，这就是"中国商业心灵"。记得2018年的"中国商业心灵"题目是"给四十年的一封信"，张文中、俞敏洪、胡葆森、冯仑等理事咏叹当下，致敬四十年，传递了正能量，引起广泛关注。他们都是认真地读稿子，而且都是自己写的。让我感动而且很不好意思的是：大佬们把信发给我，让我看看是否符合要求，好像交作业一样。每个人在念稿子前都要说一句："这是张洪涛让我干的。"

例如，亚布力论坛第十九届年会"中国商业心灵"的要求是：在这样一个纪念改革开放、开启新征程的经典场景，讲述改革开放四十年里您最想说的话。建议写作要点如下。

（1）对过去的回望：四十多年里，个人生活与自身企业的变化与感受；创业的心路历程，如遇到的困难、重大事件和如何克服、继续前行的过程；

经营企业的原则和理念。

（2）对未来的展望：未来的自己、未来的家庭生活、未来的企业和未来的国家。

（3）个人对成功、财富、家国情怀、人生意义及生命价值的思考，也可以包括对企业家精神的理解和思考；最想对爱人、孩子和同事们说的平时不怎么说的那些话。

"约架"不如来"论道"

如果约饭不成功，就可能变成约架，因为谈不成就可能开打，这是战争年代的法则，所谓先礼后兵。正式开打前，总要组个局，吃个饭，谈一下，看看是否真的有开打的必要。与此同时，要做好约架、开打的准备。国家如此，企业如此，老百姓也是如此。电影《老炮儿》讲的是约架的故事，某种意义上看，又何尝不是一个"约饭"的故事。

过去组局、约架都很麻烦。需要派一个胆子大、体力好、有智慧的使者，到对方地盘去谈判。胆子大是因为有可能话不投机，就会被宰掉。体力好是因为没有电话、电报、邮件或者微信，需要长途跋涉往回跑，以最快的速度传递消息。大智慧也是必要的，一个人深入敌营，没有人可以商量，完全依靠自己的随机应变，要不辱使命还要保全性命，必须有大智慧。

现在就不同了，有了互联网，有了各种社交工具，组局约架都容易多了。微信是组局最好的工具，圈个群，发个通知，能来的来，不能来就不用反复问。谈很大很严肃的事情，也不用非要去对方地盘，想见面就开视频会议，不想见面就发条微信，等对方回复，对方不回复就是不想谈。安全没有问题，也不需要费很大的体力，因为不需要见面，所以也可以在自己地盘集合很多人的智慧一起思考。

互联网时代的约架也变了，那种冷兵器时代兵戎相见的场景没了，取而代之的是没有硝烟但更加激烈的网络战场。有人形容互联网领域的竞争参照的就是丛林法则：适者生存，优胜劣汰。很多领域不存在"数一数二"理论，只有第一才能生存，例如共享出行、团购、即时通信。即便某个领域现在还剩下 2~3 个竞争者，他们之间的关系也可以用"你死我活"

来形容，都"活"也有可能，就是合并，合并也就意味着一方的消亡。于是各种竞争手段层出不穷，我们可以在互联网上看到各种"叫板"，也就是各种约架。不知道为什么北京市朝阳公园会成为网络约架的首选地点，让朝阳公园管理方很紧张，万幸没有人真的去赴约。

网络约架还有一个特点，就是不知道谁是发起方。互联网巨头和互联网巨头董事长经常被骂，经常被约架，有个风吹草动，就负面新闻不断。大佬们一脸茫然和无奈，不知道找谁算账。竞争对手永远不会承认负面消息是由他们发出来的，反而会说："网络上也有很多我的小道消息。"于是新的行业又诞生了，就是"网络公关""网络水军"。公关是公共关系的意思，本意应该是和平搞好关系。但也有些"黑公共"是为了生意，搞坏关系，这的确应该谴责。所以企业应该选择好的公关公司，发布自己公司的好消息，切记不要用"黑公关"来抹黑对手。竞争是需要跑得比对手更快，不是想办法让对手跑得更慢。

最近网络热点很多，很热闹，让人搞不清真假。很多人问我到底怎么回事，我又怎么知道？亚布力论坛 20 多年来一直坚持着开放、包容的原则，坚持"企业家思想交流平台"的原则，我们欢迎所有有思想的企业家来分享和交流。一位大佬说过："亚布力思想像雪花一样，比较自由，比较舒服，飘洒在这个世界里。"改革开放 40 多年，我们进入了一个新的时代，中国终于有了几位世界级的企业家，应该好好珍惜、好好保护，让企业家精神能够流传下去，激励、影响年轻创业者，也促使中国出现更多的世界级企业家。

如果"约架"，可以约在亚布力，但绝不是动手，而是讨论、辩论。在亚布力，企业不分大小，不论行业，唯论思想。

亚布力的新流行语——义工

2017 年，亚布力出现了新流行语——义工。

义工是指在不计报酬的情况下，基于道义、信念、良知、同情心和责任，为改进社会而提供服务，贡献个人的时间、精力和个人技术特长的人和人群。

对于亚布力论坛来讲，义工是指那些在"亚布力精神"鼓舞号召下，不考虑回报，不考虑机会成本，贡献时间、贡献思想的长期参与贡献者。

什么是亚布力精神？就是亚布力论坛始终秉持的自由、平等独立、客观的精神，和"帮助和关心更多新兴企业和企业家的成长，促进企业家成为社会和国家重要的建设力量"的宗旨。

义工之陈东升——亚布力论坛理事长

他并不是最早发起人，但坚持了 20 多年不间断地参加亚布力论坛年会。在最困难的时候，他用一己之力扛起了亚布力的旗帜；在亚布力论坛名满天下的时候，他还是低调地在最后的闭幕式出场。20 多年来，陈东升出人、出力、出财，没有求任何回报。陈东升不愧为亚布力论坛的最大义工。

义工之田源——亚布力论坛创始人

他创建的亚布力论坛，成为企业家各种非营利组织的发祥地。田源很早就定下规矩——出钱、出力，不分红。制度化、规范化，是亚布力义工精神的重要保障。

义工之冯仑——最忙的轮值主席

亚布力论坛每年都有一位最忙的轮值主席，也是最忙的义工。冯仑提前一天到哈尔滨，给黑龙江 1000 多位企业家讲课，再赶到亚布力开幕式致辞。然后第二天万通六君子重聚，晚上轮值主席时间"不谈段子，谈未来"，最后好声音环节，万通六君子合唱《朋友》，冯仑可谓历届活动最多的轮值主席。

义工之刘明康——级别最高的义工

2010 年，刘明康主席第一次参加亚布力论坛年会，从此之后年年参加，而且还邀请了包括姜建清在内的诸多银行家来到亚布力论坛。除了大会发言，他每年还会准备一份闭门研究报告，为我们带来他过去一年的思考和总结。

义工之马云

"大侠"马云想尽一切办法来到亚布力——从三亚飞到澳大利亚，从澳大利亚飞到美国迈阿密，从迈阿密飞行 18 个小时到哈尔滨，再从哈尔滨连夜坐 4 个小时汽车到亚布力。但是飞机出了故障，即使这样，他还在想办法及时赶到。虽然最终没有实现，但从马云拍的视频中可以看出他的遗憾。马云已经是世界级企业家了，出席亚布力论坛仅仅是一份承诺。

这样的例子还有很多，在 2017 年亚布力论坛年会闭幕式上发言的杨元庆和吴鹰，飞行 15000 公里，从纽约到北京再到亚布力，难道就是为了在闭幕式上讲 30 分钟吗？这是一种承诺，一种朋友之间的承诺。

以上只是举例，亚布力论坛理事们，每一个都是伟大的义工，无怨无悔，不求回报。

　　每次年会我们都征集青年志愿者参加，这些青年志愿者来自全世界的知名大学，他们在这里可能做的只是搬运物资、站岗放哨，或是如影随形地跟着企业家。但没有一个人抱怨，没有一个人中途放弃，从他们身上，我看到的都是幸福、满足、快乐。

　　"义工"将成为一个新的流行语。来亚布力论坛是承诺，是义务，是责任，是中国企业家的担当。很多人问我，还会在亚布力论坛待多久。我面对的机会、诱惑真的很多，但都没有给亚布力当义工有意思，所以我决定一辈子干下去。

匹夫有责

据全国工商联不完全统计，截至 2020 年 1 月 29 日 15 时，民营企业在参与新冠病毒感染疫情防控阻击战中累计捐款 50.1 亿元，捐物价值 4.84 亿元；各级商会捐款 1.6 亿元，捐物价值 0.29 亿元；直属商会会员企业累计捐款 31.23 亿元，捐物价值 5.26 亿元。

经细分，扣除其间与各地工商联重复报送捐款额约 27.89 亿元和捐物价值 1.42 亿元，民营企业和商会累计捐款总额 55.04 亿元，捐赠物资价值总额 8.96 亿元，其中亚布力论坛理事单位捐款 14.5 亿元，捐物价值 0.7 亿元。

为武汉加油！为亚布力论坛喝彩！中国不会输！

回顾此前新冠病毒感染疫情肆虐，很多匹夫忙碌奔波，有些匹夫尽着自己的微薄之力，为物资匮乏的武汉和湖北源源不断地运去口罩、防护衣、消毒液、防护镜。这些匹夫就是民营企业家！

在危急时刻，在国民有难的时刻，医生护士当然是最可爱的人，他们不畏生死，不顾家庭安危，站在了抗击疫情的第一线。与此同时，企业家也是这个时代最不可或缺的人，哪里缺医疗设备，找企业家；哪里物流不畅通，找企业家；哪里没有吃的喝的，找企业家；疫苗研发，也是企业家在做。企业家是这个社会进步的脊梁，是披荆斩棘、推动社会进步的主力军。

在疫情刚开始的那几天，无人鼓励，无人指派，无人部署，亚布力论坛企业家的行为完全是自发的、自觉的。在抗击疫情的企业家中，有很多是湖北籍的企业家，如陈东升、阎志、艾路明、毛振华、刘道明、雷军、周鸿祎，他们是为了家乡，为了生他养他的热土。还有更多非湖北籍的企业家，如马云、郭广昌、刘永好、胡葆森、杨元庆、郭为、王均豪、沈南鹏、张磊、王兴……多得让我说不过来。

疫情暴发期间，我每天都在各种微信群里面刷看信息，看到最多的消息，就是上述这些匹夫在以他们一己之力，调用自己一切资源在全球采购口罩、眼镜、防护衣，再用自己的物流体系运往湖北，运往武汉，送到最需要的前线医生和护士身边。这种自发自觉的行为就是企业家的担当、责任与精神。

国民有难，匹夫有责。中国不缺英雄，我们最需要的是团结。每个中国人都不应该把自己"关"在家里，都应该贡献自己的一份力量。在历史上，我们经历过无数苦难，无数波折，无数坎坷，我们都能一直向前，战胜困难！

今天也是一样。我们要相信国家，相信自己，任何磨难都是暂时的，没有什么能够阻挡我们前进的步伐。

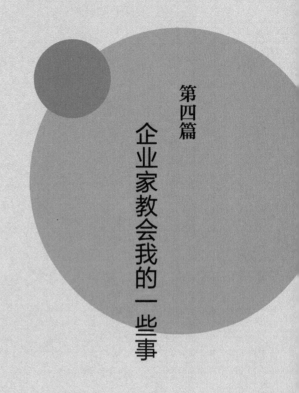

第四篇
企业家教会我的一些事

　　当了这么多年亚布力论坛秘书长之后，我发现，虽然我对很多企业家很熟悉，但他们创业成功的秘诀，不是我们这些没有当过企业家的人可以完全解释的。不过，记录、整理、传播企业家思想已经成为我的使命。

不同年代的企业家

我与大学本科同学聚餐，觥筹交错，时光似乎回到了 1994—1998 年，我们在地铁上高谈阔论，结果我坐过了站，只能走路回家。虽然毕业之后，同学们的境遇各不相同，但我们都非常幸福。每次同学聚会聊天，都会聊起一位大学期间很低调的同学——雒芊芊。

借此之机，我想数数不同年代出生的企业家。

40 年代出生的第一批企业家大体包括柳传志、张瑞敏、鲁冠球、宗庆后等，他们大部分出生在新中国成立前，成长在红旗下，经历了新中国成长的各个阶段，但他们开始办企业的阶段各不相同。柳传志、张瑞敏是 1984 年开始办企业，我们称之"84 派"。鲁冠球、宗庆后则更早，在 70 年代就开始经营企业，虽然那时企业不是企业，公司不是公司。

50 年代出生的第二批企业家，其中的核心是"92 派"，也就是深受 1992 年邓小平南方谈话影响，从体制内下海的"士大夫"，他们有学历——大部分是恢复高考后前三批大学生，有级别——大部分在体制内也都混得不错，下海的时候大多数是局级干部。40~50 年代出生的企业家创业基本和互联网没关系，那个时候也没有互联网，更没有微信，基本上与贸易、资源、房地产有关系，或多或少都有所谓"原罪"，虽然"原罪"是一个伪命题。

60 年代出生的第三批企业家以马云、李彦宏、张朝阳、王志东为代表，也有著名投资家沈南鹏、丁健、熊晓鸽、田溯宁、吴鹰，都与中国第一代互联网有关系，早期三大门户中有两个，后来称霸江湖的"BAT"（百度、阿里巴巴、腾讯三家公司首字母的缩写）中有两个，数量不多，但是绝对主力，而且即便是投资家，也是从互联网行业开始的。

70 年代出生企业家可谓人才经济。马化腾、丁磊、刘强东、周鸿祎、雷军、王兴等等，太多了，不是企业家太多，而是知名企业家太多了，可能是时代原因，都与共享经济有关，都与移动互联网有关，即使不去造手机，也投资企业去造手机，美其名曰掌握互联网入口。

80 年代出生的企业家以滴滴全球股份有限公司董事长程维为代表，无法形容。80 年代的创业者，不仅仅关注移动互联网，他们更多是在关注无人机、人工智能、新能源、虚拟现实，更有甚者也在梦想在太空建造一个更环保、更适合人类居住的新城市。所谓江湖代有新人出，青出于蓝胜于蓝，40 年代企业家的传承不是由 50 年代企业家完成的，而是由 60 年代企业家完成的，同样的 50 年代企业家的传承也将由 70 年代或者 80 年代企业家完成，传承必将是跨年代的！

未来，90 年代、00 年代甚至 10 年代的企业家，又将如何改变世界呢？

事业和生意 VS 企业家和商人

网络上对于企业家的说法，经常喧哗声一片。这也让我想起了一个话题：事业和生意 VS 企业家和商人。我曾陪同陈东升理事长开会，聆听了他关于"企业家精神在中国的演变"的一些看法。因为与他接触久了，我对很多观点已经很熟悉了，但其中关于"企业家与生意人的区别"的观点，很是新颖。

我也认真思考了一番，企业家和商人的共同点是：第一，都关注资本的回报，所谓股东价值最大化；第二，都是市场经济的产物，遵循市场规则。但二者存在很大区别：企业家更侧重事业，不会因为逐利而放弃主业；商人更关注价格，喜欢进行交易和资本运作，长袖善舞，低买高卖赚取利润，基本没有主业。企业家可能更有社会地位，商人可能更有钱；企业家更受人尊敬，商人更潇洒。

在市场经济条件下，我们当然不能凭想象说哪些行业可以是生意，哪些行业必须是事业。但作为两个孩子的父亲，我真的希望教育是企业家做的事业，而不是商人做的生意。虽然都要赚钱，都要盈利，但有情怀总比没情怀好，有责任感总比没责任感好。教育尤其是幼教真的需要点儿企业家精神，需要一点一滴地耕耘。企业家更像一个农民，日出而作，日落而息，周而复始，不能懈怠，需要企业家投入全部的身心，关注每一个细节，持续对核心资源进行投入。过程可能会很漫长，但胜利的果实一定更大、更香、更甜。

如果是生意人来经营教育，就会追求短期的回报。生意人的目的是低买高卖，资本市场是最好的工具和手段，商人会追求尽快盈利、上市、退出，再去追逐下一个目标。短期利益高于长期目标，对核心资源的投入势必减少，为了盈利不断地扩大规模，品质必然下降。也许在这种环境下，不可控的事情就会发生，这是商人和企业家都不愿意看到的事情，是社会的悲剧。

新时代呼唤企业家精神，就是呼唤担当、情怀、创新、责任感、使命感。有些事情可以当生意来做，有些事情必须企业家来做。尊重生命、崇尚专业、敬畏市场，这是新时代对企业家的要求，也是对每个正在创业和准备创业的年轻人的要求。新时代希望多点儿企业家，少点儿生意人！生活一定更美好！我们的下一代一定更幸福、更快乐！

最后要替老师们说句话：他们真的很辛苦！那些虐待孩子的，连人都不配，更不配"老师"二字。我们要相信老师，相信这个世界好人远远多于坏人。

每个人的"攻守道"

2018 年 5 月，马云去了以色列，获得了特拉维夫大学的荣誉博士，分别进行了两场轰动以色列的演讲和对话。其中，我更喜欢马云与世界各地不同学生的对话，特别是最后马云所说的："世界上有三个马云，第一个活在人们的想象里，无论是批评的还是赞美的，但那都不是我；第二个是阿里巴巴集团创始人马云，但那也不是我，那只是我的工作；第三个马云才是我，这也是为什么我希望能尽早退休，重新做回'我'——一个希望每年都能尝试新事物的人。"

看完马云在特拉维夫大学的讲话视频，我又非常认真地看了一遍电影《攻守道》，即使此前已经完整地看过一遍。关于《攻守道》，人们有很多评论，包括我自己都有很多想法，但《攻守道》中的马云应该是第一个"马云"，因为这个"马云"就活在人们的想象中——"高大上"且无所不能、无所不知、无所不会。

马云偶尔会参加亚布力论坛的活动，这应该是第二个"马云"，属于阿里巴巴集团，是为了工作，是企业家群体榜样。他往来亚布力 1 万公里，就是因为履行上一年对企业家群体的承诺。

我们没有见过第三个马云，也许曾经"擦肩"而过，但也的确不曾相识。《攻守道》微电影可能是第三个"马云"，每年尝试新事物的产物，是第三个"马云"的某种态度、某种期望、某种理想。

归根结底，马云不是神，是人，需要生活，需要理解。同时，马云又不是一般人，是企业家，是源自中国的世界级企业家。他需要主动付出很多，要做好企业，让阿里巴巴集团更好；要当好榜样，为企业家群体代言；要担当社会责任，投入公益事业；要给朋友们站台，出席各种会议活动。

马云做事多、讲话多，给更多人以更多的想象空间，第一个"马云"也就越来越丰富，因为素材太多了；阿里巴巴集团越来越大，越来越受关注，第二个"马云"也就需要更多的时间去工作；留给第三个马云的时间越来越少。我们应该珍惜马云，保护马云，还有其他为数不少的中国企业家，他们是中国的骄傲。

事实上，我们每个人同样都有三个自己——工作中的、生活中的、别人眼里的。马云还有一句名言："以前我的生活就是工作，以后我的工作就是生活。"这是他在卸任阿里巴巴集团 CEO 时讲的话。工作和生活到底如何区分、如何融合，对任何一个人都是难题，晚饭时间是去为工作应酬，还是回家陪老婆孩子吃饭，每个人都曾经做过痛苦的选择。工作是为了更好的生活，没有工作的生活，质量应该也不会太高；没有生活的工作，就没有目的和意义，就会失去目标，工作也就会变得得过且过。

我们很难不在乎其他人如何评价自己，因为我们毕竟生活在社会中，不能自己孤立地活着，需要和人打交道，需要发表自己的观点，需要观察对方的态度，我们在评价其他人的时候，其他人也在评价我们。我们在想象这个世界其他人的时候，其他人也在想象我们。不可能让所有人都认可自己，但自己却可以认可每个人的优点，取其长，补己短，包容并进。

每个人都可以有自己的攻守之道。

玩滑梯，摔出了我对企业家精神的思考

有一天，我终于有足够的时间陪家里人玩上整整一周。全家人都很开心，特别是我的大儿子，高兴之余会经常对弟弟说："水滴（弟弟的小名），你是不是出来玩上瘾啊？你是不是游泳上瘾啊？"

其实是老大出来玩上瘾，对游泳更是上瘾，到了第三天意外发生了，所幸是发生在我的身上。那天我带老大去儿童游泳池玩，那里有一个水滑梯，下面是一个只有 60 厘米深的水池。我鼓励老大上去滑下来，老大说"爸爸去"。于是我很勇敢地上去了，可是水池实在太浅，屁股重重地砸到了游泳池底部，顿感全身又麻又疼，幸好四肢都有知觉，想来应无大碍。

后面的 5 天我一直在痛苦中坚持，尤其是晚上睡觉的时候，更是要忍耐疼痛。虽然行动不便，但我还是坚持约了一场篮球赛，强拉着老大打了 3 个洞的高尔夫。再痛苦也要坚持，再痛苦也要面带笑容，因为我是家庭的支柱，需要我去坚持；因为我是儿子的偶像，需要我去坚持。受伤异常痛苦，但我需要坚持、忍耐、乐观，这场滑梯引发了我对企业家精神的思考。

为什么要提企业家精神？2017 年 9 月 8 日，一个将在未来影响深远的文件出台了——《中共中央 国务院关于营造企业家健康成长环境弘扬优秀企业家精神更好发挥企业家作用的意见》。这是第一次以"企业家精神"为主要内容的文件，在中国共产党第十九次全国代表大会召开前夕发布，更是引起社会各界的瞩目。

这份文件实际上向整个社会释放了一个明确而积极的信号：党的十九大之后，中国将继续坚持党的十一届三中全会开创的改革开放的路线，着力营造依法保护企业家合法权益的法治环境，促进企业家公平竞争诚信经营的市场环境，尊重和激励企业家干事创业的社会氛围。

我不是企业家，也不会再去创业。我的工作是服务企业家，我见过、认识很多企业家，如果"吹牛"的话，我可能是认识企业家最多的非企业家之一。企业家精神的核心和载体是一个个鲜活的人物，而一提到企业家精神，我就会想起陈东升董事长 2002 年的那句话："自古以来，中国就有伟大的思想家——老子、孔子、孟子，也不缺伟大的军事家——孙子，也有伟大的政治家——孙中山、毛泽东、邓小平……却唯独缺少伟大的企业家。"

每年亚布力论坛年会的主题几乎都紧扣"企业家"。我们见证了很多企业和企业家的由小变大，由弱变强，从国内走向全球，甚至从一个简单的想法开始，最终成长为一棵参天大树。当然也有很多企业逐渐消失在我们的视野中。不过"坚持忍耐、创新进取、不曾服输"的企业家精神一直留存，也一直延续。

企业家永远需要面对困难，永远需要克服困难，永远需要客观，永远需要笑容。无论是传统制造业，还是基于互联网的新经济，或是未来的人工智能时代，企业家精神都无处不在。

关键时刻必须要有"真朋友"

小时候经常听到一句广告语："人类失去联想，世界将会怎样？"肯定有人会说，没有联想，还有华为、小米、OPPO。当然，我们始终也没有失去"联想"，而且还又多了"BAT"（百度、阿里巴巴、腾讯三家公司首字母的缩写）和"TMD"（今日头条、美团、滴滴三家公司首字母的缩写），它们都是中国的好企业。

人类失去联想当然可怕，但如果人活着没有朋友，则是一件更可怕的事情，个人如此，企业如此，国家也是如此。

生活中，我们少不了会结交酒肉朋友，但我们也都会有知心朋友。我们需要的是分清、看透，真正的朋友是雪中送炭，不仅是锦上添花；真正的朋友懂得分享你的成功和快乐，但不会主动分享你的财富；真正的朋友会在你遇到苦难挫折时，提醒你、支持你，绝不会袖手旁观。

互联网时代，扫过微信就可以成为"朋友"，很多人交了太多"朋友"，一个账号加不下，甚至用多个分账号，但真正的朋友又有几个呢？

国家也是如此。现在国际形势变幻莫测，大家都在寻找自己的支持者，寻找自己的朋友。但如果只谈利益，是不是就是我们俗称的"酒肉朋友"呢？

珍惜朋友、珍惜友谊是我们中国人的传统，也就是"有朋自远方来，不亦乐乎"。世界上并没有免费的午餐，当你真心对待别人的时候，你会得到真正的朋友。

当然，我们也应该做点儿好事，这样才能收获更多的"真朋友"。亚布力论坛是企业家思想交流平台，一直在发现、记录、整理和传播企业家思想。我们召开了很多会议，出版了很多图书，印刷了很多杂志，但是，我们要如何才能让更多人、更多学生了解到有这么一群人可以成为他们的榜样呢？

我想到了时任亚布力青年论坛轮值主席的陈奕伦。他从哈佛大学毕业之后，就选择了去贵州当"村官"。从农村回来之后，他就创建了"北京毅恒挚友大学生志愿服务促进中心"（PEER 毅恒挚友）。这是一个致力于促进中国城乡教育公平，改善中国欠发达地区教育资源，并发展博雅、人文与素质教育的非营利组织。PEER 毅恒挚友的使命，是让每一名中国欠发达地区的青年人有机会选择优质的人文素质教育。

PEER 毅恒挚友项目已经延续了十几年，着实令人钦佩。亚布力论坛理事长陈东升在参加 PEER 毅恒挚友十周年晚宴时，都忍不住一阵感慨："在儿子陈奕伦坚持创办 PEER 毅恒挚友的 10 年中，我居然一分钱都没有捐过。"

我们经常说"84 派""92 派"企业家有情怀，其实"85 后""90 后"的新一代更有情怀。他们身体力行，而且更接地气，更关注现实。我也衷心希望有更多人加入 PEER 毅恒。

亚布力论坛参与过汶川地震捐款，呼吁过环境保护，关注过气候变化，支持过阿拉善治沙，我们自己是不是也应该做点什么呢？亚布力有青年论坛，亚布力论坛秘书处的员工也有很多"85 后""90 后"，他们都很有想法和热情。我想，是时候应该一起做点儿更有意义的事情了。

亚布力论坛是中国企业家思想交流的平台，也是一个朋友圈，在亚布力论坛的微信群中，更多的是互相鼓励、相互支持。朋友不贵于多，而在于诚、在于真。

一群永远奔跑的少年

为什么川商开大会，楚商陈东升、豫商胡葆森、秦商冯仑、辽商刘积仁都去"凑热闹"？因为他们都是"亚布力论坛人"。

2019 年 6 月 27 日，天府论坛在四川成都举办，主题为"商业生命力——初心与嬗变，与时代共奋进"。上述四位商帮帮主，再加上川商刘永好，5 位"50 后""奔跑的少年"演绎了一场精彩的"初心与嬗变"。当然来给川商站台的还有浙商王均豪、徽商阎焱、闽商陈建民等。他们富有激情、富有思想、富有时代感的演讲把活动推向了高潮。

2019 年：

陈东升董事长 63 岁，他说过："我还是个奔跑的少年。"作为"92派"的代表人物，陈东升创办的三家企业（中国嘉德国际拍卖有限公司、北京宅急送快运股份有限公司、泰康保险集团股份有限公司）均已成为行业翘楚。陈东升认为，要想做"百年老店"，一是要有商业理想主义；二是要有正确的价值观；三是要坚持主业、坚持专业，要有工匠精神；四要不断创新。

这一年，64 岁的刘积仁这样谈初心："初心根本就不是梦想和想法，是一种能力。初心是一种坚持，需要你有很强的忍耐，以及忍耐的过程中对自己的认知，更要重视的不是你想干什么，而是你能干成什么。"

这一年，64 岁的胡葆森如此谈初心："回望这 40 年的商海生涯，我觉得'初心'这个词讲得特别好，所有的商业行为、所有企业的价值观都是在初心的指引下形成的。"胡葆森用自己 27 年来的坚守，告诉所有人：只要坚守一个行业，用匠人精神，持之以恒地做下去，再小的生意也能做大。反之，再大的生意也会倒塌。

这一年，60 岁的冯仑如此谈价值观："实际上活得久、干得有劲儿、蹦得久、奔得远的企业家，最重要的一个特征，就是价值观的引导和企业社会责任的关爱。"

这一年，刘永好 68 岁，他是五个人中年纪最大的，也是最早开始创业的企业家。当时，我收到刘永好董事长的一篇文章《用心创新，用新正心》。文中提到，新希望集团转换新机制、布局新赛道、探索新科技、担当新责任、任用新青年，以"五新"企业的姿态重新跨入了快行线。无论是座谈会还是演讲，刘永好都有一个习惯——他"坐不住"，一定要站起来。他的讲话，总是让听众为之激动。

这五位"50 后"少年，虽然如今都已经年过六十，有的甚至已经迈向七十，但他们依然是精神上的少年，依然在各自的轨道上不知疲倦地奔跑着。他们早就不是为了自己，而是为了社会、为了国家而奔忙。他们代表着一批中国改革开放以后成长起来的企业家，他们身上体现了中国企业家独有的"家国情怀"，他们把企业视为自己的生命，当作自己的精神家园。

"50 后"如此，"60 后"如此，"70 后"如此，"80 后"如此，"90 后"如此，"00 后"亦如此。生意要赚钱，但企业家不仅仅是做生意，更是做事业。所谓能力越大，责任越大。祝愿中国出现更多"永不知疲倦、永远奔跑的少年"。

俞敏洪的"海量"人生

我还记得，当我 1998 年毕业后第一次走进新东方学校的教室时，就被眼前几百名学生震惊到了，那是我第一次拥有"海量"的同班同学，也是第一次意识到，想出国的人太多，出国这件事很难。我了解到有关俞敏洪的第一个"海量"——庞大的学生数量。

当时我们上课的地方不是常规的教室，而是有阶梯的大礼堂。人多，教室大，我们几乎看不清老师的脸，好在新东方在上课前会给学生发一个"先进武器"——耳机，戴上它就能清晰听到老师讲课的声音了。

在新东方学校上课的日子里，相比于成绩，我最大的收获是在精神上的。"从绝望中寻找希望，人生终将辉煌。"这句新东方的校训成了我的座右铭，后来注册公司起名字时，也不知不觉用了"辉煌"两个字。这句话印在了我的脑子里，一直激励着我，也让我意识到，任何事业想要取得成功都需要经历考验，这份考验不仅会出现在创业伊始，也可能出现在成功之后。现在来看，俞敏洪校长和他的新东方，就正在考验中寻找着希望。

我见识到俞敏洪的第二个"海量"是在 2010 年，那时正值亚布力论坛十周年，也是他第一次来亚布力。在三天的亚布力论坛年会中，他体现出了"海量"的豪爽与亲和。俞敏洪人缘极好，也没有任何架子，任何人敬酒，他不仅喝而且要回敬。之后，俞敏洪加入了亚布力论坛理事会，几乎每年都来亚布力做演讲，他的演讲也很容易产生"海量"的传播（见下图）。

说到"海量"，自然绕不开俞敏洪校长的酒量。他在节目《酌见》里，和嘉宾一边喝一边畅聊天下事，很尽兴，也很深刻。我建议大家去看看《酌见》，感兴趣的也可以尝尝他们在节目中喝的酒，虽然赞助商不是我们

我与俞敏洪（右）合影

亚布力论坛的合作伙伴。俞敏洪还多次讲过自己的一个经历：由于他的酒量大，所以被绑架劫持时被注射了兽用麻醉剂。这个经历细想太过惊险。

接下来我要说关于俞敏洪的第三个"海量"。

2021年，对于校外培训机构来说，日子不太好过。"双减"政策落地，新东方同样面临着业务转型和生存的问题。新东方是校外培训机构的标杆，俞敏洪更是焦点，这期间，我和俞敏洪校长见过两次，他没有任何抱怨、不满和牢骚，虽然眼神中透露出疲惫，但比以往更加坚毅。他告诉大家要向前看，新东方一定还是新东方，同时，还专门派一位副总裁参加了北京召开的关于"双减"政策的新闻发布会，表态将全力配合退费工作。

通过这些，我看到了他的第三个"海量"——气度。

其实很多亚布力论坛企业家都有着面对问题、困难和绝境的气度，我相信，只要拥有"海量"的朋友、决心、气度和勇气，就可以从绝望中寻找希望，人生终会再次辉煌！

三位对我影响最大的老师：
陈东升、王石、马云

　　三位对我影响最大的老师分别是：陈东升、王石、马云。区别于大学老师的是，他们从来没教过我书本知识，也都没有给我上过课，当然讲座除外。我和他们熟悉之前，就经常听他们的讲座，但不能因为听过讲座，就可以称他们为老师。

　　陈东升是我社会、商业、管理的启蒙老师，也是俗称的"老板"。我们认识的时间最长，从1998年我大学毕业进入泰康人寿工作那一天开始，算起来已经有20多年了。我学到的第一课是，人必须有理想，眼光必须放长远，学会吃亏，知道等待，懂得忍耐。我学到的第二课是，大事要敢想，小事要一点一滴去做。没有一点一滴地积累，没有脚踏实地地工作，任何理想都是空想，机会永远留给准备好的人。我学到的第三课是坚持。我们经常只会看到舞台上绚丽的舞蹈，却不了解演员在台下成百上千次地练习。所谓"创业是三年决定生死，五年打下基础，八年站稳脚跟，十年小有品牌，二十年参天大树"，都是坚持的结果。我学到的第四课是，与人为善，广交朋友。我们会结交酒肉朋友，但必须有知心朋友。我们需要分清、看透真朋友是雪中送炭，而不是锦上添花；真朋友懂得分享成功，分享快乐，但永远不会分享财富；真朋友会在你遇到苦难挫折时，提醒你、支持你，绝不会袖手旁观。与人为善，广交朋友，朋友越多，机会越多。

　　王石是我生活方式的启蒙老师。王石曾任2013年的亚布力论坛轮值主席，那时我和他有了近距离接触。之后，我参加了王石组织的"牛津深潜训练营"，学会了划赛艇，学会了吃西餐，了解了英国的生活方式，最重要的就是学会了克制欲望。我们生活中会遇到无穷无尽的诱惑：馋嘴的遇到佳肴，贪杯的遇到好酒，好色的遇到美女，缺钱的捡到大把现金，爱生气的碰到仇人。"酒色财气"的诱惑让人很难抗拒。面对诱惑我们必须学会克制，控制欲望是生活中最大的一种挑战。70多岁的王石可以做到不喝一滴酒，每天5：30起床锻炼，无论多好的美味佳肴，只要够了，就放下筷子。这些生活小事，我们大部分人都做不到。生活如此，工作亦如此。王石开创的万科集团始终坚持专业化的道路就是最好的实例。赚钱的事情很多，我们需要学会做事业，而不是仅仅看到眼前小利，做一个没有眼光的商人。

马云是所有有梦想、期盼有所作为的人的老师，当然也包括我。马云真的去当校长了，他选择在教师节那天公布退休计划。闲不住的马云将会把更多的精力投入教育方面。世界这么大，马云只有一个，不应该仅仅属于阿里巴巴集团，更应该属于世界。知难而进易，急流勇退难，这就是马云的大智慧、大气魄、大格局。马云和阿里巴巴集团还有一个令人羡慕的团队。团结是这个团队给我留下的最深印象，多年来不离不弃，无论是在当年发不出工资的时候，还是在今天几乎每个人身价几十亿元、上百亿元的时候，他们都在一起，也许这就是马云所说的"阿里合伙人制度"。

陈东升、王石、马云，这三个人有一个共同点：都是成功的企业家，都创办了一家伟大的公司，都是行业的领袖。马云和王石的共同点是：退休了都去当老师，马云被称为校长，王石被很多人称为教授。陈东升和王石的共同点是：从体制内走向体制外，创办的企业都是传统产业，开创一个行业并成为行业领袖。陈东升和马云的共同点是：人缘极好，广交朋友，在企业界都拥有极好的口碑，而且互相欣赏。

把握生命中的每一天，没有人能够随随便便成功。活得大气一点，活得开心一点；与人为善，广交朋友。控制那些不应该有的欲望，改变那些不健康的坏习惯，坚定信念，不忘初心，一点一滴去实现自己的梦想，记得先付出，再索取。

世界很大，梦想很多，实现这个梦想最好——中国的达沃斯，世界的亚布力！

坐在陈东升和田源中间

记得 2017 年有一次出差，我坐在了陈东升和田源中间。我的意思不是要说以我这个亚布力论坛秘书长为中心，而是我们三个人一起挤上了从北京南苑机场到广东惠州的飞机。这是一架廉价飞机，只有经济舱。为了让领导能坐得舒服一点儿，我就坐在了中间。我们上了飞机后，陈东升董事长告诉我，他上一次来南苑机场还是在 25 年前。田源主席更是从首都机场赶过来，因为深圳天气不好，所有北京到深圳的航班都不能起飞。

为什么我们要一起去惠州呢？因为那天是亚布力论坛理事、TCL 科技集团股份有限公司创始人、董事长李东生的 60 岁生日。既然我们答应了去，就一定要去。这不仅是一份承诺，更是亚布力论坛的兄弟情，也是亚布力论坛存在这么多年且未来仍将永续的原因。亚布力论坛的成员们都是兄弟姐妹，亚布力论坛是一个与时代相交的朋友圈。

如今，社交媒体已经非常强大了，与亚布力论坛有关的微信群也有很多。在微信群里，微信祝福生日快乐是一个喜闻乐见的节目；但是微信群成员一多就会发现，群成员们的生日密集程度超乎想象，几乎 2~3 天就有人要过生日。微信的功能也是十分强大，发送生日祝福的时候，屏幕上的蛋糕都会刷屏好久，过生日的人就不得不出来感谢。于是，亚布力论坛的群就约定好不在群里祝福生日。群成员过生日可以亲自去，也可以私信表达祝福。李东生主席 60 岁生日是一定要去的。60 岁还正当年。一共 10 多位亚布力论坛成员从北京、香港、武汉、广州等不同地方赶过去给李东生庆祝生日。

亚布力论坛成员中很多人都年过 60 了。无论是 "84 派" 还是 "92 派"，都已从当年的风华正茂变成如今的两鬓斑白。这些人的企业成熟了，人生成功了，六十年一甲子过去了，他们又重新出发。很多人说，60 岁以前奋斗，60 岁以后享受。亚布力企业家们 60 岁后的人生不是享受，而是分享。他们与社会分享他们的成功，分享他们的奋斗所得，或回馈母校，或设立基金，扶贫济困，或投身公益，关注环保，或关注青年，鼓励创业。

他们 60 岁后的人生，更加精彩。亚布力有青年论坛，我想，或许也应该有元老论坛了。

我和冯仑的一天

有人这样形容冯仑的忙碌：不是在飞机上，就是在往返飞机场的路上。

冯仑是2016—2017年的亚布力论坛轮值主席，就以2016年的12月8日为例，让我们来看看冯仑的一天。

以下是官方报道：

12月8日下午，时任黑龙江省委副书记、省长陆昊在哈尔滨会见了时任亚布力中国企业家论坛轮值主席、御风集团董事长冯仑一行。

陆昊对冯仑一行来访表示欢迎。他说，亚布力论坛迄今举办多届，在产业界有很大影响。作为论坛举办地，我们希望有机会与参加论坛的企业家相互交流，找到合作机会；希望搭建与龙江本地企业家交流沟通的平台，不断向龙江企业家介绍新理念、新技术、新业态、新商业模式和新营销方式。冯仑介绍了亚布力论坛第十七届年会的筹备情况，表示将不断丰富论坛形式和内容，加强与龙江产业界交流合作，推动论坛与区域经济共同发展。

以下是我的报道：

一路上，除了开会，在飞机上小憩，简短聊天，冯仑董事长一直在接电话，在谈不同话题、不同事情，切换之快，叹为观止！

11：30—12：10 在去机场的路上。

12：50—14：40 飞往哈尔滨。

14：40—16：00 在中巴车上，外面气温 -26℃。

16：00—17：00 拜会时任黑龙江省政协主席杜宇新，介绍2017年年会筹备情况，冯仑董事长向杜宇新主席提出了发展龙江经济的新办法、新思路——"投资到省外，消费在省内"。

17：00—17：30 在路上。

17：30—18：30 拜会时任黑龙江省省长陆昊。

冯仑董事长表示在自己任轮值主席期间，亚布力论坛将重点关心企业家与未来的那点儿事，着眼未来科技、环保、中国式管理、企业家传承以及如何参与全球化竞争，提升国家竞争力。另外，国企与民企的讨论、私有制与公有制的讨论则已经逐渐成为历史课题，没有继续讨论的必要了。

会谈十分高效，双方达成如下共识：

（1）开发新思路、新办法，办好"龙江之夜"。更好地利用亚布力论坛，为龙江经济服务；

（2）年会前后，在哈尔滨开办公益演讲，邀请亚布力论坛成员参加，开阔黑龙江企业家视野。

18：30—19：40 赶赴机场。

20：00—21：40 飞机返京。

21：40—22：30 回京路上。

22：30—？

学习王石好榜样

有一次，我在广西南宁参加完活动，赶飞机去武汉。我到机场之后才发现，这是军民两用的机场，需要等待 8 个小时左右才能起飞。我只好放下焦灼，耐心候机。所幸，顾盼间遇到了相熟之人，等待的时间总是漫长的，于是我们三三两两地聊起天来。

因为目的地武汉的活动是我同王石一道参加，自然也说起王石。有一位朋友就说："我真不喜欢王石，太刁了，爬珠峰，玩赛艇，净是些一般人搞不懂的东西。"同时，所有在场的人也都承认王石是个人物，万科集团做到第一，个人也取得了非凡的成就。

我不想辩论，但可以看到的是，王石一直在学习、在进步，从万科集团到哈佛大学，再到剑桥大学、牛津大学，以及接下来的耶路撒冷的希伯来大学。中间无论多少故事，王石始终是那个硬汉，始终在坚持。

凌晨到武汉，打开手机。传来王石的信息：6：30 要起床，去东湖划赛艇，去不去？当然去，我在牛津好歹也练习了 1 个月。

早早起来，下楼遇到王石。他第一句话就是："洪涛，你胖了。"我减重 40 斤，维持了 18 个月，期间反弹了七八斤。原因是不够坚持，自控力很差，认为减重成功了，就开始放纵，而且偶尔奖励自己，自然也就反弹了。锻炼、看书、学习、工作是一样的，需要持之以恒的精神，只有这样，才能把各方面的事情协调好，自控而克制，抵抗种种诱惑。

那次周末，我连续两个早晨都起得很早，仿佛又回到了在牛津的日子。想起在牛津的时候，每天早上 5：00 起床也不觉辛苦。回来之后，不知不觉就变得懒散了。打高尔夫，我的表现也是时好时坏，"猫一杆，狗一杆"。说到底，还是不够认真。这方面，王石一直是我的榜样。

王石也许没有显赫的背景，没有一等的教育经历，但是他掌舵的万科集团为什么是世界第一？为什么他可以登上珠穆朗玛峰？为什么他可以身兼十几个社会职务？因为他的态度，以及强大的自控力和持之以恒的精神，正是这种精神鼓舞了很多人。学习王石，因为他是一个很好的榜样。

简单方式，让工作和生活更有意义

我们都希望简单地生活，但我们每天都会因为穿什么衣服，选哪一双鞋浪费很多时间，遇到重要宴会、节日、庆典，会更不知所措，在换衣间待上半天也出不来。但是，让我们看看这些人的打扮：

乔布斯永远是黑色套头衫＋牛仔裤＋运动鞋，似乎成了他的标志性衣着，直到现在很多公司的 CEO 在发布会上，还会模仿乔老爷子的经典搭配。当然学习的还有苹果发布会的舞台设置：空空荡荡，一个大屏幕，一个话筒，一个穿黑衣服的人。脸书创始人扎克伯格的标志穿着是：灰色 T恤＋牛仔裤。网上说他有红绿色盲，所以很喜欢舒适的灰色。他在一次采访中说自己大概有 20 件灰色 T 恤，这样早晨起来不用挑衣服，反正都一样。最后我们来看看马云，他多次在行业大会上穿着不同颜色的纯色毛衣。此外，他似乎也钟爱小立领。他们都是伟大的企业家，生活反而越来越简单。

简单方式可以让工作和生活更有意义。虽然我们经常说时间就像海绵里的水，只要想挤，总还是有的，但是无论力量多大，一天的时间就是24 个小时，不会多一秒钟。所以，请把有限的时间用在有用、有意义的事情上，包括努力工作、享受生活。我们不妨尝试一下，如果每天上班不需要考虑穿什么衣服，穿哪双鞋，提哪个包，你可以省出多少时间？工作效率是否会提高很多？工作效率提高了也就意味着周末和业余的时间增多了，可以有更多的时间和家人在一起享受生活。心情愉快了，工作效率也会更高。我曾在日本大阪，早晨起来跑步时，遇到很多急匆匆上班的人，无论男女都是职业装，都是一个颜色，不禁联想到，日本制造业效率高是不是和上班着装有关？

简单方式还包括很重要的一点，就是少用手机，效率会大幅度提高。苹果手机一般待机时间是3~4天，但几乎我们每个人都要额外带上一个充电宝，我们会反复拿起手机来看，因为你想看，因为手机在不断地响。中国有太多的软件工程师，开发了大量的APP应用程序，我查了一下自己手机的耗电情况：第一是微信，第二居然是抖音，第三是钉钉，第四是网易新闻，第五是爱奇艺。因为我已经到了拿起手机就要看一下的程度，所以我决定从手机和工作用的电脑上删除所有视频、音频、新闻、购物等程序，而且屏蔽了微信和钉钉推送信息。这样做的风险是容易找不到我，这样做的好处是我可以安心工作，定时回复信息，效率也就大幅度提高了。

还想推荐一本和工作效率有关的书——《极简主义》，这本书很简单，很容易理解，但不容易学会，分享书中的七个理念：

（1）事情其实很简单；

（2）弄明白自己要做什么；

（3）任何事情都会有连续性；

（4）如果不去做，永远做不完；

（5）结果往往和预期不一样；

（6）明确界定任务的完成；

（7）学会从他人的角度看问题。

共青团说28岁以下算青年，国家统计局说34岁以下算青年，联合国说45岁以下算青年，世界卫生组织说65岁以下都算青年。所以请相信，你仍然青春年少，愿每时每刻的你，都能接纳美好、希望和勇气，千帆历尽，归来仍是少年。

企业家的校友情结

2021 年 2 月底，我冒充了一次"南开大学校友"，跟随张文中主席的南开校友企业家联谊会访问了安徽合肥。

安徽省省长王清宪毕业于南开大学。2001 年，王清宪省长还参加过亚布力论坛第一届年会，那时候他的身份居然是记者。20 年过去了，王记者已经蜕变成王省长，但他有一个身份始终没有变，那就是南开校友。

那次去合肥的南开大学校友访问团有 100 多人，受到了安徽省委、省政府的高度重视。可见校友集体的力量是强大的。

如果问张文中主席为什么会牵头组织南开校友企业家联谊会，张主席一定会说是受陈东升理事长启发；如果问陈东升理事长为什么会组建武汉大学校友企业家联谊会，陈东升理事长一定会说，是受到俞敏洪校长的北京大学企业家俱乐部的启发；至于俞敏洪校长为什么组建北京大学企业家俱乐部，我们就不得而知了，也许北京大学是第一个成立企业家俱乐部的高校。

北京大学、武汉大学、南开大学是目前组建校友企业家联谊会最成功的高校。它们都有一个共同特点：从捐赠者到劝捐者。陈东升理事长在武汉大学捐赠了万林艺术博物馆，之后见到武汉大学校友就开始劝捐，从毛振华、孙宏斌、艾路明再到雷军，几乎所有武汉大学知名校友企业家都在为武汉大学积极主动地做贡献。之后陈东升董事长又劝捐张文中主席，鼓励他牵头成立南开校友企业家联谊会。

北京大学、武汉大学、南开大学还有复旦大学的知名校友企业家还有一个共同特点——"一文一武"。也就是说知名校友中至少有两位全国知名企业家，而且这两位企业家中一位是传统产业的代表，一位是新经济的代表。

北京大学是俞敏洪和李彦宏，武汉大学是陈东升和雷军，南开大学是张文中和张一鸣，复旦大学是郭广昌和陈天桥。"一文一武"基本可以把各行各业的企业家号召起来，一呼百应。作为武汉大学校友，在武汉抗疫战斗中，我深切感受到了校友们的团结，以及对武汉大学的热爱。我参加了多次南开大学校友企业家的活动，我也深切感受到了南开大学校友从周恩来总理那里继承的低调、务实的实干精神。

几年观察下来，不同的高校文化会熏陶出不同风格的企业家。

北京大学的人文精神塑造了很多"文化"企业家，包括俞敏洪、李彦宏、诗人黄怒波等。

武汉大学浪漫的樱花大道和二十世纪七八十年代深厚的经济学环境培养了一批具有家国情怀的企业家，例如陈东升、艾路明、毛振华，同时也有人认为，雷军作为杰出科技企业家，在武汉大学校友中也是独树一帜。

南开人则继承了周总理的低调内敛风格，于是有了数学博士张文中开超市，有了永不参加公开活动、低调神秘的张一鸣，以及一大批从事人才培养的"投资人"。

亚布力论坛就是一个大家庭。成员之间似同学、似朋友，相互勉励、相互支持，经常走动、经常相聚。这里是一个开放的企业家组织，不是封闭的小圈子，理事之间更多的是思想的交流、经验的分享。

亚布力论坛秘书处有一个重要原则：不能对理事提出的想法说"不"，要认真思考后给出解决办法。每年都会有新同学加入"亚布力成长计划"，希望更多年轻的创业者能够成为舞台和时代的主角。

校级商帮的开始

古龙说过："有人的地方就有江湖。"还有人讲："有江湖的地方就会有帮派。"

忘了是哪一年，我在新闻中注意到俞敏洪、黄怒波等发起成立了北京大学企业家俱乐部，后来陈东升、雷军发起成立了武汉大学校友企业家联谊会，张文中、张一鸣发起成立了南开校友企业家联谊会。

事实上，名校都有自己杰出的企业家代表，如复旦大学有郭广昌，中国人民大学有张磊，中国科技大学有杨元庆，西北大学有冯仑等。最牛的可能还是杭州师范大学和深圳大学，培养出了马云和马化腾。还有很多，我不能一一列举。当然，名校会培养出杰出企业家，杰出企业家也可以来自草根。

校级商帮作为一种新的企业家联谊形式，正在发挥越来越重要的作用。我记得陈东升董事长在 2002 年被评为"第三届武汉大学杰出校友"时曾说："人最重要的就是被母校和家乡认可，这是最大荣誉。"企业家在成功之后，往往会选择首先回馈自己的母校，无论是捐钱、捐物，还是盖楼、修建场馆，学生与母校之间的那份情谊总是真真切切、感人肺腑的。

从陈东升董事长捐款 1 亿元，为武汉大学修建"万林艺术博物馆"开始，武汉大学校友累计为母校捐款超过 20 亿元，武汉大学的影响力也因此大幅攀升。此外，武汉大学发起的 5 亿元的"人才引进基金"也全部由校友认捐。而在 2019 年成立的南开校友企业家联谊会上，南开大学校友也向母校捐款 1.72 亿元，不同的是，他们要求匿名，据说这源自南开大学低调、务实的风格。我个人倒是认为公开更好，可以动员更多校友为学校做出贡献。

大学是城市的名片，也是联系企业家和城市的纽带。武汉市政府最先提出了"百万校友资智回汉工程"，利用武汉高校和校友众多的优势招商引资。西安、成都也开始跟进。在南开校友企业家联谊会成立仪式上，天津市政府有关领导也表达了类似的想法。企业家是社会的栋梁，是财富的创造者，是社会进步的重要推动力量。作为黑龙江政协委员，我也曾建议黑龙江发挥自己的名校如哈尔滨工业大学等校友企业家的作用。

2000年后，国内学科相近、相互毗邻的大学有了一波合并风潮，我的本科学校中国金融学院也因此和隔壁的对外经济贸易大学合并成新的对外经济贸易大学。虽说是"合并"，但总有被吞并的感觉，中国金融学院很多校友就像断了线的风筝。事实上无论那片校园叫什么，都无法改变我们曾经在那里生活了四年的事实，那里永远都是我们的母校。

我的第二个母校武汉大学也是一样，先后和武汉测绘科技大学、武汉水利电力大学、湖北医科大学合并成新的武汉大学。如何让校友找到归属感和认同感？这需要大公无私的牵头人。这不仅在于起表率作用的捐款，而且要有宽广的胸怀，要热心参与组织活动，更要保持那份初心，保持同学之间的质朴无华的友谊。庆幸的是，武汉大学有陈东升，不仅团结了"老武大"，更团结了"新武大"，使得武汉大学校友总会和校友企业家联谊会蓬勃发展。如今，武大人都以武大为傲。

相信未来会有更多的校级商帮成立，而亚布力论坛的作用就是"串联"。亚布力论坛希望未来能够继续发挥桥梁的作用，串联起各个商帮，促进相互之间的交流、合作、共赢。而我的私心是希望我的母校也能够成立校友企业家联谊会。

推广中国文化需要企业家精神

不知是从什么时候开始，韩剧在中国流行了起来。1983 年，我们家有了黑白电视机，看得最多的是日本电视剧，以《排球女将》《血疑》为代表，山口百惠是那个时代宅男心目中的女神。中国电视剧就是《济公》《聊斋》《西游记》。后来就是中国香港电视剧和中国台湾电视剧，主要由金庸和琼瑶的小说改编，诸如《射雕英雄传》《几度夕阳红》，还有《大侠霍元甲》和《上海滩》。基本上我没有看过首播，因为要做作业。

现在很少看到日本电视剧了，中国香港和中国台湾的电视剧也已经衰败了，能够和国产电视剧竞争的就只有韩国电视剧了。不知为什么韩剧能够在中国如此流行？记得上大学时，全班男生挤在宿舍里，围在一起用 6 英寸小电视看了第一部韩剧《爱情是什么》，不知道男生是否从中理解了爱情是什么，我对这部电视剧的印象是觉得很好笑，其他什么都没记住。工作之后，也看过几部韩剧，发现所有韩剧都有几个共同特点：一是剧中的主角，基本都是俊男美女；二是都爱得轰轰烈烈，基本是女追男；三是都是好人，最坏的人也是从好人变坏了，或者不是故意变坏的；四是都受中国文化的影响，或者有中国文化的影子。总之，看起来不累，一集一集看下去，笑着看，偶尔哭一场。

大约 10 年前，我就不看电视剧了，因为那时 iPad、iPhone 开始流行，即使看电影、电视剧也会从网上下载。2014 年就总听人讲有部韩剧《来自星星的你》很好看，而且带火了一种食品组合：炸鸡 + 啤酒。我看了这部剧的前五集和最后一集，和预想的一样，人很善良，剧情很搞笑，很轻松。

韩剧能够在中国和亚洲流行，是因为韩剧抓住了观众的心理，并依靠市场化运作的结果。除了帅哥美女、专业的班底，还有一个重要的原因就是，可以时时参与剧情讨论。据说在韩国，热门剧集都少不了自己的官方网站。在播放前期，编剧会把写好的部分剧本放在网上，观看网友留言并参与互动探讨剧情，一开始就紧抓观众的心理；播放中期，观众们对剧情发展的期待以及剧中人物命运的关注也会影响编剧；至于万众期待的大结局，也是根据观众的"口味"来调节的。按照观众的口味，按照市场化方式运作，是韩剧能够流行起来的关键原因。

随着韩剧的流行，韩国文化也走向了世界。中国有五千年历史，文化源远流长，在全世界主要的大城市都有唐人街。不过我发现，在国内我们经常过"圣诞节""复活节""万圣节"，但老外除了知道春节，很少有人和我们一起过"端午节""元宵节"。在不少人的印象中，韩国菜和日本菜都是高档产品，中国菜给人的印象更多还是物美价廉。

推广中国文化需要按照市场的规则和手段，充分发挥企业和企业家的作用。

亚布力论坛有一位理事，一直致力于本土文化的推广，他就是建业地产股份有限公司董事会主席胡葆森，也是亚布力论坛 2018—2019 年度轮值主席。胡葆森主席是"92 派"企业家，创业超过 25 年，扎根于河南。胡葆森主席曾经讲过建业集团肩负着挖掘、保护、传承和光大中原文化的使命，有朝一日，建业集团将会把饱含中原文化特色（美食、建筑、戏曲、杂技、武术、国学、中医等）的中原文化小镇推向全国，让中原文化走向世界。

越是民族的，就越是世界的！越具市场化，就越具生命力！当中国文化真正深入融入世界时，正是中国真正崛起时！

"大帐篷"下的企业家精神

　　中国企业家博物馆也是亚布力企业家论坛永久会址，它的外形像一顶"大帐篷"（见下图）。"大帐篷"公正权威地展现、记录了中国企业的发展历史，是企业家的精神家园，是创业者和青年人体验企业家精神的地方。它由 MAD 建筑事务所著名设计师马岩松主持设计，旨在建设节能环保的绿色建筑，建设占地约 2 万平方米。"大帐篷"是兼具品质与艺术性，体现企业家精神起源、脉络与坚持的中国企业家博物馆。

　　修建"大帐篷"的资金完全来自亚布力论坛的理事们：陈东升、马云、郭广昌、冯仑、田源、丁立国、李东生、吴亚军、张文中等。毛振华理事捐赠了建设用地。

雪景下的亚布力企业家论坛永久会址

此举不是为了树碑立传，而是为了构建一片中国企业家的精神家园，记录中国各个时期企业家的创业历程。既然是博物馆，里面就不能空着，需要我们把中国企业家的历史全部填充进去，这是一个堪比修建"大帐篷"的软工程。为此，我们成立了一个由清华大学、北京大学、中国人民大学、中央财经大学、上海财经大学等高校教授组成的研究团队，开展"百年企业家精神"的研究工作，努力梳理从洋务运动以来就有的企业家精神。

党的十九大召开前，中共中央、国务院首次发文件鼓励企业家精神，新时代呼唤企业家精神，就是呼唤担当、情怀、创新、责任感、使命感。有些事情可以当生意来做，有些事情必须由企业家来做。尊重生命、崇尚专业、敬畏市场，这是新时代对企业家的要求，也是对每个正在创业和准备创业的年轻人的要求。新时代希望多点企业家，少点生意人。生活一定更美好，我们的下一代一定更幸福、更快乐。

从洋务运动、民族资产阶级的兴起到抗战年代，企业家精神更多体现为爱国。新中国成立后，我们通过与苏联的 156 个援建项目以及大规模的三线建设，完成了新中国工业基础建设，企业基本都是国有企业，企业家精神就是奉献，无私地奉献。改革开放后，企业家阶层开始逐渐兴起。在市场经济的大潮中，从 1984 年到 1992 年，再到中国加入 WTO，直到现在互联网经济的兴起，演绎出一波一波精彩的画面，或成功，或失败，都是一笔笔宝贵的财富。坚忍、担当、责任、奋斗是企业家精神的代名词。时代需要的是具有社会责任感的企业家。

雷军"熬粥"多年，小米集团成功上市，这是雷军发扬企业家精神的结果。说到这，我们还需要记住香港交易及结算所有限公司行政总裁李小加。小米集团在香港成功上市，是李小加先生以企业家精神，不断推动资本市场创新改革的结果。我们崇拜企业家，也应该敬重有企业家精神的政策制定者（见下图）。

我曾跟随全国工商联一起来到兰州参加"中国兰州投资贸易洽谈会"，考察白银市。这里素有中国"铜城"之称，"一五"时期，全国 156 个重点项目有 2 个在白银市布局。1956 年 12 月 31 日，白银市发生了"中国

亚布力论坛四位理事陈东升、雷军、李小加、毛振华（从左至右）合影

第一爆"，即新中国第一个大型铜工业基地建设过程中进行的万吨级露天矿山大爆破。和大庆一样，白银也聚集了从全国各地来的工人、学生、干部、科研人员。白银出铜矿，大庆出石油。几十年过去了，白银铜矿快没了，大庆石油快没了，白银市留下巨大的矿坑供人参观。白银市需要寻找新的出路。在新中国建设阶段，无论是大庆人，还是白银人，那个时代的企业家精神就是无私地奉献。

　　亚布力论坛的"大帐篷"下，不仅会有雷军这样的创业者，也会有李小加这样的政策推动者，还会有更多为新中国建设做出无私奉献的企业管理者。

撸起袖子加油干

在冬天，如果撸起袖子会感觉很冷，但如果动起来就不会冷。新时代，好机遇，需要我们加油干、使劲干。2017 年 11 月我基本都在路上，回北京反而是小概率事件。

记得 2017 年 10 月 31 日那天，我陪同丁立国、田源、冯仑、刘永好等理事和合作伙伴一起拜会了时任天津市委书记李鸿忠，探讨企业家应该如何积极参与京津冀协同发展，参与天津混合所有制改革。座谈中，李书记有一句话我让记忆犹新："以后企业家到天津发展要做到：不需要找我、找领导，只需要按照流程，在窗口就可以解决问题。我更需要和企业家多聚聚、多聊聊。"

简单说说我 2017 年 11 月的主要行程吧。

11 月 1 日，我赶早班飞机到大连，参加了中央统战部组织的"民营重点骨干企业主要负责人专题研探班"。我由于第一次参加，所以特别紧张，因为中央统战部副部长、全国工商联党组书记徐乐江也在场。我以为中央统战部的培训一定是上党课，把党章、党的十九大报告读一遍，逐条学习，结果并不是。我们讨论的都是企业问题，企业如何经营、如何发展。更神奇的是，徐乐江副部长在最后的讲话中，为了避免大家睡觉，干脆脱稿。而且在讲话正式开始前，他居然公布自己的手机号，告诉大家有事可以给他发短信。我们都知道徐乐江副部长曾经在上海宝钢集团有限公司工作过 30 年，他也是一位企业家，知道企业经营的辛苦，也知道企业家精神的可贵。

11 月 6 日，我陪同冯仑董事长去西安参加西商大会。

11 月 15 日，我陪同陈东升理事长去武汉参加楚商大会。武汉是我熟悉的地方，我不仅在这里读过书，亚布力论坛也在这里举办过两次夏季高峰会。亚布力理事会成员中有 5 位是武汉大学校友，陈东升理事长也是湖北省楚商联合会会长。

11 月 20 日，我又飞往上海筹备第四届外滩国际金融峰会，这是亚布力论坛和复星集团联合举办的重要活动，有很多亚布力理事会参加。外滩国际金融峰会与陆家嘴论坛是"一江两会"交相辉映，郭广昌董事长也当过亚布力论坛轮值主席。

11 月 24 日，我陪同时任亚布力论坛轮值主席丁立国董事长去哈尔滨拜访时任黑龙江省委副书记、省长陆昊，汇报举办 2018 年亚布力论坛年会和第三次龙江论坛的情况，同行的包括爱康集团董事长张黎刚、OFO 共享单车联合创始人张巳丁、动吧斯博体育文化（北京）有限公司董事长白强。陆昊要求龙江论坛必须是"新人，新产业，新思维"。

11 月 26 日，我要去昆明参加王石同志举办的赛艇比赛。因为我屁股上的伤还未痊愈，不知道能否参加比赛。但我确定自己要再上哀牢山，去看看褚时健老人，品尝他的橙子。我也希望能够请褚老出山去亚布力论坛，估计会很难，但如果能够请褚老录一段视频也很好。

11 月 30 日，2017 年亚布力论坛·天津峰会召开，我又需要重回天津。

新时代、好心情、新气象、加油干！

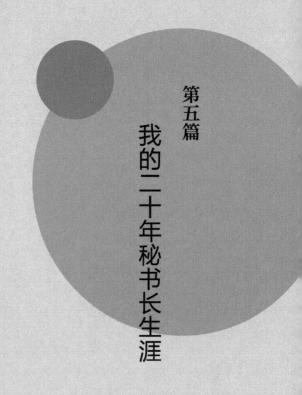

第五篇

我的二十年秘书长生涯

　　20 年前，陈东升董事长的一次意外决定，让我来到了亚布力论坛工作，谁也没有想到，正是这次决定，成就了我一生的选择。

当秘书长要学会感恩

秘书长的工作与打高尔夫像极了，好处是，都是"高大上"的工作，也就是所谓的"谈笑有鸿儒，往来无白丁"；但问题是，工作永远不可能做到完美，就像球王"老虎"伍兹在高尔夫比赛中也一定会有若干次挥杆发挥失常，甚至击球下水。

网上有一篇文章《秘书长的"气量"》引发了很多秘书长的共鸣，最后那句话是"能吃气，是勇气；能受气，是胸襟；能忍气，是境界"。秘书长需要有气量，更要懂得感恩。

每次完成大活动，或亚布力论坛年会，或夏季高峰会，或理事会，或中美商业领袖圆桌会议，或出国考察，参与的理事、合作伙伴、媒体朋友都会对我说："辛苦！辛苦！"有时候真的很享受，感觉这是最荣光的时候，因为那么多大佬和我说"谢谢"，真的挺荣耀的。但其实我就是筹办了一场会而已。和叱咤风云的企业家相比，和敢为天下先的创业者相比，这都是小事。大佬们、企业家们能抽空出席就是我的荣幸。作为秘书长，就应该感恩，把工作做得更好，这才是正确的选择。

2001年之后，各种会议、组织、论坛如雨后春笋般长了出来。国家给了空间和条件，自然成长得好，于是"秘书长"就成了行业，而不仅仅是一份工作。作为干了20年的老秘书长，我还要在这条大路上不知疲倦地奔跑下去。

真的感谢这个时代，新时代造就了那么多优秀的企业家，有了企业家，才能有企业家论坛，才能有秘书长。要感恩知恩，要懂得做更多事情回馈社会。具体来讲，就是要为成员服务，不能有怨言，因为这是工作职责。

秘书长还需要做到以下几件"小事"：

一要勇于担当。秘书长的工作事无巨细，不犯错误是不可能的。既然犯了错，就要勇于承认，勇于担当，不能把责任推给其他人，更不能推给自己的员工。

二要诚实，不能说谎。成员企业提出任何要求都是合理的，提出要求才证明成员信任组织，相信秘书处，如果没人提要求，估计这个机构也就快关门了。为保证能够实现成员企业提出的要求，一定要做到诚实。不能随便许诺，有一说一，有二说二，做不到的，明确说做不到，能做到的尽力而为。

三要与人为善。与人为善，于己为善。这句话的意思是与人为善就是善待他人，善待他人对自己就是为善。秘书长会认识很多大佬，经常和主席、理事打交道，甚至称兄道弟。但一定不能怠慢大佬身边的人，比如助理、秘书，这些人才是秘书长真正的兄弟姐妹。老板们能不能参加活动，能不能参加会议要靠秘书、助理排定日程。对于兄弟姐妹的要求，也要有求必应。

四是不能贪图小利。曾经有位企业家来拜访，走的时候留了一盒茶叶给我，还神秘地讲："一定要亲自打开。"等这位朋友走了以后，我赶紧叫来同事，一起打开茶叶，里面果然暗藏"黄金"。20年来，此等"小利"其实不少，但一定要恪守本分，勿忘初心，不能贪图小利，忘了原则。

五要加强锻炼，保持健康。秘书长工作是一个体力活，应酬多，出差多，强度大，身体健康很重要，必须加强锻炼。可以向王石"大哥"学习，70多岁了还一身肌肉，一定能够多工作10年。

最后还是要讲：当秘书长最重要的是懂得感恩！感恩时代，感恩国家，感恩社会，感恩每一个提醒过你、帮助过你的人！

我和我的伙伴们

　　我们亚布力论坛秘书处的团队分为六个部门：研究中心、外联部、综合管理部、国际发展部、教育培训部、青春合伙人项目组。没有我的小伙伴们，我不可能从容应对亚布力论坛的各种大会。离开他们，我寸步难行。

　　研究中心的工作核心是"内容"，负责策划、拟定各种会议的内容，包括大会主题、分论坛主题，列出拟邀请的企业家、经济学家、科学家的名单，并负责具体联络。会议召开之际，负责具体会场的执行工作，每个人都要负责 10~15 位嘉宾的联络和服务。研究中心还有几项非常重要的非会议工作：一是编辑出版，杂志《亚布力观点》出自这里，《让企业有思想》系列丛书也出自这里；二是组织、联络和参与"企业家精神""共享经济的监管""混合所有制""全要素生产率""新型政商关系"等课题研究工作。此外，理事会的工作也由研究中心负责。

　　外联部是做什么的呢？官方说法是对外合作，我的说法是招商引资，寻找合作伙伴。我们的合作伙伴系列成员超过 100 个企业，我们都与之签订商业合作合同，每年涉及金额超过 3000 万元。这是亚布力论坛自我运作、自我造血的重要保障。我们也努力为合作伙伴创造超出预期的回报。此外，亚布力青年论坛工作归属外联部，每年承担青年论坛的组织、策划工作。

　　综合管理部是活动的具体执行机构，主要承担活动执行、布展设计、政府沟通等工作。当你参加亚布力论坛相关活动时，你拿到的每一份邀请函，看到的每一个展板、每一张海报、会场所有布景都源自综合管理部。

当然，如果会场感觉服务不到位、车辆管理不好，都是这个部门的问题，他们的工作从来不会十全十美。此外，日常运营活动中的人事、财务也归属这个部门。

国际发展部主要负责国际会议以及相关交流的沟通、联络和维护等工作。亚布力论坛于 2020 年正式成立国际发展委员会，具体事务就由这个部门负责。过去的 20 多年里，亚布力论坛组织出访了美国、德国、英国、法国、瑞士、卢森堡、捷克、荷兰、以色列、日本、南非、肯尼亚等 20 多个国家和地区，访问国际企业与国际合作组织 50 余家。也曾多次邀请国际知名企业家来华交流，先后成功举办了数十次大型国际会议。"中国的达沃斯，世界的亚布力"是亚布力论坛的发展愿景。就国际社会关注的话题反映中国企业家最真实的想法，向世界展示中国企业家的软实力，是国际发展部的工作重点。

教育培训部是新增部门，当前主要负责"亚布力论坛成长计划"课程的研发与统筹等工作。亚布力论坛成长计划是亚布力论坛成立二十周年之际，在全国工商联的关心和指导下，由论坛全体理事本着助力新一代企业家的初心，践行社会责任与时代担当，将中国卓越企业家群体的领先思考与智慧结晶打磨成课，合力打造的一个以高质量学习为核心的企业家成长平台。

青春合伙人项目组成立于 2017 年 6 月，是由亚布力论坛孵化的青年成长平台。该平台以大学生为核心，为当代中国大学生提供开放的成长实践机会。在五年时间里，平台聚集超过 60 万名的在校大学生，充分理解青年群体，洞悉青年特质，是青年人信赖与喜爱的年轻品牌。在大学生普遍反映就业困难的同时，许多用人单位也在为找不到优质人才而苦恼。企业、学校、学生三方之间信息不对称的问题没有从根本上解决。青春合伙人的宗旨，就是为了解决这一痛点，搭建连接大学生与企业家、大学生与企业、大学生与社会之间的桥梁，让大学生突破大学的围墙，真正拥抱社会。

虽然是六个部门，但最重要的是，我们是一个团队，而且是一个快乐的团队。亚布力论坛是什么？是中国企业家的思想交流平台。我们在做什么？或者说秘书处在做什么？我们在记录思想、传播思想。每天的工作也许是枯燥的，电话邀请也许是枯燥的，开会执行、布展也许是枯燥的，但坚持是值得的，我们在坚持中创造历史，创造属于自己的舞台。

亚布力论坛研究中心

亚布力论坛的全称为"亚布力中国企业家论坛",第一次见面的朋友总是会问:"你们论坛每年搞几次活动?"我每次都从头到尾地数一遍:年会、中美商业领袖圆桌会议、青年论坛年会、夏季高峰会、外滩国际金融峰会、理事会内部会议及每个季度召开的 CEO 研讨会。

然而,会议与活动并非亚布力论坛的全部,因为我们还进行大量的研究工作。2010 年,我们第一次访问美国企业公共政策研究所(American Enterprise Institute for Public Policy Research, AEI),那是美国最大和最重要的智库之一,也是美国保守派重要的政策研究机构。之所以选择 AEI,是因为它与亚布力论坛成立的过程非常类似,都是企业家自发成立的。而亚布力论坛除了要学习达沃斯开会的功夫,也希望能够效仿 AEI 开展适合中国的研究工作,成为中国企业家的智库。马云告诉我"一个论坛起码 20 年,一个俱乐部要 30 年",但他没有讲一个智库需要多少年。一个智库的建立是漫长的过程,正是所谓"影响有影响力的人"吧。

亚布力论坛研究中心 2016 年上半年发布了《中国企业家发展信心指数调查报告》。亚布力论坛开展的第一个研究课题就是"中国企业家生存环境调查",这个课题由陈东升理事长提出,后经姜建清董事长提议,修订为"中国企业家发展信心指数",逐渐在业界产生影响。

与此同时,我们陆续开展了"企业家精神与中国未来""混合所有制""新型政商关系""全要素生产率""贫富差距""'一带一路'与民营企业"等多项课题研究,课题负责人分别是张维迎、田源、周其仁、刘明康等,研究团队包括北京大学、清华大学的一批中青年教授、学者。

在自身开展课题研究的同时,亚布力论坛也开始逐步支持外部课题研究。2013 年，王维嘉发起成立"中国企业研究所"，主要关注政策方面的研究和与企业有关的立法推动。我们不仅提供了资金方面的支持，也在研究方向上与其进行了沟通与分工。"中国企业研究所"在推动免除非法集资罪死刑，推动劳动合同保障法修订等方面，进行了大量的工作。

亚布力论坛研究中心还有一项重要工作，就是记录与传播企业家思想。所谓"让企业有思想，让思想能流传"，正是如此。田溯宁理事曾经提出要梳理互联网创业历史，后来这个课题自然责无旁贷地落在亚布力论坛身上。如今的中国已经从"制造"走向"创造"，"创新"与"互联网"已然成为时代的主题。如何更好地推动互联网产业的发展，如何更好地推动创新在中国持续进行，正是我们这个课题所要解答的问题。

除研究课题之外，研究中心会定期出版杂志《亚布力观点》，同时不定期出版《让企业有思想》系列丛书。所以，亚布力论坛不仅仅是开会，更重要的还有创造思想、记录思想和传播思想。

我们在亚布力数子弹

2020 年以前，每逢元宵节，我们都在亚布力开年会。我问过亚布力论坛创始人田源博士，为什么亚布力论坛年会要放在正月十五？田源博士的回答很简单：雪好，而且按照中国传统，年没过完，企业家聚会有"大团圆"之意。

最开始的几年，我和当时的副秘书长鲁桧洁要很早去亚布力，因为有太多事情需要处理。有一年，鲁桧洁甚至在腊月三十就踏上去亚布力的火车，干脆在亚布力过年。我最晚也要初五到亚布力，而且没有费用请公关公司，所有活都是自己干。10 个人要忙上几个通宵，开完会没人去玩，都在睡觉。现在队伍壮大了，我们有 30 人，有费用请公关公司，酒店条件也好了很多，不用分散在无数小酒店了。

这些年筹备亚布力论坛年会，发生过很多难忘的事情，让我印象最深的是关于一把发令枪。忘了是哪一年，亚布力论坛年会期间有滑雪比赛，比赛就需要发令枪，于是我托人在哈尔滨市区买了一把。会议结束后打算带回去以后用，于是我的同事就把发令枪和 40 发子弹一起打包在行李里面。结果惨了，到了机场托运行李的时候，我们三个女同事全部被扣，哭着给我打电话，让我去救她们。警察同志也很尽责，让我的同事一颗一颗清点子弹数量，仅剩一位女同事独自拎着 8 台电脑上了飞机，哭着回了北京。我急急忙忙赶到了市委，请书记帮忙解释，机场的警察同志才了解我们是清白的，发令枪和子弹自然是被全部没收了，我也得到了很大教训。如今这四个女同事都还在秘书处工作，并且还都是主力呢。

我还记得亚布力通信山庄李老爷子，人称"座山雕"。他可不是恶霸，我们有难处，都会去找他。还有亚布力风车山庄保安张延军，每年开会的时候，都负责站在会场门外，核对所有人的证件，正月十五也没有回过家。还有在这里工作过的每一位同事，都被我骂哭过。这些都是属于我的独特的亚布力记忆。

亚布力论坛最有原则的人

原中国银行业监督管理委员会主席刘明康是亚布力论坛的名誉主席，对亚布力论坛帮助很大。从 2010 年开始，他年年参加亚布力论坛年会和夏季高峰会，几乎没有中断。但我要讲的不是刘主席，而是拦住刘主席的随行——原黑龙江银监局局长的安检人员。

为保障年会的安全，在酒店门口、会场门口、休息室门口，甚至在餐厅的门口都设有安检。酒店门口由原黑龙江省森林工业总局系统的两位警察负责。刘主席有证件，进入酒店当然放行，但黑龙江银监局局长却没有，被警察拦了下来。

我紧跟在后面，希望用秘书长身份让局长进去。警察同志不同意，厉声告诉我："我不管你是谁，他是谁，我的工作是查验证件，原则就是无证不能进入。如果你说进就进，为什么还要让我们站在这里？"我愣住了，立刻想起了拦住列宁同志的那个警察。这就是原则，原则是不能破坏的。主席不行，秘书长更不行。

什么是原则？原则是说话、行事所依据的准则。有时候原则可能不合理，但也必须按原则执行，不能因人而异，随时即兴随人修改。

这个年纪不到 20 岁的警察应该是亚布力论坛年会期间最有原则的人之一。2017 年的亚布力论坛年会开了整整四天，史无前例地举办了"亚布力好声音"，是历届年会中理事参与程度最高、时间最长、环节最多的一次。没有规矩，就不成方圆。年会各项活动的顺利进行，离不开对原则的坚持。非常感谢所有尊重原则、遵守原则的人！

公平是原则的另外一种表现。公平是指处理事情合情合理，不偏袒某一方或某一个人，即参与社会合作的每个人都承担着他应承担的责任，得到他应得到的利益。如果一个人承担了少于他应承担的责任，或取得了多于他应得到的利益，就会让人感到不公平。

有一次，我参加武汉大学校友会的一个分会成立仪式，我邀请其中一位企业家参加亚布力论坛年会。他告诉我："我不想去，因为亚布力论坛的大佬高高在上，我们只能在下面。校友会就很好，不分大小，和兄弟一样。"

我其实挺不认同的，如果校友完全不分大小，那也没有必要设立会长、副会长、理事和会员了。没有绝对的公平，只是分工不同。亚布力论坛强调的是思想交流平台，主席、理事长、理事更多的作用是当义工！

顺手点赞是一种美德

我大学毕业后进入了保险公司，当过两个月的保险营销员，接受过最经典的中国台湾老师培训。第一课就是"学会赞美"，当时我觉得就是"拍马屁"、说好话，自认为学得很到位，结果有人形容我"真能拍啊"。事实上，领导和老板是不需要赞美的，他们需要讲实话、踏实工作的员工。在大公司，没有靠"拍马屁"上位的员工。相反，需要赞美的是你的家人、朋友、同事、周边的很多人。

自从微信推出了朋友圈，赞美从口头语言更多地变成了网络红心——点赞。我经常发朋友圈，发完之后最关心的就是有多少人点赞，数完点赞数之后，更关心的就是"人工点赞"，也就是留言的数量。时间长了，就会发现有谁一直在关注我的朋友圈。我获赞最多的几次都是晒老婆孩子照片。自从被同事"压迫"写"涛涛布诀"以来，阅读量最多的一次也只有2000个左右，还需要自己不断转发到各种群求赞、求转发。我有时候甚至感觉是自己人缘不好，或是写得不好。

我认识的一位董事长也特别喜欢发朋友圈，每次发完还@我，提醒我看，我特别感动，觉得这位企业家心中有我，很重视亚布力论坛。但我逐渐发现，这位董事长发的内容其实和我、和亚布力论坛没关系，估计也是在求赞、求转发，于是我就经常转发这位董事长的观点、著作，他也转发我的，这是否叫互相欣赏？我感觉这是个好办法，所以每次转发公众号也都把"大佬"们提醒一遍。

对于微信朋友圈，有人喜欢有人嫌烦，因为信息太多，碎片化厉害。如果不喜欢，可以直接关掉朋友圈；如果喜欢，我建议可以顺手点赞，这是一件很简单的事情，也是一种美德。我们可以每天抽出一点儿时间，或者给朋友回信息的时候，刷一遍朋友圈，顺手点赞。你的朋友会很高兴，你也可以收获很多"回报"。赞美是一种力量，也是一种艺术，生活中时时处处都应该充满赞美。学会赞美会让人感到温暖，自己也会收获快乐，从而会生活得更精彩。

与人为善，为朋友点赞，这是亚布力论坛朋友圈默认的准则。2017年11月可能是企业家最忙碌的一个月，因为天天要开会。企业家到底有多忙？不仅要为自己企业忙、家庭忙，更要为朋友企业站台，为朋友的母校、家乡站台。今天是浙商大会、楚商大会，后天是秦商大会，过几天是龙江讲坛，然后又是天津峰会……这期间，他们互相点赞，互相捧场，可谓众人拾柴火焰高。

还好，亚布力秘书处还在，我们可能会这样问企业家："您下周能去上海吗？哦，抱歉！错了，是武汉。您的邀请收到了吗？如果不能去，天津可以去吗？"

繁华之后的从容

有时，虽然亚布力论坛秘书处认真筹备会议，但也没办法做到尽善尽美。我记得 2018 年亚布力论坛年会结束后，繁华散尽的舞台上，只剩下合影的工作人员。再之后，负责搭建和打扫卫生的服务人员拆卸舞台，负责送机的同事联系车辆。最后是结账、发感谢信等收尾工作，紧接着继续准备下一个活动。那次亚布力论坛年会过程还算流畅，尽管有时候返程会出现很多问题，比如汽车质量不好、调车不及时等。期间居然有辆车抛锚了，而抛锚的原因是没有油。

我们的确有很多不周到的地方，无法尽善尽美。我们向不开心的人道歉，这里没有歧视，没有故意。我们最希望得到的是信任。我们不会无缘无故不给你调房，不让你进会场，不让你发言，不让你带其他人进会场。我们希望能够创造一个好的环境、好的氛围给与会人员交流合作。

我是最不累的一个。我的兄弟姐妹们都比我辛苦：秘书处的工作人员、中青旅的兄弟们、142 个大学生志愿者，还有酒店服务生、司机大哥，当然还有在暴雪中疏导交通的警察同志，以及在门口尽职尽责的亚布力论坛管委会的保安。临走的时候，我想给小伙子们几包烟，他们都不敢要。

马云遵守了 2017 年的承诺。柳传志一路吸氧而来。刘永好、南存辉……还有很多人推掉了重要会议来到亚布力。陈东升董事长每年必到，丁立国当了轮值主席发现原来这是个体力活。我们有理事会做后盾，一切都变得简单很多。到了最后才决定发言的张文中董事长让现场很多人热泪盈眶，正义迟早会来，新时代会公平对待每一个为之奋斗的人！

时间过得太快了。我们曾经在亚布力还纪念过改革开放 30 年，一转眼又 10 年过去了。繁华散尽的舞台更可爱！新时代属于每一个为之奋斗的人，辛苦不会是我们唯一所得。很多人对我说辛苦，我也经常对同事们说辛苦。我的同事们告诉我，不需要对他们讲辛苦。我同样也想说："不需要对张洪涛说'辛苦'！"我们还希望亚布力论坛能做得更好，也希望能赢得更多信任。

在这届年会最后一天的"亚布力好声音——青春合伙人"专场晚会上，我们的志愿者让在场所有人感动。我坐在后面，用帽子挡住脸，因为我流泪了。不仅仅是为了这些大学生，还有每个把亚布力论坛当成事业的人。

回归学生时代

亚布力论坛有一个不成文的规定。理事会决定"连续两年不参加任何冬、夏两次年会视为自动退出"。这是由亚布力论坛的公益属性决定的，首先理事都是义工，只谈贡献，不求回报；其次论坛开会，交流、参与是最重要的，就像同学毕业了，组织同学会，都不来也就没有同学会。

亚布力论坛也有罚款制度，不来的罚款，但从来没有真正实施过，因为向义工罚款多少有点不合适。大家抽空来开会，贡献时间，分享思想，分享智慧，分享经验是最有意义的。

每年亚布力论坛秘书处完成年度总结，也就意味着一个新的轮回刚刚开始。看看秘书处全年的安排，几乎每个月都有重要活动。

以前经常被问："洪涛，你开完年会，干什么？休假吗？"现在我可以正式回答大家："真休不了假。"作为亚布力论坛的常设机构，秘书处每天都有人在办公室加班。

以2017—2018年的部分（不是全部）正式活动为例，该年度安排如下。

4月：第八届中美商业领袖圆桌会议。

5月：亚布力论坛第三届创新年会（青年论坛）。

6月：亚布力论坛成员互访。

7月：英国—中东欧访问。

8月：亚布力论坛第十四届夏季高峰会。

9月：亚布力论坛首届成员运动会。

10月：天津峰会及理事会。

11月：第四届外滩国际金融峰会。

每一年就这么过来了，其实我们还有很多事情要做。我们会组织成员直接互访。另外还要：

组织球队打上4~6次高尔夫；

出书；

组织研究课题；

紧跟时代，每天发微信、微博；

打造"中国商业心灵"。

我在秘书处工作这么多年，蓦然回首，仿佛一切就在昨天。重复重复再重复。我也感到过枯燥，如何让秘书处的同事避免枯燥？我想起了学生时代，那个无忧无虑的年代，于是我们成立了班级委员会：书记、组织委员、生活委员、学习委员、文艺委员、体育委员、班委会秘书。

负责内容，包括但不仅限于：

（1）夕会、早会组织；

（2）技能学习；

（3）体育锻炼；

（4）文化娱乐；

（5）集体活动。

原则：服务伙伴，无报酬，有奖励。

最后要讲：欢迎有理想当义工的朋友加入亚布力论坛同学会。

我欠大学生志愿者一声"谢谢"

　　每年亚布力论坛冬季年会和夏季高峰会都会召集很多大学生当志愿者。最开始以当地大学生为主,由于年会的举办地在黑龙江亚布力,所以志愿者基本上都是黑龙江的大学生。后来我发现,志愿者来自五湖四海,不仅有国内高校,甚至还有国际高校。他们大都因为梦想而来,梦想着成为台上的主角(见下图)。

大学生志愿者集体合影

其实很多人来了以后会失望，因为他们要坚守自己的岗位，并没有机会和偶像近距离接触。然而，大学生们得到的远远不只是一纸证明或一张合影，还有难得的见识与历练。

志愿者分为物料组、秘书1组、秘书2组、会场组、车辆组、桌卡组、礼仪组、门禁组、签到组。估计大学生们最想加入的是秘书1组，因为这是为演讲嘉宾和理事服务的小组。志愿者们可以近距离接触他们的偶像，例如金立群、马云、李彦宏、王石、陈东升、杨元庆等。但相应地，我们对他们的要求也就更加严格：不允许要求合影；要形影不离，与嘉宾保持在2米距离以内等。我们会给每位演讲嘉宾定制一个"行程单"，上面标注了所有的重要活动，而小秘书们则是要依照行程单，准时把嘉宾带到准确地点。

大学生最不想加入的应该是物料组，因为这是最辛苦、最体现配合程度的工作小组。有一位志愿者在会后写道："三天会议，自己从来没有离开过物料间。"我很后悔没有去过物料间，去看看一直在物料间坚守的志愿者们。

然而，"家家有本难念的经"，其他小组也各有各的辛苦。

对于车辆组来说，不仅要在机场待一天，还常常会来不及喝水与吃饭。对于门禁组来说，他们需要坚守在各个会场门口，会场的发言再热闹他们也无法目睹；并且，他们还要坚决不让没有证件的人进去，尽管有时候这些人很不礼貌。对于签到组来说，他们则需要一早在签到台就位，回答嘉宾所有的疑问。

志愿者的故事还有很多，我记不住他们，他们比亚布力秘书处的工作人员更加默默无闻。我欠所有大学生志愿者一声"谢谢"。

毕业季：写给毕业生的话

我发现不知不觉间竟已人生将半，顿时感到人生短暂，而需要做的事情却是那么多。我的前半生浪费了很多时间，大学室友发来的生日祝福让我感动。我的朋友不多，但都很长久；我经历的事情不多，但都做得圆满。我想和刚刚大学毕业的同学们分享一下我自己的体会，给他们提些建议。

初心不改，坚持正道。我们每个人都有自己的理想，理想会随着年龄的增长而不断变化，会变得越来越具体。我从小到大的梦想分别是：数学家、考古学家、军事家、金融从业者、计算机程序员、最棒的保险代理人、职业经理人、史上最好的秘书、创业者，以及干得最久的秘书长（我现在的职业）。我自己又何曾想过，高中时最不喜欢语文，写一篇百字作文会有十几个错字的我，最终会成为秘书或者秘书长。虽然不同阶段，理想千差万别，但初心从未改变——创造属于自己的空间，让我身边的家人、同学、朋友感受到快乐、幸福、安康。大学毕业是社会生活的开始，希望每个人都能够"初心不改，坚持正道"。

坚持学习。大学时代要做的不仅仅是学习知识，还要摸索出适合自己的学习方法，养成学习的习惯。大学毕业是另一种学习生涯的开始，真正的磨炼，是从离开大学校园，进入社会开始的。社会这所大学将教会我们去体悟人生的真谛，主动去学习和适应环境。当然正如前面所讲的，要不忘初心。如果你的意志坚定，社会就是简单的，你会有很多朋友，社会充满友善；如果你的意志薄弱，社会就是复杂的，你会感觉有很多敌人，充满陷阱。通过不断学习，你就会更加自信。

我给毕业生们的建议是，每天至少用 1 个小时读书、1 个小时学习英语，可以读畅销书、人物传记等，最重要的是坚持下去。从书本中学来的知识在工作和实践中不断去体会、琢磨，要敢于请教、善于交流。我自己读书很杂，历史类和人物传记最多，无论在什么样的场合，只要遇到关于历史的问题，我都是能够对答如流的，偶尔有不知道的，我就会记下来再去弄明白。

忘掉自己的学校，忘掉自己的专业。也许你是名校毕业，也许你是普通高校毕业；也许工作和专业很匹配，也许工作和专业毫不相关。这都不重要，重要的是你的心态，从零开始的心态。你的老板、你的经理、你的同事可能在学历上与你相去甚远，或高或低，或强或弱，他们都将是你的伙伴、你的队友，他们比你早一天进入职场，就比你多一份经验，需要你去学习、请教。在工作中，在职场里，学历固然重要，但阅历、经验、勤奋会发挥更大的作用。名校毕业的你需要摘掉名校的光环，不能因名校的标签而张狂；普通高校毕业的你也不必因母校的普通而失去自信，因为在初入社会的那一刻，大家都站在同样的起跑线上，一切都是从零开始。我的本科是在中国金融学院读的保险专业，我的母校在我心中是全中国最好的学校，可惜很多人都没有听说过，但我相信，以后会有越来越多的人知道。

不要在乎第一个岗位。我大学毕业第一个岗位是保险销售，因为当内勤必须先当外勤，只有卖掉一份符合规定的保险单，才能转正。我"扫过街""扫过楼"，在中关村大街上与卖冰棍的老人聊过 1 个小时，被小区保安赶出来过，曾经被街道管理的大爷大妈紧盯住不放。最终，我把我的第一单保险卖给了我的老师。三个月不长不短，让我感受到了"市场的残酷"。我转内勤后，对外勤特别好，因为他们的确不容易。我想告诉大学生的是，第一个岗位是什么不重要，干好每一个岗位才是最重要的。在最开始的几年里，尽量去尝试不同的岗位，不要在乎它是否和专业有关，只需要尽心尽力去做好。大学毕业头两年，我在泰康人寿保险有限责任公司换了 7 个岗位，每个岗位的经理对我的评价都是"踏实、努力、任劳任怨"，后来我给老板当了 3 年秘书，直到现在当秘书长已经 20 年了，这或将是我的终身职业。

人生需要有规划，但规划总赶不上变化，年轻人最重要的是不断学习、把握机会、知道努力、懂得付出。

我和"00后"的同与不同

2018年，腾讯QQ与中国青年报联合发布《00后画像报告》，该报告以腾讯QQ的7.83亿月活跃用户为基础，通过问卷调查和QQ平台大数据分析，对"00后"群体进行整体形象描述。报告称该结果在一定程度上颠覆了我们对于"00后"的认知，因为"00后"比我们想象得更乐观、更积极向上。

我看了感到不解，于是1975年出生的我，也做了一遍调查问卷，比较一下"70后"与"00后"的异同。

我和"00后"相同的地方在于，第一，人生目标很类似，都想过好日子，希望不断改善经济条件，但都认为需要自己奋斗，而非坐享其成；第二，对父母、家庭、朋友的认同，我们都需要家庭和朋友的帮助与支持，遇到困难，我们都会第一时间选择家庭，因为家庭是我们的避风港；第三，都有家国情怀，对国家充满信心，对未来充满希望，虽然不完美，但一直在进步，因为也的确没有十全十美的制度。

我和"00后"不同的地方也很多，基本是在兴趣爱好和日常生活方面。"00后"看的电视剧、电影、动漫、综艺节目，我基本不知道，因为我基本不看电视。"00后"上的网站，我也基本不看，自然就不知道"打call""扎心了""佛系"这些网络新词汇。身边没有"00后"，我就问办公室的"90后"，请他们为我解惑。同时，我让他们也做了一遍调查问卷，发现"90后"也很有担当，有家国情怀，但看的电视剧、电影、动漫也不一样，他们不太"care"（在意）"00后""这些小屁孩儿"。

"90后""00后"这些孩子们终究会长大。正如"70后"的我们，早已年过四十，已逐渐成为工作的主力军，但即便是钢铁侠、金刚狼、美国队长，也会有英雄迟暮的那一天。历史的脚步，时代的更替，谁也挡不住！

芳华岁月需要一代人的努力

　　每次亚布力论坛年会之后，秘书处都会对过去一年的工作进行总结。这是我们最开心的日子，因为主角是我们自己。公司顺便也组织团队建设活动，我所在的队经常输。我想我是跟不上时代了，作为这个团队年纪最大的人，感觉自己听不懂的语言、看不懂的词汇太多了，我们必须做到"活到老，学到老"。否则当我们躺在床上不能起来的时候，最后悔的肯定是"没有去学习"。

　　想想 21 世纪出生的人都 20 多岁大学毕业了，时间真的过得很快。十几年前，我第一次到哈佛大学，如果当时努力用 4 年时间准备，再读 4 年书，现在也已经毕业了。当然这是一句笑话。哈佛中国论坛比亚布力论坛还要早 3 年，如果从开创哈佛中国论坛的熊晓鸽、张黎刚算起，已经过去整整一代人了。如今的哈佛中国论坛已经成为北美地区最具影响力的峰会之一，这也是一代人努力的结果。

　　陈东升理事长谈办企业时说："一个企业的成长，三年决定生死，五年打下基础，八年站稳脚跟，十年小有品牌，二十年才能成长为参天大树。"

　　2016 年，我跟随王石在牛津用了一个月时间学习赛艇，领略英国文化，去了很多有上百年历史的俱乐部。俱乐部的墙上挂的都是上百年的照片。2017 年，在英国怡和集团的安排下，亚布力论坛访问了怡和、罗斯柴尔德、格罗夫纳这些庞大的家族和百年企业。我们看到百年基业都需要沉淀，需要历练，至少需要几代人的努力才能开启芳华岁月。

　　如果亚布力论坛的芳华岁月要 30 岁以后才能开始，那么这的确需要一代人的时间才能实现。我有一支签字笔，上面有几个字——"梦想是走出来的"。这是一位温州企业家的座右铭。它告诉我们做事情需要脚踏实地，既不能冒进，更不能后退，遇到苦难要迎面而上。没有解决的问题，最后还要回来，逃不了的。

我不能想象未来自己的样子，也很难想象亚布力论坛的样子。今天亚布力论坛的企业家们还有几位能从亚布力雪道上滑下去，但那个时候，"84 派"企业家们基本超过 80 岁了，"92 派"企业家们也基本超过 70 岁了，互联网的一代差不多 60 岁，亚布力青年论坛的成员们也超过 40 岁了。

亚布力论坛正值她的芳华时期，一代人的努力换来的是一个事业的芳华，中间需要的是我们的坚韧、努力、勤奋与创新。

我的多彩人生刚刚开始

秘书处开完年会从亚布力回来之后，都先要进行内部总结，然后是对外发布感谢信，整理照片，整理讲话稿。我们经常接到电话："你先把我的那份给我。"很多人都希望回顾一下自己或者其他人的讲话，希望看看自己或者其他人精彩的照片，但我们只能逐个地去整理、去分类。请大家稍等，照片会有的，请大家不要着急。

理事为亚布力论坛无私奉献，不求回报。如果说他们是伟大的义工，那么秘书处同事就是"丫鬟"和"管家"。我们是拿着钥匙的人，因为房子不是我们的，我们只负责钥匙的使用。我的伙伴都是默默无闻的人，所以，年会后我决定"推"他们一把。我请负责微信的同事，专门编辑一组照片和文字，把秘书处的伙伴和他们主要负责的工作，在微信公众号中逐一介绍。结果发现秘书处很多是大龄未婚女青年。一时间，公众号的内容居然演变成了"征婚广告"。

希望伙伴的人生比我精彩，希望办公室每天都有笑声，希望冰箱里面的零食每天都很多，希望有更多人愿意加入我们这个团队。

过去 20 多年，亚布力论坛虽然经历过风浪，经历过起伏，但总体上发展很顺利，没有遇到太大的苦难。尤其是在 2008 年亚布力论坛被定位为"企业家的思想交流平台"之后，发展更是顺风顺水。新的高度就会有新的难度，未来怎么办？我们是否能够继续不断超越，登上新高度？越高就危险，从高处跌落的可能性就越大。而最大的危险往往来自内部，来自知足自满，来自骄傲。

这么多年的秘书长生活，已经让我觉得生活越来越平淡了。多彩的人生是要靠团队努力去实现的，不是等来的，不是被人给予的，不是一个人的力量可以实现的。在多彩人生的背后，需要辛苦的汗水和坚强的意志。我渴望有一个多彩的人生，可能注定会迟来，但一定要很精彩。

我的工作和生活

我的工作主要就是组织开会。有时候企业家接到我的电话会很烦："怎么又开会？"我也总是说，请您务必参加。没办法，这就是我的工作。有些活动我也不想去，但必须参加；有些会我也不想开，但必须张罗；有些事情我也不想干，但必须去做。亚布力论坛就是这样几十年如一日坚持下来的结果。

我曾在一个活动上碰到一位大佬，我非常"谦卑"地说："2月8日，我们亚布力论坛年会……"没等我说完，这个大佬就非常果断地抬起他骄傲的手："这个事情和我助理谈。"真是应了陈东升理事长在我微信朋友圈的留言：各有各的苦衷，这就是生活和工作。大佬卖产品，我们卖"思想"，人多了就不缺思想了，人少了就得四处找思想。

我不知道马云的生活和工作在卸任CEO前后的区别，只是感觉马云更忙了，需要干更多事情，开更多会，这就是所谓的"能力越大，责任越大"，想跑都跑不了。网上出现个贫困的孩子，因为长得太像马云，因此成为网红，据悉还得到了马云的资助。如果马云置之不理，估计网上就会一片喧闹。生活和工作可能原本就分不开。

我经常回忆自己如何踏上"'亚布力论坛'这条船"的，"亚布力论坛"现在这个样子和当年田源主席的设想一致。很多人来亚布力就是因为喜欢滑雪，对于他们来说是来生活的。我们经常被问到"只滑雪，不开会，怎么收费"或者是"怎么订票，怎么吃饭"等问题。但是，我们的工作是办好亚布力论坛年会。只关注滑雪、农家乐、东北菜的朋友，你可以选择其他时间来亚布力，而且那是旅行社和酒店的工作。

冯仑曾说过，办好一个论坛必须具备三个特征。意见超市——也就是说不一定要追求观点的统一；社交舞台——我们每年都需要新的企业家参与；休闲娱乐——在开会之余可以去换血，但在亚布力，休闲活动最多可能还是开小会。

团队建设与自控力

秘书处曾组织过一次团建活动，主题是密室逃脱。员工抽签分成三组，我被分到了蓝队，密室的主题是"猫的王国"。我们用了各种办法，结果还是最后一组出来的。晚餐采取了奖罚机制，第一名全荤，第二名半荤半素，第三名只能吃素，差别很大。包括我在内的蓝队成员都很郁闷，因为我们的餐桌上没有一点儿肉星。负责人更是不断"巡视"，禁止我们偷偷加肉菜。

胜负无所谓，可是我们为什么会输呢？总结下来有很多原因。例如，"猫的王国"里全都以猫为线索，有猫国王、猫王后、猫武士等，以及刻意设计的倾斜的地板和各种爬上爬下的密道，虽然我们当中有三个人都养猫，但还是被搞得很迷惑。最重要的一点是，队长没有很好地分配任务，每个人都在独立思考，力量太过分散，也有可能因为我在，他们放不开吧。

其实，亚布力论坛秘书处各部门有例会、月总结会、季度考核会，也有半年总结会、全年表彰会。我的同事非常优秀，在这里工作时间也都比较长，基本超过 5 年，有的甚至超过了 8~10 年。我总希望他们能够多讲讲，也希望新人能够带来些新思想。但是这些年，他们习惯了我说，他们做。我试图改变这种情况，但并没有多少效果。这个原因可能在我。

这让我想起有一次去书店无意中翻到了《自控力》这本书，据说已经发行了 100 万册。

自控力来自意志力，意志力实际上就是"我要做""我不要""我想要"。我们必须清楚地知道，我们的目标是什么，锻炼自己的"意志力肌肉"，增强控制意志的能力，在需要的时候，做出"做或不做"的选择，明确"我想要"的目标。那么，这次团建和自控力有什么联系呢？如果想让自己改变一些行为方式和处理问题的方式，就需要自控力。员工多了，负责人的自控力很重要。控制自己的情绪和言行，让同事充分表达自己的意见，做出目标一致的决定。

公司和员工，本质是联盟与共享的关系

　　我喜欢用"我们是一个大家庭，我们都是兄弟姐妹"来形容亚布力论坛秘书处团队。

　　不过很多朋友说，在看过《联盟：互联网时代的人才变革》这本书之后，他们更愿意用"我们是一个团队"这样的说法。因为公司从本质上看，的确是一个团队，而不是一个家庭。这本书的作者是里德·霍夫曼，就是那个"硅谷人缘最好的大胖子"。当然后来他减肥了，从300多斤一直减到了200多斤。他最早在PayPal工作，后来创建了深受职业人士喜爱的领英公司（LinkedIn），专门帮公司"挖人"，协助人"跳槽"。领英公司是我最喜欢的硅谷创业公司之一，我与霍夫曼也在北京和硅谷见过好几次面。

　　《联盟：互联网时代的人才变革》这本书讲述了在互联网时代，终身雇佣制模式终结，公司与员工的关系成为一种"互惠联盟"。更重要的是，这种联盟不仅发生在雇佣阶段，而且能够通过诸如"前同事朋友圈"之类的形式得以维持，从而继续为公司发挥作用。这些作用包括了人才举荐、客户介绍、企业宣传等。看完这本书我感到有些后悔，觉得应该把以前离职的同事和没续约的客户（合作伙伴）都找回来，好好听听他们对亚布力的想法和意见。

　　在互联网时代，人们想法之新，创业企业之多，信息传递之快都让人瞠目结舌。更为重要的是，人才流动的速度也在不断加快。今天上午你在人才招聘网站更新了简历，下午就有可能接到猎头公司的电话。那么，公司要如何才能够留住人才呢？仅仅依靠薪资显然是不够的。这就好像马云所说的："员工离开第一是委屈了，第二才是工资低了。"不过在我看来应该还有一点，那就是员工觉得失去价值了：公司交给的工作没有挑战性了，失去了趣味。这需要我们给员工创造持续的机会和挑战。《联盟：互联网时代的人才变革》中说，要给员工一个"新的任期"，指的并不是劳动合同上的"任期"，而是为员工创造新的发展机会。如此一来，员工可以持续获得学习与进步，增加职业生涯的经历；公司则可以不失去一个优秀的员工，让整个环境更有活力。

我以前挺不喜欢同事在上班时间上网发朋友圈的，当然现在也不喜欢同事什么都发，但我会鼓励他们多发些和工作有关系、可以增加粉丝数的文章、图片以及感想。如果有哪个同事将来某天当了"网红""大V"，那也是一件非常值得庆贺的事情。员工是公司最基本的构成单元，要充分发挥他们每个人的作用。员工在社交媒体的粉丝多了，公司的粉丝自然也就多了。所以，我真心希望在我的同事中能出一个"知识网红"。

社交是一件非常重要的事情，任何一个公司都有很多"高人"，能说、能写、能唱、能跳。因此，我们应该鼓励员工走出去，参加各种活动，去发言，去演讲。如果我的同事在各种会议和活动中有了演讲机会，那就应该好好庆贺一下，好好奖励一下。因为他又为公司多争取了一次发言机会。

互联网时代，一切都在变。公司与员工之间的关系变得更加紧密，需要互惠互利，信息、技术、资源都需要共享。公司应该创造共享的氛围，而员工也应该有一颗共享的心。

最有意义的可能是"青火"

　　2019 年，忙完"广西大健康产业峰会"，我和亚布力论坛会员、秘书处同事一起去"撸串"。"撸串"的地方有一个大屏幕，可以点歌，我们意外点到了亚布力论坛创作的歌曲《青火》（青春合伙人主题曲）。

　　屏幕中的画面、场景是那样熟悉，那样亲切，那样让人感动，记录了那些为一个伟大事业而默默工作和付出的人们，既包括秘书处的同事，也包括"青火"的志愿者。我为之感动，更为之自豪！我们要让"青火"坚持下去，发展起来，让更多年轻人知道"青火"，加入"青火"，让亚布力论坛的中国企业家精神能够通过"青火"被更多年轻人熟悉、了解、传承。我们也希望中国的年轻人知道中国有这样一批企业家：他们白手起家，百折不挠；他们在开放中创新，在改革中转型；他们是中国经济的脊梁，有担当，有作为，有无限的家国情怀。这就是亚布力论坛所倡导的企业家精神，也是"青火"所倡导的让年轻人看清的理想的样子。

　　这可能是我做的最有意义的事情。亚布力论坛是开放、包容的企业家交流平台，但每次会议最多能容纳 500 人参加，能够得到发言机会的嘉宾不超过 120 人。如何让亚布力论坛"大众化"，让企业家精神、思想真正传播出去，从而影响到需要影响的人，这是我们 2010 年之后一直在思考的问题。

　　大学生是我们找到的最合适的群体、最需要影响的群体。每年亚布力论坛年会、夏季高峰会、青年论坛创新年会都需要招募很多大学生志愿者来帮忙，每次报名的人数少则几万，多则几十万，入选率非常低。10 年过去了，我们的筛选一直坚持公平、公开、透明的原则，没有一个"关系户"，也因此得罪了很多合作伙伴，但最终还是得到了他们的理解和支持。

因为我们要做的不仅是招募 100 多位大学生来服务，而且要建立一个大学生社会实践的体系。这些大学生被称为"青春合伙人"。

我每次出差到一个省市，都会问问这个城市有没有"青火"。每次见到"青火"，我都倍感亲切。希望他们能够因为亚布力论坛、因为"青火"，而使人生态度有所不同。他们不需要有什么伟大的目标，只需要能够看清自己理想的样子，找到前进的方向——一个充满正能量、充满动力、充满希望的方向。

很多"青火"已经毕业了，他们都很怀念在亚布力论坛当志愿者的日子，这也许是他们和其他青年人最不一样的人生经历。我发现很多企业家都在关注教育，例如，马云公益基金会、东润公益基金会、北京慈弘慈善基金会、北京情系远山公益基金会，还有敬一丹发起的"小小铅笔"爱心公益计划，等等。企业家们都在用不同的方式、从不同的角度关注中国年轻一代的成长，因为他们代表着未来。"青火"也是一个年轻群体，"青火"源自亚布力，必将属于企业家群体、属于社会，希望"青火"可以代表中国年轻人的精神气质——积极、正能量、与时俱进！

为建一座 1.6 万平方米的中国企业家博物馆，我经历了"八十难"

2020 年是难忘的一年。我居然与一栋楼纠缠了四年，也完成了一件意想不到的任务。

楼的构造极其复杂，多曲面，纯钢结构，建筑面积 1.6 万平方米，用钢量超过一千吨，不亚于一座小型机场，却没有一块钢板是相同的。它在黑龙江亚布力，到了雪季，被白色屋顶覆盖的楼体与雪山融为一体。夜幕降临，似一顶燃着篝火的雪地帐篷。从天空俯瞰，像一只起飞的大蝴蝶。虽然它叫亚布力企业家论坛永久会址，但首先它是一座中国企业家博物馆，每一个厅、每一条廊，都记录、展现了近百年来中国企业家的历史和企业家精神。

从 2017 年到 2020 年，我每天都在担心这座建筑盖不完，直到它正式落成这一天，我才接受它，理解它，与它和解。

2017，从脑袋嗡的一声开始

2017 年 3 月，我从三亚飞回北京，之后转机到牡丹江，再驱车 130 公里赶到亚布力。当时陈东升、田源和毛振华等几位理事正陪一个人考察地势、雪道和周边建设，我以为那人是风水先生，细听才知道是建筑师马岩松，也是哈尔滨歌剧院设计者，这次受邀来设计亚布力企业家论坛永久会址，估算耗资 1.6 亿元。

我明白过来后，脑袋嗡的一声，只觉得天昏地暗、天要塌了。在遥远的亚布力，花天大的费用盖一座楼，疯了吗？前期建设资金和队伍从哪里来，建完如何运营，何时能收回成本，这些我都一窍不通。但是我不敢反对，我是一个秘书长，对理事们的重大决策，必须很好地执行。

马岩松对永久会址的立意是"众人拾柴火焰高"，既像一顶雪地帐篷，比喻企业家们围着篝火交流思想，又像匍匐在大地等待起飞的翅膀，比喻生机。几位理事当场认可了这个创意，我长达四年的煎熬也由此开始。

马岩松设计的建筑特点是：漂亮 + 难盖。亚布力论坛秘书处在北京东三环，我的工位临窗，抬头不远处一座黑黢黢的楼——城市山水，我每次看到它就想起我们的永久会址，很头疼。城市山水也是马岩松的作品，同样多曲面、高结构，极为复杂。

我也害怕向理事汇报。他们总是能提出各种新奇想法，比如把连接酒店与永久会址的廊桥设计成可伸缩的；所有材料使用经过美国最高环保标准认证的，光这一项就使成本高出几千万元……

根据种种意见，马岩松出了新图纸，建筑面积一下扩大了近一倍。同时，由于亚布力地处偏远，施工难度大，建设费用暴增，第一版方案的预算直接跳到了 2.1 亿元。新方案也有新意，比如阿里巴巴集团捐赠冠名的亲橙堂，舞台背面电子大屏打开后是一块透明玻璃，雪山上五条雪道清晰可见，像五条白龙。

当然，也有少数理事不同意修建永久会址。俞渝理事专门写信说，亚布力不在浙江乌镇，不在北京，建造一年只用一次的场馆过于浪费，"我们是企业家，不要做楼堂馆所的事情"。甚至有理事认为，这是亚布力论坛史上最大的败笔，不应该搞基建，运营重资产。

不过，大家最终支持了这个项目。毛振华理事捐赠建设用地，冯仑理事亲自担任筹款委员会主席，俞渝理事后来也加入捐赠人行列。

在亚布力建一流地标建筑、建中国企业家博物馆，是陈东升理事长首倡，他是亚布力论坛 20 多年来最大的义工，一直为论坛出钱、出力，他也真的有这份情怀——记录中国企业家历史，为中国企业家精神树碑立传。他还说，永久会址和博物馆建设所需资金，发动论坛理事"众筹"（慈善捐赠），缺口由他兜底。

2018，动工即停工

2018 年 5 月，永久会址终于开工奠基，但是更大的困惑才刚刚开始。

开工之后相当长一段时间，每天送到我这里的进度汇报都是照计划推进，一切顺利。直到有一天，毛振华理事给我打电话说："工地没人，晚上灯都是黑的。"我才如梦初醒。

我从来没搞过建筑，也不懂土木工程，我以为自己只要负责筹款，保证资金如期付给施工单位，工程就会像树一样自然成长。事实表明，我大错特错。相关单位以各种理由告诉我为什么工程停滞。

经此教训我才明白，搞工程是关系活儿，很多环节需要相关单位先行投入资金、人力和物力。说白了，甲方得求着乙方。我还明白，以最低价竞标，竞标成功之后再加价，是行规。

后来，陈东升理事长、冯仑理事出面，上下找关系、做沟通。永久会址项目总包单位中建三局的高层领导亲自到亚布力论坛秘书处了解情况，非常认可这个建筑的意义和社会价值，并更换了亚布力当地的相关负责人，工程才开始加速。可是，前后一晃接近年底了。2018 年，亚布力罕见地下了两个月大雨，雪季也来得早，施工无望。

2018 年一下就没了，工程基本没进展。

2019，预算涨到3亿元，工期只完成60%

2019 年，永久会址建设进度已经比原计划迟了大半年，而我们必须赶在 2020 年年初（亚布力论坛二十周年年会）正式启用。也就是说，必须在一年里干完两年的活。没办法，只能抢工。抢工意味着增加预算，到 2019 年 6 月，预算达到了 2.41 亿元。抢工也让我担忧安全问题，不断向施工单位强调安全第一。有一个夜晚我去工地，看到四辆吊车同时施工，万一撞在一起，极其危险。

2019 年，亚布力的雪也来得早。按理说，雪季之前建筑的屋顶和玻璃幕墙必须安装完毕，室内供暖才能进行精装修。事实上，幕墙一直没有封闭。这与建造难度直接相关，幕墙的每块玻璃和焊在上面的每块铝板都不一样；屋顶是六层结构，必须在干燥环境下层与层之间才能黏合，最怕雨雪天；幕皮只有一毫米厚，必须在恒温条件下才能粘上……

建筑师团队还要求，建筑内部也要保持整洁、大气的调性，对博物馆布展风格、每个会议室的模样甚至桌椅板凳都提出很高要求。为了将不同风格的设计融合一致，我们开了好多次会。

工人的辛苦更让我心痛。有一次刚下完雪，气温 –25℃，我爬上屋顶，看到一些 50 多岁、非常苍老的工人赤手在铺防滑板，手和面颊冻得开裂。室内的工人也好不到哪里去，风夹着雪花吹到脸上，刀割一样。为了御寒，他们出工前都得在身上贴十个"暖宝宝"。最后统计，光"暖宝宝"就用了小十万个。

这么严酷的作业环境，你说怎么动员工人抢工？只能靠加钱，现场发现金。到了 2019 年 10 月，工程预算达到 2.79 亿元。即便如此，我们仍然全力保障工人利益。我每次去亚布力之前都先打电话，问工人工资发了没有。我半开玩笑半认真地说，我可以由于完不成工期自己从楼顶跳下去，但不能因为拖欠工资被人推下去。

但是无论如何赶，都很难，因为工期在 2018 年耽误太多。2019 年，我每次去亚布力，项目组负责人都告诉我，按进度 2019 年能完工。我也曾自己骗自己，硬信能完工，不硬信还能怎么办呢？有时候我也很生气，怀疑有些人的人品有问题，欺负我们不懂工程，花那么多钱还干不成事情。

当我 2019 年年底最后一次去亚布力时，我终于跟他们摊牌："你们别蒙我，这怎么可能搞得完？自己骗自己的事别干了。你们自己骗自己就算了，还来骗我，然后我再去忽悠、去骗陈东升和理事会？"

据我观察，当时整个工程也就完成了 60%。把其中一小部分抢工完成，能把二十周年年会对付过去就算万幸。当时那里千疮百孔，幕墙露着一个大风洞，坐在里面开会肯定感冒，我们还备了 50 个电暖器。

我当时特别绝望，站在屋顶上，想过跳下去。永久会址高 23 米，地基又深，而且那个大坑有几万立方米，特别壮观。我想，从楼顶跳到坑里，肯定能摔死。

压力怎么可能不大呢？亚布力论坛轮值主席已经换了几任，每位主席都期望很高。二十周年年会时，全国工商联主席高云龙等领导，还有马云、刘永好、陈东升等一大群企业家都要来，我哪里有脸面对他们？也担心他们因此对亚布力论坛产生不好的印象。

那段时间，我整夜整夜地失眠，耳鸣也很严重。可倒霉的事还在后头。

由于预算几次蹦跳，我真的扛不住了，去找陈东升理事长。他一开始可能只计划捐一两千万元，可那一次，他捐了 5000 万元，我很感动。虽然之后仍有一定资金缺口，但我们能够力所能及地解决，也是希望后续能有更多理事参与进来。

告别陈东升理事长后，我坐在车上继续焦虑和迷茫。此时，一个视频传到我的手机上，只见永久会址冒着浓烟，燃着大火。我本能地说："完了！完了！全完了！"

我们好不容易熬到这个地步，如果被一把大火烧得精光，真是不敢想象。我不知道如何交代，但不能不汇报，我们秘书处的作风是必须诚实。调查核实之后，我逐一发信息向全体理事做了汇报：火已扑灭，烧掉一万元左右的物料。

2020，被疫情甩到最绝望的境地

2019 年年末那次大火，我以为到了最绝望的时刻，但现实还不放过我。

2020 年年初，新冠病毒感染疫情暴发，主要靠会议和活动生存的亚布力论坛，瞬间没了收入。更要命的是，我们不知道什么时候恢复常态，只记得二十周年年会从 2 月延迟到 4 月，又延迟到 6 月。

疫情暴发后，亚布力论坛企业家第一时间投入抗击疫情工作，忙着从全球调配大批物资驰援武汉。2020 年 4 月，武汉的疫情基本得到控制，在王中军理事家中，几位理事商议组团考察武汉，为武汉复苏带去信心。

我们忙着帮别人，自己的麻烦却一点儿没少。那晚，我接到一通电话，得知牡丹江下辖的绥芬河又暴发疫情，我的心情随之跌入谷底。很多人不知道，从绥芬河入境的人员隔离 14 天，其中 7 天是在亚布力隔离。工人们对亚布力避之不及，谁还给永久会址抢工？ 2020 年 5 月，永久会址才复工，而 6 月召开的年会眼看就到了。由于疫情走向不明，我们最终将年会延到了 11 月 18 日—20 日。

论坛没有收入，但烧钱还在继续，因为永久会址还没盖完。项目组的人给我打电话，我就问："是不是预算又高了？你能不能告诉我点儿好消息，给我省点儿钱？"真的从来没有省过钱，每一项都超预算，我一见到钉钉审批就头疼。

在疫情最严重期间，我让秘书处全员居家办公，而我自己天天到单位值班。为什么？就怕压力大，待在家里忍不住朝老婆孩子发火。心灰意冷的时候，我甚至想过，两个儿子以后绝对不能干任何一项与秘书有关的工作，只要沾上这俩字，咱就不能干，包括秘书长。当医生多好，任何时候都有用，救急扶伤，受人尊敬。但是我现在认为这是幸福的行业，向每位理事学一招，就受益无穷。

重新燃起激情

其实在 2006 年，我向陈东升理事长辞过职。他说："你小子不争气，不干也得是干好了再走人，而不是干不好被人哄走。"这句话使我受益至今。直到现在，我已经在亚布力论坛干了 20 年秘书长。

这 20 年，我感触良多。做事必须学会坚持，不能半途而废。其实，人一辈子做好一件事就不错了，不应该有太多想法和追求。无论是亚布力论坛发展，还是永久会址建设，我必须想方设法执行好，对理事会负责。

拿永久会址募款来说，钱不够，我只能厚着脸皮到处找钱。哪怕是一开始就明确表示不参与捐赠的理事，我也一直保持沟通，一个理事最多收到过我 10~15 次募款短信，我也找各种机会跟他们说这栋楼的意义和价值是什么。

2020 年 10 月 18 日，永久会址验收完毕，我又编了一条短信，发给已经几次说过不捐的理事。我说捐多少都可以，就是希望大家都能来参与。最后，又有几位理事决定捐款。真诚，就一定会打动人。

我们也通过公益拍卖等各种方法募款，刘永好、毛振华、冷友斌等企业家都提供了很大支持。没有大家鼎力相助，永久会址根本不可能完成。出于对理事负责，我还希望筹款委员会主席冯仑聘请外部审计公司，对永久会址项目进行财务审计。

最开始，我们预计大约 50 位理事参与捐赠，事实也确实如此。其他未参与捐赠的理事，也各有原因，比如他们自己创办了公益组织，捐赠方向有限定等，可以理解。

我清晰地记得 10 月 18 日那天，我陪同刘永好主席、陈东升理事长、田源主席、张文中理事和俞渝理事去验收永久会址，站在如此美观、大气兼具历史感和未来感的建筑里，我终于理解了它的非凡价值，付出的一切都是值得的。

四年前，也在这个地方，我听说要建永久会址，脑子真的嗡的一声，心想怎么能干这个事？现在回想，我在陈东升理事长身边工作二十年，亲眼看到他每一个重大决策和方向都是对的，看来这次又对了。我从骨子里佩服他的理想、家国情怀和远见。

融合了中国企业家博物馆的永久会址，有什么社会价值？我举几个例子：

（1）永久会址由亚布力论坛企业家捐赠建成，它的产权属于公益组织——亚布力论坛发展研究基金会，而不属于任何一位企业家个人。也就是说，它是一笔社会财富。

（2）我们为中国企业家建了一座精神家园，是企业家共同的精神财富。仅仅过去 20 年，亚布力就成了企业家思想的重要诞生地，留下了无数故事。在亚布力论坛二十周年之际，我们用一座国家级建筑，讲述了一部中国企业家的历史，在亚布力承续近百年来中国企业家精神的洪流。未来，一代代年轻企业家可以来这里交流思想，了解现代商业社会、市场经济走过的路，享受企业家精神的洗礼和朝圣。我们甚至期待，年轻企业家在这里举行婚礼、企业成立仪式……

（3）永久会址是一座国家级的地标建筑，是一个新的网红打卡地，它将进一步带动当地旅游、滑雪等经济发展。到了冬季，它也向滑雪的游客开放，邀请所有人参观中国企业家博物馆。

永久会址建成，只相当于唐僧取经路的第八十难，剩下一难就是后续经营。但好消息已经光顾，丁立国理事的企业去那里举办内部培训，200人规模。我们也将组织其他理事创办和领导的企业、全国工商联、全国各大高校商学院等各个机构去办活动、开会，让亚布力更繁荣。

这 20 年，我常有一种状态——开始干的时候委屈困惑，干完后很有成就感。现在来看，我又参与创造了一件不可想象的事，重新燃起激情。在永久会址建设中，我们秘书处也无意中实践了一回企业家精神。我的团队也经常很崩溃，比如寻找和筛选海量资料，确定博物馆人物陈列谁、不陈列谁……但他们都想尽办法克服了。

疫情防控期间，几位理事跟我说，企业压力大，自己就闷在家里喝酒，一辈子从来没喝过那么多。但企业家精神就是这样，不断面对挫败和挑战，创新突破，励精图治，带领队伍穿过迷雾和风暴，走向未来。

下一个 20 年，努力渡过亚布力论坛 "最后一难"

2020 年 11 月 20 日，亚布力中国企业家论坛二十周年年会落下帷幕。过去的 20 年，亚布力论坛与企业家风雨同路，孕育了很多美好的故事，令人回味，也有渡过难关的喜悦和成就感，成为一生难忘的记忆。未来的 20 年，亚布力论坛将会以全新的身姿勇毅前行，走向世界，成为世界的亚布力。

"最后一难"

亚布力论坛建设了一个国家级标准的永久会址。未来会怎样？我们在 2020 年的亚布力论坛年会上设立了一个大信箱，希望每个人寄出"对未来 10 年的期许"，10 年后我们打开信封，看看谁的预判更准确。这里也有我的愿望：亚布力论坛一定是中国的，更是世界的！

我当时和伙伴们开玩笑，10 年之后，可能只有我自己一个人去打开信箱，希望有同事可以一起走到最后，为社会和国家贡献我们的微薄之力。

之前写过一篇文章，题目是《为建一座 1.6 万平方米的中国企业家博物馆，我经历了"八十难"》，这个用来比喻唐僧取经，九九归真，但实际上只完成了"八十难"，而最后"一难"，其实是最艰难的。过去 20 年，我们经历了"八十难"，未来 20 年我们努力完成最后这"一难"。这"一难"就是"世界的亚布力"。

这与万里长征走完了第一步，有着异曲同工之妙。中华人民共和国成立于 1949 年，毛主席说，这是万里长征走完的第一步。亚布力论坛走过了 20 年，永久会址的建立，也只是亚布力论坛在历史长河中完成的第一步。

今后，亚布力论坛需要更加努力，就像陈东升理事长所说，"我们要实现从"中国的达沃斯"到"世界的亚布力"，还需要至少 20 年的努力，这 20 年可能需要下一代人"。有一年，马云来到亚布力，凌晨一点半和理事们还在畅聊，马云说："一个论坛要想成功，至少需要 30 年，如今我们刚刚走了三分之二的路程。"

克服疫情、天气重重阻碍

亚布力论坛二十周年年会很不容易。每年年会的召开，通常在正月十五。众所周知，受新冠病毒感染疫情等因素影响，2020 年亚布力论坛年会从当年的 2 月延后到 3 月，后来又延到 6 月，最后一直延至 11 月。无论怎么延迟都不容错过 2020 年，不然就到了 2021 年，就不是亚布力论坛的第 20 年年会了。

要知道，深冬季节的亚布力如果下雨，就会带来不少麻烦，会导致路面结冰。气象预报显示我们开年会的那几日有暴雪，我内心特别矛盾。如果没有降雪，无法滑雪，少了乐趣，只有下雪，才有冬季的感觉。漫天的白雪覆盖森林，永久会址屋顶覆盖一层厚厚的雪花，景色才会更加漂亮，永久会址才能更显意义。但是如果雪下大了，很多企业家就无法前来，返程也会很麻烦，容易来，不容易走。

结果 2020 年的 11 月 17 日降了雨，18 日早晨我出门摔了一跤，路面全部结冰，我只能重新回到楼内从走廊前往永久会址。

担忧变成了事实！周其仁老师凌晨四点半起床赶六点多的早班机。从北京飞往牡丹江，两个小时之后他致电我说，飞机折返，恐怕难以到达亚布力。他曾经在牡丹江下乡插队，对亚布力的天气非常了解，一旦下雨，接下来会产生浓雾天气，飞机几乎难以起飞。当时我特别害怕，一是担心企业家无法前来参加会议，二是担心抵达后难以返程。紧接着的消息是，整个牡丹江机场在 18 日全部关闭，我们只好通知所有企业家，包括乘坐公务机的企业家先飞到哈尔滨，再从哈尔滨前往亚布力，可是需要很久的时间。同时，我们建议从北京出发的嘉宾，可以乘坐火车赶往亚布力，大概需要九个小时（现在缩减为六个多小时）。

最让我感慨的是，刘明康主席担心飞机无法保障时间，他毅然决定和老伴一起乘坐火车前来参会，我们为其抢到了二等座位票。刘主席和夫人，以74岁的高龄，最后乘坐了十个小时的火车，于18日晚上八点抵达亚布力永久会址，准时参加了开幕式。与他们一起到达的还有王梓木、敬一丹夫妇，以及郭广昌、俞敏洪、苗鸿冰、陈显宝、曾强等人。

与此同时，刘永好主席、陈东升理事长、王石主席三人从西安起飞，飞到哈尔滨，之后开了将近五个小时的汽车到达亚布力。一路顶风冒雪，危险异常。三位企业家于八点到达亚布力后，在亚布力永久会址门前照了张相，自嘲为"亚布力三老"。因为刘永好和王石均为1951年出生，陈东升是1956年出生，年龄都超过了65岁。

第一次来参会的吴亦兵，是淡马锡全球科技与消费投资联席总裁、全球企业发展联席总裁、中国区主席，乘坐了22个小时的火车，于19日上午动身，在20日上午到达亚布力。这可能是吴亦兵先生这辈子乘坐的最长时间的火车，不知道他下次还要不要再来亚布力。雷军董事长原本计划乘坐19日早晨七点的飞机离开亚布力，直到20日中午一点多才起飞。南存辉董事长、王玉锁主席，也是如此。

企业家如此，国家领导人也是如此。全国政协副主席、全国工商联主席高云龙，也是先乘坐飞机，再乘坐火车，最后乘坐汽车，早晨出门，临近晚上和时任黑龙江省省长王文涛一起到达亚布力。

这不是逸闻，而是事实。大家风雨（雪）兼程，连夜赶路，没有任何利益驱动，只是为了参加会议，只因亚布力论坛年会在中国是独一无二的。"时间对企业家而言非常宝贵，为了参加一次会议，占用了三天时间，对于企业家来说太奢侈了！"这就是陈东升理事长和刘明康主席所提倡的"义工精神"。

义工精神

20 年来，亚布力论坛参与者，包括政府官员、学者、企业家、科学家、艺术家，都在用自己的实际行动展现"义工精神"，即亚布力精神、企业家精神。

二十周年年会，用"风雨兼程"来形容比较恰当。陈东升理事长在 19 日晚"中国商业心灵"环节中发表的演讲令我震撼，"致敬亚布力 20 年"中着重提到了义工精神。

"我就是一个服务员，我就是一个大义工。11 月 18 日刘明康主席也讲他在亚布力论坛 11 年，就是一个大义工。其实我们在座的每一位企业家，都是亚布力论坛的一个大义工。"陈东升理事长说。

"义工精神就是亚布力的精神，或者说亚布力的精神就是义工精神。"其实和马云校长一直强调的较为相似，做一个公司不能只谈赚钱或者开始就谈赚钱，而应该首先看看从事的事业能够解决什么样的社会问题。"我觉得义工精神就是责任，担当不求回报。"如果做一件事情只谈物质上的回报，或许这件事情做不大或者难以实现一个远大的目标。

20 年来，风雨无阻。陈东升理事长来了 20 年，无论是冬季年会，还是夏季高峰会，从未缺席。赵民董事长没有缺席过冬季年会。大部分企业家都来了 10 年以上，每年都来，或者至少隔两年来一次。

陈东升理事长认为亚布力论坛的精神就是义工精神，就是奉献精神、担当精神，就是企业家精神在当代中国的写照。

年会期间，王梓木用一首诗《亚布力你是谁》道出了无数企业家的情怀。无论是一个炕、一个家、一个道场，还是一片雪花，都是亚布力的义工精神。

刘明康主席在开幕式演讲上介绍说他自己做了 10 年义工。10 年前的亚布力论坛年会，刘明康主席以中国银行业监督管理委员会（2018 年 3 月撤销）主席的身份，连续三年来参加年会，之后从未间断。他为亚布力论坛凝聚了力量，凝聚了精神，起到了中流砥柱的作用。没有什么目的，他就是认为"中国这批企业家应该支持，应该得到重视"。

不管是刘明康主席，还是陈东升理事长，抑或亚布力论坛的所有理事、会员企业，他们都为亚布力论坛的建设贡献了很多力量。

永久会址——中国企业家博物馆的意义

亚布力企业家论坛永久会址，是 50 位企业家理事共同捐赠、打造的一个中国企业家的精神家园，是中国企业家精神的一座丰碑，是献给亚布力论坛 20 年最好的一个生日礼物，是一笔宝贵的社会财富，属于整个企业家群体。

陈东升理事长说，最能代表中国现代企业家精神的就是亚布力论坛。"我们的口号非常清楚，源自亚布力，思想改变世界。有了思想才有梦想，才有目标，才能够不断前行。所以亚布力论坛就是一个思想的平台，这是我们亚布力论坛最深厚的、最重要的底色。"陈东升在"中国商业心灵"演讲环节时说。

永久会址就是一个帐篷，就是一团篝火，就是一个原始的生命力、创造力的萌发。

"它是改革开放 40 多年来中国民营企业家的一个神圣的精神的殿堂。"陈东升说。我们也希望未来这是一个企业家思想的智库，同时是一个年轻企业家们和创业者们来学习的培训基地。

永久会址建成之后，运营也是个大问题。如何运营才能让 3 亿多元筹建的资产得到有效运用，而不只是用于开会，这是需要琢磨的事情。

20 日凌晨 2 点多，我从农家院回酒店，拿起手机拍到了永久会址夜晚的样貌，非常漂亮，不禁感叹道："如果真的有复仇者联盟的皮姆粒子，将它变小带回家该有多好呢，然后用的时候，再给它放大。"然而这只是想象，我们还要细细琢磨一下永久会址的运营方式。

永久会址是一个集会议、培训、智库等功能于一身的综合体。永久会址是全国民营企业家培训基地，这是全国工商联正式授权的。更重要的是，亚布力论坛需要建立起课程体系，以企业家精神为主线，来做企业家的培训工作。

在永久会址里面，还建设了中国企业家博物馆，梳理了110多位企业家的奋斗史。涵盖了从洋务运动以来，一直到2020年的企业家精神升华史。遗憾的是，亚布力论坛难以把所有的知名企业家全部输入进来。"肯定有很多不足，还有很大改进空间，我们会继续完善。"

值得一提的是，亚布力论坛得到了张謇曾孙张慎欣先生的支持，在中国企业家博物馆里，重点描述了张謇的一生和他所做的贡献，"我希望所有立志创业的人包括大学生都应该参观一下中国企业家博物馆，因为这里独一无二，对他们今后的人生或许会有影响和启示作用"。

深深地感谢

从某种角度来说，我早已和亚布力论坛融为一体，我肯定离不开它，我也希望它离不开我。一个机构越成功，应该越多建立在使命、文化、制度的基础上。作为工作了这么多年的秘书长，我有时候在怀疑自己的思路会不会陈旧，会不会影响到亚布力论坛的进程。但愿不会，因为我实在太想于十年之后拆开那个信封。

在这里，我要感谢很多人，首先要感谢陈东升理事长，他教会了我如何更好地工作处世，一直指引我们前行的方向！感谢田源主席，他创建了亚布力论坛，没有创建就没有今天！感谢每一任轮值主席！刘明康主席是亚布力论坛的中流砥柱，杜宇新主席帮助亚布力论坛正式注册了基金会，也推荐我本人担任了黑龙江省政协委员。感谢所有理事！

感谢所有合作伙伴冒着风雪奔赴亚布力，还好我们有奔驰车队保障交通，感谢湾流宇航公司一次次修改航线和时间。为了亚布力论坛20年，我们喝了酒：茅台会的茅台，泸州老窖的国窖1573，衡水老白干的1915，还有郭广昌主席提供的金徽酒，张磊理事投资的罗曼湖集团旗下的格兰帝单一麦芽威士忌。我们在室内可以穿着印有亚布力雪花的"1436"的羊绒衫和围巾，聆听企业家们的思想交锋，近距离感受君智战略咨询分享的五破百亿经典商业案例，在室外可以穿上最好的波司登羽绒服御寒。

感谢佐丹力健康产业集团有限公司董事长韩丹，作为青春合伙人的公益挚友的支持。感谢青春合伙人大学生志愿者们不辞辛苦地付出。我还想感谢秘书处的同事们，在此不能一一列举。感谢综合管理部的同事们彻夜解决排房、排位、交通、政府对接等各项问题，几乎每天拨打几百个电话。感谢李红兵，几乎用一己之力呈现中国企业家博物馆里的内容。感谢研究中心的同事们通宵达旦，收集整理企业家们的精彩思想观点，不停调整日程环节，彻夜对接演讲嘉宾们的行程安排。感谢外联部的同事们无时无刻不在与合作伙伴们沟通磨合，一直全力以赴地开展工作。感谢青火团队的同事们，几乎与每一位大学生志愿者面对面谈心，梳理、调整工作心态，以更好的面貌服务年会。感谢创新发展部的同事们以及复星集团美国团队，让我们得以在亚布力成功举办中美闭门在线视频对话会议。

要感谢的人还有很多！感谢每一位为亚布力论坛二十周年年会付出的人！任何一个平凡的人都不应该被忘记！

20 年风雨兼程，20 年砥砺歌行。下一个 20 年，亚布力论坛将会以全新的姿态迎接未来，必将渡过最后"一难"，着力弘扬企业家精神，以思想的力量影响更多的企业家，继续推动社会进步与前行，真正成为"世界的亚布力"，走向世界，走向新的未来。

感谢信任，坚守承诺

我过去经常看篮球比赛，因为我喜欢乔丹。因为乔丹的存在，他身边的人都变得更优秀了，比如皮蓬和罗德曼。什么是 MVP？ MVP 是最有价值球员，指的不是最能得分的球员，而是能够让身边的人变得更优秀的球员。自己优秀并不是最重要的，能够让身边的人更优秀才最重要。

当一份工作彻底不需要你，当你离开的时候，工作变得更成功，你才是真正的成功。事情做到离开任何人都更完美，才是真的完美。工作团队如此，家庭也是如此。如果彼此失去信任，那么工作和生活都会变得异常艰难。彼此信任是团队优秀的基础，也是家庭幸福的基础。

信任是什么？信任不是相信别人，而是让别人相信。想要让别人相信，就只能靠自己的努力。每天多做一点儿或者少做一点儿，可能一时看不出不同，但积少成多，365 天之后，就会有很大的差别。世界上没有完美的人，但我们要不断向完美前进。而且，自己觉得进步了、改变了，是没有用的，重要的是让身边的人感受到你的进步和改变。

承诺是什么？答应的事情一定要去做，这就是承诺。承诺不能太多，承诺了却做不到，就会失去信任。有的承诺需要一生去坚守，有的承诺只需片刻就能完成；有些人的承诺可以至死不渝，有些人的承诺就像"耳旁风"；有些承诺不需要说出来，有些承诺则非常讲究仪式感；有些承诺是不能改变的，有些承诺随着时间、环境的变化而变化。

"这辈子就干这个了，这辈子怎么怎么样"，这样的话是一种承诺，更是一种心态。只有下决心此生只做一件事，才能把事情做好。当然，人还必须有自知之明，当你成为事情的阻碍，需要离开的时候，也要毫不犹豫地离开。

我非常感谢亚布力论坛对我的信任，我也承诺，会一直把事情做好。

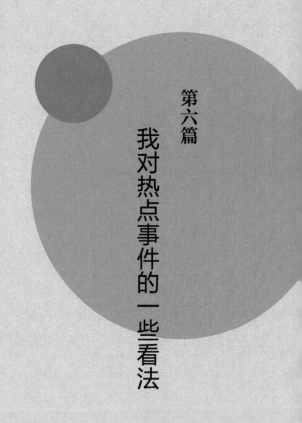

第六篇

我对热点事件的一些看法

　　生活需要多样性，企业也需要创新。当所有人都觉得某个企业要一统天下的时候，也是颠覆式创新出现的时候。没有人会想到如日中天的诺基亚，会在几年内失去一切。今天就是一个一切皆有可能的年代。如果当不了"鲇鱼"，就当等待"鲇鱼"出现的人。

到底什么是工业 4.0

　　我看过一个视频，乒乓球世界冠军蒂姆·波尔和机器手臂比赛，被机器人打得满地找球，一分没得；阿尔法狗机器人在围棋比赛中击败了世界冠军李世石。再过几年，机器人组个队和美国梦之队举行一场篮球比赛，再和巴西队举行足球比赛，估计都会赢。人类无论是智力还是体力都无法与机器相比。我们是不是真的要考虑一下被机器人统治、征服的可能性？

　　2016 年 10 月下旬，我随亚布力论坛理事会成员在德国考察，去了柏林和斯图加特，考察了奔驰公司、SAP 公司（中文名：思爱普）、杜尔集团等知名公司，拜会了德国财政部长和德国总理办公室主任、特殊任务部部长，所有的参观、拜访、问答全部围绕工业 4.0 展开。

　　但实事求是地说，我在德国没有看到想象中的工业 4.0，也没有那么炫，在生产线上甚至没有看到人形机器人，只有一只只灵巧的手臂。在奔驰公司也没看到可以使用的无人驾驶汽车，但的确很多车辆具有自动驾驶功能，也许奔驰公司认为虽然无人驾驶就在不久的将来，但好车还是自己开比较有意思，无人驾驶汽车更适合出租车。

　　在我看来，所谓德国工业 4.0 是实实在在的，完全和生产、制造融合在一起，不是在讲虚无缥缈的故事，不是研究人工智能和人类大脑谁更聪明，而是把自动化、数字化、智能化完全融入生产中。奔驰公司的生产线全部使用机器人（机器手臂），包括库卡、杜尔各种不同种类的机器人。而令我们骄傲的是，库卡机器人被中国企业美的集团收购。这个库卡机器人就是和蒂姆·波尔比赛打乒乓球的那个。

　　我们在国内也经常提及工业 4.0 或者中国制造 2025。我们提到更多的是机器人娱乐化，虚无缥缈在未来科技对人类的影响，而不是踏踏实实地把工业 4.0 的想法落实运作在生产制造上。如果你去全中国的制造业走一走会发现，我们的生产线还是两种状态：要么手工生产，要么全部采用德国或者日本进口生产线。我们在杜尔集团看到了专门为吉利企业制造的喷涂生产线。我在网上也看到，杜尔到目前为止在中国装配了 10000 套自动生产线。我们一直在讲中国制造，在提中国是世界工厂，但这个所谓"世界工厂"的生产线基本都是国外的，我们只是把原材料从生产线的这边装进去，从另外一边拿出来。我们不是世界工厂，只是一个庞大的组装车间。

关于汽车，现在国内有很多造车或者想造车的企业，越来越像此前大家想去做手机的场景。我们这次在斯图加特不仅与戴姆勒公司全球董事长进行了交流，还意外见到了戴姆勒公司的全球总设计师，他向我们展示了很多未来的车型和设计方案。奔驰作为老牌车企，在感受新科技压力的同时，更多地展现了它的自信和力量。总之，2016 年德国行的感受是：中国制造 2025 任重道远！

为什么总要关心谁是首富

中央发了文件鼓励弘扬企业家精神，很多媒体都在宣传报道。但也有些"俗人"还在天天讨论谁是首富。2017年10月10日，阿里巴巴股票盘中超过亚马逊，这当然是好事，说明中国企业发展越来越快。接下来大家就开始讨论谁最富——马云重新夺回首富之位，马化腾屈居第二。恒大股票盘中暴跌，首富位置让予他人。这些年首富的确也换了很多人。

中国通胡润同学研究中国企业家，搞了一个富豪排名榜，初衷是好事，想给老百姓一个评判企业和企业家的标准，目的不是让他们成为茶余饭后的笑谈，而是鼓励创业、创新、奋斗的精神；不是把企业家晒在面板上，而是为青年创业者树立标杆和学习的方向；不是看他们在富有之后的生活，他们的生活再好，也是自己创造的，值得学习，但不必羡慕。

洋务运动后，民族资产阶级兴起。直到抗战时期，企业家精神更多体现为爱国；新中国成立，我们通过与苏联的156个援建项目以及大规模的三线建设，完成了新中国工业基础建设。当然，企业基本都是国有企业，企业家精神是什么？是奉献，无私地奉献，这是时代的特征。改革开放后，企业家阶层开始逐渐兴起，在市场经济的大潮中，"84派""92派""后WTO派"演绎出一部又一部精彩的商业史，或成功，或失败，都给后人留下了宝贵财富。坚忍、担当、责任、奋斗是企业家精神的代名词。时代需要的是企业家，而不是生意人。企业家是有使命感的。他们在不断回馈社会，不断推动社会的进步。生意人只懂赚钱，缺乏事业和责任心。

马云、马化腾、李彦宏以及他们所代表的"BAT"，还有很多当代企业家都是真正的企业家，他们在向世界证明，中国企业家已经开始领先于世界，我们更应该崇尚他们所代表的企业家精神，而不是他们的财富。

注意力经济

　　世界不太平、经济不好或者遇到困难时，专家就变得特别多，以前说自己是经济学家、学者、教授，现在就可以在前面加上两个字："著名"。很多"专家"说："这不是我加的，是媒体和大众赋予我的。"我要恭喜"专家们"的媒体关系处理得如此好，这让文章标题充分发挥了"标题党"的功能，引发了非常高的转发率，但有多少人真正看了里面的内容就不得而知了，反正专家们是被关注了、被惦记了。当然也有很多人是真做学问、真专家，他们的文章很长，标题很朴实，内容更是深刻。好酒自然不怕巷子深，这样的文章其实转发关注率更好。持久的注意力来自内容，而不是炒作。

　　我看过《注意力经济》这本书。"注意力经济"是指企业或个人最大限度地吸引用户或消费者的注意力，通过培养潜在的消费群体，以期获得最大未来商业利益的一种特殊的经济模式。用更简单的语言来解释"注意力经济"：2000 年之前是广告、策划、宣传、销售额；2000 年之后，特别是乔布斯发明苹果手机后，在移动互联网时代，是点击率、转发率、关注度、粉丝数量。著名的诺贝尔经济学奖获得者赫伯特·西蒙在对如今的经济发展趋势进行预测时也指出："随着信息的发展，有价值的不只是信息，而是注意力。"在互联网时代，获得信息的手段太多，信息传递太快，碎片化程度也很高，注意力会变成一种稀缺资源，注意力会越来越集中在几个产品上，也会越来越集中在几个人上。

　　2018 年亚布力论坛年会的主题是"改革开放 40 年"，我们邀请包括柳传志、马云、刘永好、王石、陈东升在内的几百位企业家参与，著名门户网站也进行报道了，但挂在门户视频上的头条内容往往是"孙宏斌大谈三亚五星酒店太贵了，临走把拖鞋拿走"这类的标题。为什么吸引人的是孙宏斌和他讲的酒店拖鞋呢？因为孙宏斌讲话很接地气，他用老百姓的语言讲了改革开放的故事，所以受关注程度高。对亚布力论坛的关注变成了对孙宏斌讲故事的关注。当然，亚布力论坛还有很多故事，还有很多企业家思想值得关注。

在社交媒体被广泛应用的今天，有了很多"大V"吸引了大量的眼球和注意力。如果说谁的社交媒体影响最大，肯定是美国前总统特朗普，尤其是他的推特（Twitter）账户。众所周知，特朗普不喜欢美国传统媒体，在他当选总统之后几乎所有传统媒体股票价格纷纷下跌，唯有推特上涨，因为特朗普每天都会更新他的推特账户。全世界的人也都在围观他的推特，主要是关心美国总统所思所想，更重要的是想知道他要干什么。一个推特账户带来的注意力可以超过一堆传统媒体。

中国也是如此，我们现在有微博、微信朋友圈，这两口大风吹出了无数依靠注意力为生的"猪"，甚至有了社交电商拼多多。如果今天可以在微信的九宫格上得到推广，就是一次巨大的机会，因为这会带来巨大的关注度和流量。与此同时，各种以获取注意力为目标的产品也不断涌现，最有名的就是抖音和子弹短信。抖音越来越好，因为它的内容会让你不愿离开，而子弹短信"飞"了一会儿就下架了，因为内容或者版权出了问题。

获取一时的注意力还算容易，获取一世的注意力，就需要深耕我们的内容，做好我们的产品。可以宣传，但不能造假；可以用醒目标题，但不能夸大其词；可以开会"拟邀请"，但不能真的都不来。

互联网企业之间的竞争

很多时候，我们都觉得习惯是很难改变的。20 世纪 90 年代，我开始接触互联网，听着"刺啦刺啦"的拨号声，费劲地打开网站。几年之后，我非常习惯在地址栏上输入"Sina"来看新闻。我曾以为这个习惯永远不会变，直到最近几年发现居然都变了：几乎不再打字，或是用手戳，或是用鼠标点。我很久没看新浪新闻了，大部分用的都是网易客户端和腾讯客户端。

21 世纪初，也就是二十多年前，我们开始喜欢在网络上看有意思的东西。我们的选择也不多，无非是新浪、搜狐、网易（我的排名不分先后）。上新浪是看新闻，到搜狐是看娱乐、体育，来网易是看社区、游戏、邮件，各有各的特点。同时，中国很大，区域不同，人们的习惯也不同。我记得在广州和深圳的人基本都用网易。那个时候 QQ 还是学生们的把戏。要是哪位成年人在名片上印一个 QQ 号或者邮件，我会认为他非常有意思。当时，很多人都不知道阿里巴巴和百度。

21 世纪头几年，互联网巨头是 SSN（Sina、SOHU、NetEase），而不是现在的 BAT（Baidu、Alibaba、Tencent）。SSN 之间竞争也很激烈，战争的重点是各种广告牌：公交车身、公交车站、地铁、路牌。这个时候战争更像是阵地战，竞争很激烈，都喜欢刷存在感，但没有刺刀见红的肉搏。比较可爱的互联网人物是张朝阳，曝光率最高，很多人都觉得他是属于娱乐圈的。

2007 年，乔布斯重新定义了手机，iPhone 出现了。智能手机意味着移动互联时代的到来。抢流量、控制流量入口成为互联网企业的关键。控制电子商务和支付的阿里巴巴，控制搜索的百度，控制即时通信的腾讯开始崛起，成为新的巨头，与此同时也出现了"搅局者"360。"免费""羊毛出在猪身上""极致的客户体验"成为关键词。周鸿祎的360以一己之力挑起了一次次"战争"，而且都是正面冲突的直接"热战"。"3Q 大战""3B 大战"等最终惊动了政府、法院，在大多数诉讼中，360 公司都输了。输了官司的360，赢了市场。此外其他几个巨头之间也不时发生直接"冲突"，有硝烟，有"流血"。

有人形容这个时代的互联网是一张桌子——TABLE（腾讯、阿里巴巴、百度、雷军、周鸿祎），他们分别代表了互联网的几个方向，控制不同的互联网入口。我们之前熟悉的 SSN 依然存在，但习惯已经改变了。

不知不觉间，腾讯和阿里巴巴已经成长为可以比肩世界级互联网的企业，而百度也在继续巩固和扩大在搜索领域的份额，并且在人工智能领域潜心耕耘。这个时代已经是"BAT"的时代，是大数据的时代，老百姓的吃穿住行都和他们息息相关，他们各自的版图也在不断扩张，涉及视频、快递、娱乐、团购、出行、共享、旅游等各个领域，而网易、携程、京东、滴滴、小米、360、美团紧跟其后。

"BAT"之间的竞争基本上是"冷战"，实力都很强，都在做准备，深挖沟，广积粮。时有发生的局部冲突基本都是配角当先锋，例如当年的滴滴与快滴、美团与大众点评、菜鸟与顺丰等。

市场经济，竞争终归是好事，竞争越激烈，老百姓实惠越多，企业实力越强。最后提醒：我们不能忘了另一个巨头——华为。

工匠精神和联想手机

严格来说，这张照片（见下图）所在的地方不可以拍照，但带我们进去的外国大姐一定要给我拍一张，我就拍了。这是蒂芙尼（Tiffany）在全世界唯一的手工作坊，蒂芙尼最昂贵的首饰、手表都在这里定做，全都是手工在显微镜下打造。那一刻我体会到了"工匠精神"。

毫无疑问，中国已经是世界上最令人瞩目的制造大国之一。曾经流传这样的笑话，一位母亲问孩子："上帝住在哪里？"孩子答道："既然上帝创造了万物，他一定住在中国。因为所有东西都是'中国制造'。"一方面，中国制造在全球市场具有极高的占有率，但另一方面，我们要去欧美买手表、包包、西服，甚至要成群结队到日本买电饭锅、马桶。这说明，我们的企业缺少工匠精神，至少工匠精神还不够。

大约在 2014 年，我和华为技术有限公司轮值 CEO 郭平吃晚饭，当时小米刚刚异军突起，联想、TCL、360、乐视、酷派纷纷加大投入，完全像一个战国时期混战的年代。我请教了他一个问题：中国智能手机市场格局是什么样的？他回答：做手机一般两种模式：生态和手机，华为手机比华为生态好，国内友商更愿意强调生态。全世界只有一个公司生态和手机都做得好，就是苹果，所以苹果公司世界第一。

这么多年过去了，再看看手机市场，依然是战火纷飞、

我在蒂芙尼全世界唯一的手工作坊

硝烟缭绕，手机的友商生态依然做得很好，碎屏、花屏、后壳扣不紧、按键脱落现象还是有，但比以前少多了。小米、华为、联想等新手机质量都很过硬，但我们还是继续讲"工匠精神"，因为手机已经成为我们生活的一部分，我们不仅用它打电话、发微信、刷朋友圈，还用来听音乐、看电影、拍照片和玩游戏。

生态诚重要，质量尤需要！2016年6月，我去了联想创新科技大会，看到了两款奇特的手机，我不知道它的生态如何，估计也很不错，因为安卓系统有一堆软件可以装。我喜欢这款模块化的手机，各个方面都是安卓系统的经典。

我们相信，未来的联想创新科技大会一定会更好，我们举起的也将是中国品牌。

"小米"们已经足够好，但很多人离不开苹果

走在大街上，最醒目的广告就是手机广告，各种代言，各种品牌，基本上都是国有品牌。华为、小米、OPPO、联想，以前还有乐视、360和锤子。现在从事广告行业的人应该很幸福，只要"活儿"好就忙不过来。有颜值的明星们应该也很幸福，被邀请代言的机会很多。我不太明白苹果公司的销售策略，但这个世界上市值最大的公司，应该比绝大多数人要聪明。

我使用过各种手机，曾经还用过一款安卓系统的手机，叫多普达，国外叫HTC，曾经被苹果公司视为最强大的对手之一，如今已经基本卖给谷歌。我自从习惯了iPhone就不太可能更换，相信很多人和我一样。苹果手机不仅仅是硬件过关，iOS系统也很稳定与安全。我曾听过华为公司一位高管评价说：世界上只有苹果公司硬件做得好，生态也做得好，因此苹果的市值世界第一。

乔布斯重新发明了手机，是伟大的创新，但苹果手机很多功能的推出都迟于安卓系统，例如指纹、NFC、人脸识别、大屏幕、全屏、无线充电。相信不是苹果公司的技术不到位，而是不会把不成熟、没有实用价值的产品交给用户，他们要做的是极致、极简、用户体验至上。至今为止，我认为苹果手机的多点触屏的感觉是最好的。如果你把苹果手机和任何一款安卓手机交给一个2岁的儿童，在把玩良久之后，儿童一定会选择苹果手机，创新不是独树一帜，而是用户体验第一。

我听过一个笑话，不知道是真是假，说是有位记者在华为公司电梯偶遇任正非，就问他："华为下一步目标是什么？"据说老爷子没有表情地

回答："没有目标。"记者又问："华为的战略是什么？"老爷子回答："没有战略。"我也听说过，任正非曾狠批了一位"畅谈华为战略"的大学毕业生，我估计主要批评他不务正业。年轻人最重要的是做事。任正非自然有自己的想法，不是我们能揣测的，我们可以看到的是华为公司今天的伟大。

　　我们需要创新，更需要做事。年轻人如此，创业者也是如此。世界终究会一点点被改变。虽然 QQ 已经非常完美了，也还有自己"兄弟"——"微信"来抢生意，虽然百度已经足够好了，也还有今日头条的存在，虽然淘宝足够好，也还有京东的存在。虽然我们今天还离不开苹果，但改变已经悄然发生。

下一批"鲇鱼"在哪里

苹果公司本来叫苹果电脑公司，因为它最开始是生产电脑的，当时最像手机的产品就是 iPod，而且 iPad 的研发都要比 iPhone 早。苹果公司对于当时的手机市场来说，就是一条巨大的鲇鱼，突然闯进了沙丁鱼群，可惜的是，这群沙丁鱼反应太慢了。个别大块头的沙丁鱼，例如诺基亚，开始看不上苹果公司，结果很快被打败。这标志着智能手机时代的到来，移动互联网时代开始了。

"鲇鱼效应"同样充斥着中国互联网江湖，搅动着市场。传统企业意识到危险，使劲动起来就能够生存，反应慢的就会被吃掉，失去市场，甚至失去生存的空间。当微信刚刚推出的时候，电信公司也许没有想到，他们将会失去一个巨大的市场。首先是短信市场，微信改变了人们过年过节的祝福方式，以前是短信不断，现在是微信不断，红包满天飞，短信几乎被中国人遗忘了。后来微信挑战了电信公司的通话市场，我本人已经非常喜欢用微信打语音和视频电话、开电话会议了。微信已经成为我们另外一种表达方式。电信公司已经落伍了，不知道是否还来得及改变。

同样，在支付领域，信用卡是一个伟大的发明，人们可以不用携带大量现金，简单方便。后来，在中国的支付市场出现一个新的方式——二维码，小小的二维码改变了我们的习惯，现在几乎所有的共享领域都是基于二维码的支付——共享出行、团购、共享单车。在国内大部分城市出门逛街、坐车，你可以不带现金，不带信用卡，但一定要带上电量充足的手机。这对银行实在是一个巨大挑战，银行绝大部分的网点可能不再有优势，老百姓可以足不出户完成水、电、煤气、有线电视费用的缴纳。银行需要改变了。

"BAT"也已经完全影响了我们的生活。我们的一举一动都在提供信息、变成数据。BAT向我们推送着大量信息，生活被BAT所计划和笼罩。市场是否会出现新的"鲇鱼"，重新扰乱市场，让竞争重新激烈起来？我们现在生活选择较少，购物就是京东、天猫，支付就是微信、支付宝，出行就是滴滴（以前还有一个快滴，现在两者也合并了），出行旅游就是携程，叫外卖就是美团外卖、饿了么。它们将来是否会合并，也不得而知。

我很期待下一只"鲇鱼"，不仅生活需要多样性，企业也需要创新。当所有人都觉得某个企业要一统天下的时候，也是颠覆式创新出现的时候。就像开头所讲，没有人会想到如日中天的诺基亚，会在几年内失去一切。今天就是一个一切皆有可能的年代。

当不了鲇鱼，就当等待鲇鱼出现的人。

还有多少个 3000 亿美元

2017 年 5 月的一天，我看到新闻，腾讯市值突破 3000 亿美元，跻身全球十大上市公司。阿里巴巴也有望从 2016 年"双十一"之后重新冲刺 3000 亿美元大关。深夜在微信群中，很多人祝贺马云，还留了一排"企鹅"的表情，而我留了一批"马"。虽然近期阿里巴巴停牌的时候最终没有实现市值 3000 亿美元，但似乎没有人会在意这个事情，因为我们期待的不是 3000 亿美元，而是 6000 亿美元，比肩苹果、谷歌、微软、亚马逊、脸书……腾讯可以，阿里巴巴可以，当然华为更可以。还有很多中国企业都有机会。

据 2017 年 4 月统计，全球市值排名前 10 家公司中，科技公司（6 家）占据大半壁江山。

2017 年 4 月还有一条值得注意的消息：滴滴出行完成新一轮的融资，金额超过 55 亿美元，本轮融资完成后，滴滴出行的估值预计会增加到 500 亿美元左右，而之前收购优步（Uber）中国业务时的估值为 340 亿美元。这一估值将会超过小米集团，并使滴滴出行成为仅次于优步的全球估值第二高的创业公司，而且在年初的时候，滴滴出行升级了组织架构，新成立了智慧交通 FT 团队（Feature Team）和国际业务事业部，其后又在硅谷成立美国研究院。也许滴滴出行会成为下一个 3000 亿美元。

中国太大，有时候一个县的人口就比有些国家人口还要多。有人口就有消费，有消费就有市场，有市场就有机会，机会有了，就需要伟大企业家来造大事业。我们还可以多造就几个 BAT，多产生几个 3000 亿美元，还有百度、小米、京东、滴滴……失败了不要怕，至少我们努力过，争取过，梦想是要有的，万一实现了呢？当然也会有企业倒在前进的路上，企业家的作用就是创造梦想，实现梦想。作为企业家思想交流的平台，亚布力论坛就是发现、记录、传播，让企业有思想，让思想能够流传。

还记得亚布力论坛第一届年会召开的时候，我们讨论的话题还是"WTO 后，狼来了，我们该怎么办"。20 多年过去了，我们见过各式各样的狼，发现狼并不可怕，对中国企业的威胁很有限，反而可怕的是我们自己。20 多年来，中国企业不断走向海外，无论是在印度、非洲、拉丁美洲这些新兴市场，还是在欧洲、美国、澳大利亚这些发达国家和地区，都有中国企业的足迹。

我们不再仅仅是开餐馆、搞旅游、做贸易，我们开始收购跨国公司，开始在硅谷设立研究院，开始把中国科技产品销售到海外。全世界已经有很多人在使用微信和支付宝，很多人在使用华为、小米手机，很多国家通过京东、天猫把产品销售到中国。估计再过几年，我们的七种武器（微信、支付宝、百度搜索、京东超市、小米国货、新浪微博、360 杀毒）也会成为世界的七种武器。

从百年前的洋务运动，从 40 多年前的改革开放，从 1992 年邓小平南方谈话，从海归的回流，从 2001 年亚布力论坛的兴起，我们一直在演绎着企业家精神，腾讯和阿里巴巴的 3000 亿美元是故事的开始，中国企业家故事也刚刚开始。

从《普罗米修斯》到《异形：契约》

  我因为没有看懂《普罗米修斯》，所以把《异形》前几部都看了一遍，才知道这部系列电影有如此大的名气。我接着看了《异形：契约》，虽然恐怖，但很震撼，希望那是我们的未来，科技高度发达，人类可以在太空自由翱翔，殖民其他星球，甚至可以长生不老；也不希望那是我们的未来，人类既被创造，又被屠戮，人类的产品——仿生人，比人更了解人，超越生死。

  仿生人大卫有两个不懂的问题。一个问题是："为什么人类创造了他？他是侍奉人类的，人类却要老去、死亡，而仿生人却不会！"另一个问题是："人类创造了仿生人，谁又创造了人类？"未来肯定比现在好，如果我们创造出来的机器有了如此智慧，人类是幸运还是悲哀？仿生人释放黑水消灭了一个星球的生命，把救了他性命的女科学家当成了试验品，去创造新的生命体。在电影里，仿生人大卫是最大的反面人物，但大卫错了吗？如果可以长生不老，你是不是愿意成为一个聪明的仿生人？你是不是也渴望摆脱终生侍候人类的命运？是我们人类教会仿生人去创造、去发现。

  再说说异形，到底是谁创造了异形？工程师、仿生人还是我们人类自己？如果做一个假设，异形征服了地球，异形会不会进化？异形的完美世界是什么样子？没有了人类这个宿主，他们会不会选择仿生人成为宿主？新的生态链是怎么样的？是不是有适应能力更强的生物出现？也就是《未来简史》中提到"神"。生命不正是如此循环往复吗？

  还有就是工程师。电影假定工程师是人类的创造者，但工程师又创造了第一代异形来消灭人类。人类就是工程师的仿生人，但人类成长太快了，占领地球，殖民外星，巡航宇宙，并试图发现工程师。这可能让工程师害怕了，发现自己的产品超越了自己，担心自己被产品统治。这个很像我们现在经常讨论的问题："人工智能（AI）会不会超越人类，如果超越了怎么办？"工程师的办法是再创造一个新的物种，用极端的办法消灭人类，于是异形出现了。

人工智能到底会不会超越人类？如果把《异形》电影看完，答案是肯定的。因为我们超越了工程师，所以仿生人就会超越人类。仿生人创造了高级版异形，异形也会超越仿生人。创造与被创造是相互的，我们征服地球并试图征服外星的过程，也是静悄悄被征服的过程。为了人类，我们也会创造异形吗？

我们走出去了，别人就会走进来。全球化也是如此，中国企业走出去，外国企业就会走进来。从来不会只有单方面的流动，任何事情都是相互的，有因有果，有创造的时刻就有消亡的时刻。

酒文化正在改变

从某种意义上说，酒其实就是一种饮料，和雪碧、可乐、矿泉水没有太大区别。但在中国，酒更多是一种交际的工具。中国的酒文化已渐渐演变成中国特有的政治文化、人情文化、商业文化以及公关饭局文化。

亚布力论坛有一个保留节目——在农家院喝酒、唱歌，这几乎成为亚布力论坛不可或缺的环节。借着酒精的作用，企业家紧张的神经在农家院的火炕上得以完全放松。这时候大部分人都会喜欢酒，因为酒让人与人之间的距离更近了，也让不熟悉的人变成了朋友。

在我们的文化里，酒文化与茶文化有共通之处。中国古人常把饮酒当作一种仪式。现代人则通常把酒作为一种实现功利的工具，却忽略了酒最本真的东西。

我想起 2017 年亚布力论坛年会的那次农家院活动，真是欢歌笑语不断。我无意中发现了一个小的变化：虽然有的人依然很豪迈，但总体来讲，喝酒的人少了，或者说，消耗的酒少了。也许是岁数大了，也许是年轻人多了，也许是现代酒文化已经开始悄然变化了。

每次在亚布力论坛年会（阴历正月十五）前后，我总是喝酒比较多。有时候喝多了，我都不记得自己是怎么上楼的。回到家里，年幼的儿子都学会了劝我："爸爸少喝点酒。"我清醒的时候会想，为什么要喝酒？和家里人要喝，和领导要喝，和客户要喝，和同学、朋友、同事要喝；熟人要喝，因为熟啊；陌生人也要喝，因为希望变成熟人。于是慢慢地，自己一个人也就开始喝酒了，也就是"酗酒"。我每次喝"大"之后，都会发誓永不再喝，但从来没有做到过。细想来，如果自己坚持少喝，是可以慢慢做到的。关键还是自己，不能把喝酒喝"大"了的过错，算在其他人身上。

　　2015—2017 年，时任黑龙江省省长陆昊连续三年参加亚布力论坛年会，每次都和全国各地的企业家举办座谈会。座谈会上关于"黑龙江文化"的话题永远是热点，而且在 2017 年亚布力论坛年会"区域经济发展论坛"上，关于"黑龙江文化"，关于"黑龙江商业氛围"等话题也产生激烈讨论。但我要说的是，我看到了好的变化，务实的变化。

　　2017 年亚布力论坛年会之后，我再次来到哈尔滨，晚上和几位亚布力论坛会员吃晚餐。我本来准备大喝一场，还专门让一位同事也赶到哈尔滨，担心自己应酬不过来。但最终大家只是喝了一点儿红酒，感觉也非常好。聊天的同时，我还发现了黑龙江企业家的变化，一是变得爱学习，不仅关心国家大事，也关心企业小事；二是变得更谦虚了，更愿意倾听并接受其他人的想法；三是对产品质量更关心，对客户的想法更在意。

　　变化总在不知不觉中发生，也许再过几年，亚布力农家院就没有白酒了。当然，完全没有好像也有些舍不得。

我们到底应不应该生活在大城市

　　我以前去过一次扬州。每个到扬州的人都会有不同情景在脑海中出现：也许是悠久的历史，扬州有 2500 多年建城史，是全国首批 24 座历史文化名城之一；也许是美食，淮扬菜驰名海外，扬州炒饭都有了国际标准；也许是《黄鹤楼送孟浩然之广陵》的诗句："故人西辞黄鹤楼，烟花三月下扬州。孤帆远影碧空尽，唯见长江天际流。"现在更多让人记得的却是：扬州是江泽民同志的家乡，距离不远的泰州又是胡锦涛同志的家乡。正所谓"山不再高，有仙则灵"，人杰地灵莫过于此。

　　我去过扬州三次，在此之前，品尝过扬州美食，知道扬州的历史，了解扬州的文化，但唯独没有发现扬州的绿色之美。

　　我去过很多次纽约，最羡慕的不是纽约的繁华，不是纽约的高楼大厦，而是纽约中央公园。我在亚布力论坛工作多年，大概去过国内 150 个城市，很多城市之美都让我惊叹，但在扬州我看到了比纽约中央公园更美丽的城市中心公园。这里河网密布，绿草如茵，拥有"七河八岛"的绿色生态。虽不敢说完美，但也足以令人惊叹。

　　看看眼前的绿色、蔚蓝的天空，我想到了北京，此刻正被雾霾笼罩的北京。"我们到底应不应该生活在大城市？"很多朋友都在聊这个话题。"如果不是空气质量问题，北京是最好的。"没错，这里有好的教育资源、好的医疗服务、好的工作机会，唯独就是没有好的空气。我们和我们的孩子出门都必须戴上厚厚的口罩，甚至将来还可能真的要戴上防毒面具。如此的北京，如此的城市是否还真的值得我们留下来呢？

　　我想起了马云在亚布力的讲话："这次北京的雾霾，我特别高兴……"马云是真的高兴吗？当然不是。他是在提醒每个人注意：我们要保护好我们的生态，保护好我们的河流，保护好我们的城市，这样做不是为了别人，而是为了自己，为了我们的子孙后代。

扬州虽然好，但毕竟不是我的家。在北京我已经基本放弃了乘车，每天 2 个小时走路上下班，虽然要戴上口罩，而且很不舒服。

北京是一个大城市，大城市就一定好吗？我无法给出答案，因为我生活在这里，工作在这里，我无法逃离这里。我们爱北京，但真的不爱北京的雾霾。

高考、青春与梦想

　　2023 年全国高考报名人数 1291 万人，再创历史新高。很多人会在高考之后留下遗憾，考不上满意的大学或者落榜，但生活其实刚刚开始，梦想也刚刚启程，青春时代才刚刚到来。只有继续向前，才是唯一正确的选择。考不上大学可以来年再考，最重要的是对得起自己的 10 年寒窗苦读，对得起抚养自己长大的父母。我们努力争取过、尝试过、奋斗过！

　　我们要相信没有不好的大学，只有浪费光阴的学生。学校不是第一位的，专业不是第一位的，关键是那个上大学的人。大学是青春的起点，是学习的开始，是全新的人生。杭州师范大学英语专业出了马云，深圳大学计算机专业出了马化腾，北京大学信息管理专业出了李彦宏，武汉大学计算机专业出了雷军，中国人民大学社会学专业出了刘强东，复旦大学哲学系出了郭广昌。还有很多企业家是"社会大学"毕业的，不一定是考不上大学，而是因为迫于生活的压力要早早步入社会，开始创业，例如从温州走出来的南存辉（正泰集团股份有限公司董事长）、王振滔（奥康集团董事长）、周成建（上海美特斯邦威服饰股份有限公司创始人）、王均豪（均瑶集团总裁、均瑶健康董事长）。

　　2023 年是我大学毕业第 25 年。我想起了自己 20 多年前的高考，想起了那时的大学生活，想起了步入大学校园的空想，想起了大学同学，想起了走出大学校园的踌躇满志，也想起了很多回忆。但更多的是遗憾，因为没有更努力地读书。

　　大学期间，我总是认为中国金融学院不是我理想的大学，保险专业不是我理想的专业，总想着另辟蹊径，搞点副业。如果我经常去图书馆，早晨坚持学英语，少打些游戏，我的成绩也许会好一些，我的工作之旅也就会顺利很多。大学期间，最主要的任务一定是学习、读书。当然，如果今天让我再参加一次高考，我还是会毫不犹豫地把"中国金融学院"作为第一志愿，虽然母校已经在2000年与对外经济贸易大学合并了，但在每个人的心中，母校都是最好的。

20多年过去了，更多的"80后""90后""00后"的年轻人来到职场，他们的勇敢、冲动、执着，有时候也会让我看到20多年前的自己。

我们的"青春合伙人"就是亚布力论坛和企业关怀下一代发展的重要实践非营利项目。青春合伙人不仅是给大学生的礼物，也是给所有年轻人尤其是那些坚定信念、努力奋斗的年轻人的礼物。相信奋斗的青春才是最美丽的青春。

名校是干什么的

我看过一篇文章《前腾讯副总裁为女儿访遍英美名校，发现最核心、最重要的教育只教一件事》，题目很吸引人，就认真读了一遍，这篇文章最终告诉我们最重要的教育是"引出潜藏在孩子内心的智能。一旦孩子拥有了持续一生的学习热情，他人的教育工作也就此完成了"。

这篇文章还列举了一些欧美名校的教学例子，让我很受启发。我的脑海里出现了另外一个问题——什么是名校？肯定不是有名字的学校。在中国，中学的名校应该就是升学率高的学校，例如人大附中、衡水中学、黄冈中学。大学的名校就应该是北京大学、清华大学，还有中国科学技术大学、上海交通大学、复旦大学、浙江大学、武汉大学，它们都有争夺第三的资格。我的中学不是名校，本科不是名校，后来在武汉大学读了EMBA，算是和名校挂上钩了。

中学时代，学校告诉我的是读书、背书、做题、考试。考不上大学，就没有人生。大学时代，学校告诉我的还是读书、背书、做题、考试，成绩不好，就找不到工作，还是没有人生。无论是在中学，还是在大学，我最遗憾的事情是自己对音乐、美术、文化艺术没有产生一点儿兴趣，当然好像学校也没有太多这样的课程，这也许是因为我们学校太小，无法与综合性大学相比。幸运的是，我养成了看书的习惯，虽然看的都是与历史和军事相关的书，但还是让我受益匪浅。看书应该算是学习的重要渠道。

我作为武汉大学校友，就会参加很多校友联谊活动，见过很多位武汉大学校长，不同背景，不同风格，不同历练，但都有要办好学校的心。其中，毕业于中国科学技术大学的窦贤康校长让我印象深刻，我相信这是一位可以实现武汉大学"名校梦想"的校长，因为他非常坦诚。他讲道：

"虽然武汉大学有着悠久的历史和文化传统，但从目前横向比较的数字来看，优秀人才的数量、潜在人才的储备还不够理想，这个问题如果不解决，几年之后将与一流大学拉开差距。"

没有人才，自然无法造就名校。学校和企业一样都需要一流的人才。窦贤康校长谈到了科技人才、生物工程人才、物理人才，这些都是科研人才，是否可以考虑引进一些教育管理人才，让学生知道如何学习、如何自主获取知识的人才，实现名校目的的人才，让我们的本科生有更广泛的知识，更多地接触社会、接触企业。让学生了解世界，拥有应对复杂生活的本领和实现自我价值的信心，而这会为学生在漫漫人生长跑中带来持久的后劲。

历史，就是罗曼蒂克消亡史

人类社会发展本身就是罗曼蒂克的，每个人对此都有不同的理解和解读。

解读"狠"一点儿，就可以著书立说，影响历史，影响经济，影响社会。早期有亚当·斯密的《国富论》，后来有马克思的《资本论》，近一些的有弗朗西斯·福山的《政治秩序的起源》，从浩如烟海的历史中去寻找，我们从哪里来，如何进行到这里，要到哪里去。不能不说这是浪漫的罗曼蒂克历史，人类在不断进步，个体生存能力在不断退步，我们在体验着浪漫的消亡史。

有一年圣诞节，我刚下班，很多人和我讲："圣诞快乐！"不知道圣诞节什么时候开始走进了中国的千家万户，就连新闻联播开始的时候，都会说一句"今天是圣诞节"。所谓圣诞就是基督教中耶稣出生的日子。我读了《人类简史》和《政治秩序的起源》，开始逐渐体会到宗教为什么会在欧美国家有着十分重要的地位，包括老百姓的节日也都和宗教有关。

同时，再看看中国的传统节日，基本上都是与"吃"有关，这个"吃"基本是为了全家团圆，与宗教无关，因为中国的宗教从来就没有在浪漫的历史中扮演重要的角色。我们社会、国家的发展进步和宗教没有密不可分的关系，宗教一直在国家权力之下，从古至今必须服从国家意志，例如祭祀，钦天监一直是朝廷中一个非主流部门。与中国不同的是，宗教在欧美国家起着异常重要的作用，可以和国家互相抗衡、互相博弈，国王即位要由教会同意。最终有的国家彻底形成了政教分离，有的国家则政教合一。

《政治秩序的起源》在最后的篇章有一段话："制度只是特殊历史情境

和意外事件的产物，不同处境的社会很难予以复制。它们起源的偶然，建立它们所需的持久斗争，应让我们在接受建立当代制度的任务时，备感谦逊。如不考虑现有规则和愿意支持的政治力量，很难将现代制度移植入其他社会。建立制度不像建造水电大坝或公路网络，它需要克服很多困难。首先得说服大家制度变革是必需的；再建立支持者的同盟，以战胜旧制度中既得利益者的抵抗；最后让大家接受新行为准则。通常，正式制度需要新文化的补充。"同时福山先生也给我们留下了他也无法解释的难题——中国会怎样？中国已经创造了奇迹，接下来中国奇迹所带来的巨大社会力量，伴随着全球化的日益深入，"中国会怎样"，目前全世界没有人能够解释，没有人能够预测。

按照福山先生的说法，我们都必须经历建立强大国家、实施法制、建立负责任政府的过程。中国目前在经历法制的过程，虽然可能还不够完善。事实上，任何体制的确立都有必然性和偶然性，与文化、历史、宗教、地理、人文等诸多因素有关，不是在某个时代，依靠几个概念就可以实现的，尤其是在人口众多、历史悠久的大国。

我看过《罗马帝国衰亡史》，有一位著名企业家曾经对比同一时代的罗马帝国和秦国，他说为什么罗马帝国修路，秦国修长城？这与后来一个开放，一个封闭是否有关系？如今想想，似乎没有关系。欧洲河流纵横，大陆被分割，被无数个部落分别统治，修路就是为了更好地进行战争动员，更好地运兵和税收；战国时代的中国不一样，只剩下7个主要的国家，而且中原地带没有被河流大川分割，土地肥沃，秦国统一之后，为抵御游牧民族的入侵，开始修建长城，不是封闭，而是为了更好的生活。我非常认同《政治秩序的起源》中的描述和分析：①国家形成的原因就是为了战争；②幅员辽阔的国家由于边境过长，动员战争的需要，都形成了很强的专制政权。中国如此，俄罗斯也是如此。

如果不去了解民国历史，不去了解抗战历史，不去了解旧上海滩的租界历史，不去了解旧上海滩帮会的"仁""义"，估计看不懂《罗曼蒂克消亡史》。历史的罗曼蒂克，需要我们更多地思考和学习。

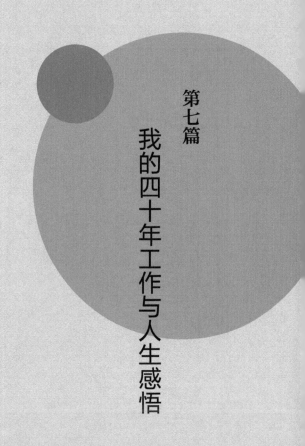

第七篇
我的四十年工作与人生感悟

　　我问过自己，每天最幸福的事是什么？我觉得就是陪伴我的家人，看着我的孩子慢慢长大。但这只是我生活的一部分，我的生活还有另一部分，那就是工作——不求名不求利，不求闻达于诸侯。我愿化身无名的桥梁，见证商业时代的更替，看到商业时代的传承。经历 500 年的风吹雨打，也是一种幸福。

给 20 年前的自己

20 年前我大学毕业的时候，从未想过游历祖国山川，从未想过有望足迹遍布七大洲，从未想过能够与企业家同行，从未想过会立志做时代交替的桥梁，也从未想过在不平凡的时代成就一个平凡的自己。

我已过不惑之年。匆匆往事，匆匆岁月，时间在不知不觉中轮回、交替并流走。有人功名显赫，有人事业发达，有人平凡幸福，有人安居乐业，有人持续奋斗；而我在享受着一年一年的轮回，犹如树木之年轮，代表着岁月，代表着成长，代表着成熟，也代表着沧桑，融合着日月精华，留下时光和岁月的印迹，合拢成一圈圈的圆。

最喜欢曹操的《短歌行》——对酒当歌，人生几何！该诗是在赤壁之战时曹操攻占江陵后，行船南下时所写，此时曹操刚刚统一北方，意气风发，正值人生的最高点，直待会猎于江东而一统天下，结果却是周瑜"羽扇纶巾，谈笑间，樯橹灰飞烟灭"。最成功的时候就是最危险的时候，成功之后往往就是失败。人的一生注定会起起伏伏，没有平坦大道。没有坎坷的人生，也是不完美的。在赞扬声中，要体会到危险，听得到批评。挫折失败不可避免，可以避免的是被同一块石头绊倒两次。

如果可以回到 20 年前，我会相信世界是我们的，我会告诉现在的亚布力青春合伙人：

①我会努力做好自己；②我会好好学习，相信高分高能；③我会相信社会是公平的；④我会知道创业、打工、当公务员都是非常好的选择；⑤我会懂得正直、善良、分享、勇敢的重要性；⑥我会明白，错了就认错，改了就好，不要去解释和辩解；⑦同样的错误我不会犯两次；⑧懂得宽容，体谅朋友、同事和同学；⑨一定孝顺父母；⑩尽可能去尝试未做的事情。

　　引用新浪财经记者的话:"亚布力论坛企业家告诉时代——这是一个开拓的年代,不断进取的年代,敢于革新的年代。"又如东软集团董事长刘积仁所讲:"时间在浓缩,生命只有在风险之中才能延长。"又如陈东升在一次亚布力论坛夏季高峰会闭幕致辞中所说:"创业洪流浩浩荡荡就是中国的希望。"每个时代都属于那个时代的人,每个人都属于他的那个时代,每个人都在他所处的时代扮演着自己角色,每个人做好自己,就会有最精彩的生命。

特朗普和我有关系吗

特朗普给我带来的思考

2016 年有一段时间，我和周边的人都在关心另外一个国家的事情——美国总统大选。站在个人角度，我希望希拉里当选，因为这似乎符合规律，符合传统，符合很多人的预期；但特朗普也让我觉得有所改变，有新鲜感，不算俗套。这种感觉和看电影一样，如果男主角总是成龙、周润发、刘德华，他们虽然很好，但迟早也会审美疲劳。希拉里也许输在审美疲劳，特朗普获得了"杰出新人奖"。

美国大选、特朗普当选和亚布力论坛有关系吗？答案是肯定没关系。如果说有关系，也就是把美国大选当成茶余饭后的甜品。不过，美国大选还是给了我一些启迪：如何更好地完善亚布力论坛年会，避免审美疲劳。

首先，要有新的交流方式。亚布力论坛参与者包括理事、各级合作伙伴、政府官员、媒体等，他们的具体需求千差万别，但对"交流、沟通，结交新朋友"的需求是共同的。大家来亚布力论坛，特别是冬季年会，很大原因是在这里有平等交流的气氛，所有人在一个酒店住上 3 天，在一个餐厅吃上 8 顿饭，在一个农家院大炕上唱唱红歌。但这些大家都熟悉，如何再多一些有意思的形式，让更多人有参与感呢？这是我们需要突破的。记得马云讲过，是否可以搞一个企业家歌咏比赛？ 2017 年，亚布力论坛第十七届年会我们就用心策划了一场"亚布力好声音"，让每一首歌曲，也成为一次思想的传递。

其次，要吸引更多新人、新面孔。如果每次发言的人和话题几年不变，就会审美疲劳。我们需要更多新人，带来新观点、新想法、新思想。我们这个企业家思想交流平台能长盛不衰，很感谢亚布力理事会。很多成员都告诉我："我们可以都参与，但不要每次都安排我们发言，我们也希望听听年轻人新的思想。"

最后，要有组织模式的创新。如何让亚布力论坛企业家的思想更好地传播是我们面临的一大课题。奥巴马、特朗普竞选美国总统都充分利用了网络，无论筹款还是宣传自己的政策主张，网络都发挥了重要作用。亚布力论坛也将如此，网络亚布力将成为重要组成部分，所谓内容再创造将源于网络。

六一儿童节的"大玩笑"

2017 年六一儿童节那天，特朗普向全世界小朋友开了一个"大玩笑"：宣布美国退出《巴黎协定》。当然，特朗普没有认为自己是在开玩笑，而是在履行承诺。在宣布的一刹那，全世界都为之一震。我的感觉是：天哪！这是真的吗！我们每天都期盼着蓝天白云，美国不会对雾霾有兴趣吧？不知道孩子们会不会吓哭了。

亚布力论坛的很多企业家是环保主义者，王石、张跃是典型的代表。美国退出了《巴黎协定》，有企业家在微信群中发了这么一条信息："这是对全世界 200 多个国家保护气候意志的严重破坏，将对人类和地球的明天构成严重威胁。并且，将严重打击美国的道德形象、严重阻碍美国的科技创新，最终将严重损害美国的国家利益。美国政府历史上犯过的严重错误总共两次，上一次是 2001 年小布什退出《京都议定书》，严重阻碍了人类应对气候变化进程，并严重降低了美国的全球地位。今天，特朗普问题很严重！"

亚布力论坛经历过两次关于"气候变化"的倡议书，分别是在张跃和王石担任轮值主席期间。而且这几年，所有的会议、活动上，环保、气候变化都成为核心话题。我曾经陪同张跃见过几位省部级领导，领导们关心的是招商、投资，而张跃则每次都在滔滔不绝地讲环保。另外，他还会从随身的皮箱中拿出一个大仪器，及时测一下会议室的空气质量，告诉领导屋子里面 $PM_{2.5}$ 超标了，二氧化碳浓度过高，需要开窗户。

王石也很卖力。2015 年 12 月联合国气候变化巴黎大会期间，王石率领联合国气候大会历史上最大的中国民间代表团参会，代表团成员来自 17 个行业和 5 个商业协会组织。更突出的是，这一次不仅有民营企业家代表，还有中国国有企业，比如中粮集团、中国广核集团的领导者也参与了气候峰会。

亚布力论坛还有钢铁行业企业家丁立国，很多人都认为雾霾就是钢铁企业造成的。在我们专门去了邢台德龙钢铁有限公司之后，知道了只要用心、用力，钢铁企业也是可以没有雾霾的。

我们着急、感慨都没用，美国已经走在了退出的路上，虽然还可能回来。但中国还在减排的路上，世界大部分国家还在减排的路上，我们已经觉醒。选择了低碳，就要坚持。

人生初体验

2018 年 1 月 23 日，为了赶早上六点去哈尔滨的飞机，我凌晨四点就起床了。一路上还总是担心飞机晚点，因为我要参加的是中国人民政治协商会议黑龙江省第十二届委员会第一次会议。能够当选黑龙江省政协委员我感到非常荣幸，这是给亚布力论坛的荣誉，也是给我的责任。

时任政协黑龙江省第十一届委员会主席杜宇新提醒我："好好干，不能丢人。"陈东升理事长、田源主席勉励我："这是对亚布力论坛的信任和认同，也是对你这么多年秘书长工作的认同。"如果让我发表感想，我还要说："希望各位理事每年都能参加亚布力论坛年会，这是对秘书处最大的认同。"

我在飞机上睡着了，梦中回到了 1984 年北京开往大庆的火车上，妈妈带着我回黑龙江安达市——我出生的地方，去看望我的姥姥。我们坐的是硬座，需要一天一夜才能到，妈妈为了让我躺着睡觉，在车厢的地上坐了很久，谢谢妈妈！记得旁边有一位大叔说，看我的手掌很有福气，长大一定有出息，但一定要回黑龙江，不能在北京。我们全家都是党员，自然不信这种听起来有些迷信的说法，但这位大叔也蒙得有点儿准，无论是亚布力论坛秘书长，还是省政协委员，前面都有"黑龙江"三个字。虽然我在黑龙江生活的时间很少，但那里也是我的家乡，希望她健康、美丽、富足、幸福！

梦醒了，飞机也落地了。在我的记忆里，这应该是哈尔滨有史以来最冷的一年。一路赶到酒店报到注册，我的人生初体验开始了。当时的心情既有些紧张，又有些彷徨，我知道政治协商、民主监督、参政议政是人民政协的三大职能，但对于怎么做完全没有概念。我被分到了第八组，也就是青联、妇联、社团组。名单里有公务员、医生、工人、企业家，还有记者、老师和艺术家，基本涵盖了社会的各行各业，再看看其他组情况也差不多。这也是政协制度的用意吧，广泛听取人民群众的声音。

政协会议由政协委员全体会议、列席人大会议、分组讨论、选举等几部分组成，其中分组讨论的时间最长，分别讨论了政协报告、省政府报告、省法院报告、省检察院报告、省发展和改革委员会、省财政厅的相关报告，同时听取了省委书记讲话。会议内容很多，每个人都领取了很多材料，时间还算比较充沛，所以基本都能够读完。这也让我从另外一个角度对黑龙江省厅，包括政府、政协运作有了更深入的了解，感触很深。

首先，政协委员责任是巨大的，无论发言、投票，对省委省政府职能测评都要非常认真，要在充分了解情况后发表意见。黑龙江是一个大省，但这几年财政收入相对薄弱。看过了相关资料后，我发现省政府将有限的财政收入基本都用在了民生方面。

其次，报告和讲话中多次提到的关键词，包括改革开放、法制、企业家精神、营商环境等，正是党的十九大以来，党中央、国务院一直强调的工作重点。省委书记、省长无不恪尽职守，我感受到了父母官的不易。他们不仅需要有政治家的觉悟，还需要有企业家的创新精神和运动员的身体素质（因为太累），甚至还需要点儿出家人的心态——面对批评，他们必须虚心听取，对待百姓必须保持耐心。

这次初体验可能并没有让我领会到参政议政的全部精髓，但我也满怀热情地投入政协工作，参与讨论，积极提案。我的提案是《亚布力中国企业家论坛应该成为黑龙江软实力的名片》。这是黑龙江区别于其他省份的特点之一，未来我们有机会把这个特点变成优点。

个人的最高境界

有一天凌晨看完书，写材料的时候，我突然想到一个问题："什么是个人最高境界？"在武侠世界中，武林高手一旦听说有武功秘籍，就要想办法弄到手，细细研读修炼，为的是武功达到最高境界，天下第一。现实世界中，喜欢学习的人往往听说有好书，也会赶紧买回来读。道理是一样的，都在不断追求进步、完善自己，使自己更优秀。在信息高度发达、日新月异的现代社会，只有这样才能做到与时俱进。

不明白的问题，可以求助万能的朋友圈；找不到的东西，可以使用万能的淘宝；不明白的词汇，可以使用百度。我在微信上发出信息询问："什么是个人的最高境界？"通过万能的朋友圈不断补充和完善，得到一个初步结论：个人最高境界＝科学家的智商＋政治家的觉悟＋企业家的精神＋运动员的身体＋出家人的心态。缺一不可，顺序有待商榷。

科学家的平均智商应该最高，能够被称为科学家，大脑一定被最大程度开发了。据说，一般人的大脑开发程度是7%，爱因斯坦的大脑开发程度是10%。我还听说过多思考有助于长寿，因此科学家大多比较长寿。据说，根据最新基因学研究成果表明，人的智商区间在出生的时候就基本确定了，所以高智商不是后天培养的，而是天生的。

想要有政治家的觉悟，首先要知道我们为什么活着？我们活着就要有理想，为社会和国家做出贡献。党的十九大报告中关于中国社会的主要矛盾阐述得非常清楚，进入中国特色社会主义新时代以来，我国社会的主要矛盾已经转化为"人民日益增长的美好生活需要和不平衡不充分的发展之间的矛盾"，各行各业都要有意识地顺着这条路去走。

企业家的精神是创新、百折不挠。做事业就需要有企业家的精神，要耐得住寂寞，不能惧怕失败。创新是企业家必须具备的素质，只有不断创新才能不断进步。企业家是做事业的人，不能在乎一时的成败和荣辱，要有自己坚定的目标和方向。企业家与生意人不同，生意人是为了纯粹的利益，为了简单的利润。

健康是一切的基础，没有健康就没有一切。政治家、科学家、企业家有时候也是重体力劳动者，他们每天都要重复的几件事：开会，出行，谈话，等等。看似很简单，事实上很耗体力。大部分人不是在飞机上，就是在往来飞机的路上，每年飞个上百次，绕行地球好几圈，没有好身体肯定要倒下的。很多企业家在创业过程中身心疲惫，压力过大，甚至"过劳死"。伟大事业首先是从健康开始的。

出家人有什么特质？就是与世无争。不管其他人说什么，自己的心态要保持平和，信念坚定，目标不能动摇。这个世界诱惑很多，机会也很多，如果都去尝试一下，最后就是掰棒子的狗熊——一无所获。目标明确，心无旁骛，所谓"他强由他强，清风拂山岗；他横由他横，明月照大江"。

最后总结一下，个人最高境界＝科学家的智商＋政治家的觉悟＋企业家的精神＋运动员的身体＋出家人的心态。当然，如果真正能做到其中一点，这辈子就能有所收获。创业的人心态最重要，已经成功的人健康最重要，身体健康的人就要努力去工作。说到底，生活最重要。

玩"拖拉机"的人

玩"拖拉机"和开拖拉机的区别：前者是室内集体脑力运动，4~6人，四季均可；后者是室外单独体力劳动，只能一个人，多一个人会添乱，冬天很冷，夏天很热。

在我的生活中，有两个时间段玩"拖拉机"最多：一是大学时代，二是在去出差的飞机上。大学时代，我晚上回到宿舍借着微弱的灯光也要打上几圈，虽然本人打得不好，但也会经常被喊"三缺一"。大学时代，打牌基本是为了娱乐，喊上一声"我对你的敬仰，如滔滔之江水，连绵不绝"，然后打出一串"拖拉机"。看着对方目瞪口呆的样子，自己开怀大笑一下。我的问题是打牌纯粹看运气，牌好才有可能打好，基本不记牌，也记不住，更不会算牌，所以经常被同伴批评。

我毕业之后，有段时间不打牌了，但最近突然又开始打牌（我是鼓励秘书处的伙伴们中午打牌，可以促进交流），还是"拖拉机"，就是牌局的地点有点特殊，在万米高空的飞机上。2020年新冠病毒感染疫情暴发以来，各个城市之间的航班相对减少，出行需要更加小心谨慎。有条件的企业家放弃了民航，选择了公务机，我也跟着蹭了很多次。在一个狭小空间的长途旅行中，基本只有两项活动：聊天和打牌。几次旅行下来，原本不会打的，会了；原本会一点点的，变成专家了。企业家是决策者，都是聪明人，加上行业不一样，所以每个人打牌过程中，亮牌、出牌、扣牌的风格都很有特点。

企业家打牌求胜欲望强，较真儿。局前严格落实规则，搞清楚是北京规矩、东北规矩，还是四川规矩。严格遵循规则！企业家无论年纪如何，记忆力都特别好，对门、对手出过什么牌，手里还有什么花色，没有什么花色，都算得清清楚楚。遇到我这种不记牌、不算牌，完全看感觉，凭运气打牌的人就很麻烦，基本会被拖累得落败。企业家打牌靠的是手段和技巧，不是运气。

企业家打牌的另外一个特点，就是该上手就上手，出牌毫不犹豫，绝不会吝惜"大王"。我是做不到的，总想留着"大牌"在手里，一直留到最后，结果报废。我总是因为这个问题被批评，"留着大牌干什么，又不能当饭吃"。这说明面对决策，一定要快，机会稍纵即逝；有能力就要上，有机会就要出手。还有就是年轻就要折腾，就要去闯，不能等到最后，等白了少年头。

企业家打牌不是一味猛冲猛打，是很有节奏的。牌拿到手了，先要做好 SWOT 分析，再和同伴对下眼神，估算一下同伴的牌型，再猜猜对手的牌型，然后规划出此轮战役的目标（打光对方，还是保级即可），制订行动计划——先出什么，后出什么，然后开打，并根据战场情况，随时调整。与之相反，我打牌基本是"盲打"，只看自己，不想对手，更不考虑同伴。有一次出差，我就遇到节奏上的高手——北京居然之家投资控股集团有限公司董事长汪林朋，节奏把握之好，令人钦佩。他曾经一口气把牌打完，没给我们一点儿机会。

打牌如生活、工作，重要的不是牌的好坏，而是如何把牌打好。有很多成功人士，出身不好，学历一般，最终能够笑傲江湖，依靠的是一份勇气。有时候，我们管这份勇气叫"企业家精神"。当然，打牌和创业还有一个类似的地方，就是合作人一定要心灵相通、目标一致，如果找我这种只看自己牌的人一起创业，就有麻烦了。

男不用怕入错行

男怕入错行，女怕嫁错郎。我对后半句没有研究，只知道不让自己老婆后悔就行。

我觉得"男怕入错行"本来是说：人要有事业，重要的是不要选错行业，否则即使很有能力，也发挥不出来。这句话本来没错，因为还有句俗语叫"隔行如隔山"。我们大学的专业是按行业进行划分的，光金融行业就分为证券、保险、会计、货币银行，甚至更细。

我学的是保险专业，当过秘书，现在是秘书长，这些工作和保险基本没有关系，不知道算不算"入错行"，反正也干了 20 年。这些年，我们熟悉又陌生的互联网和科技行业正在悄然改变着一切。

互联网让行业变得模糊，互联网让专业变得并不重要，互联网让男人不怕入错行，最重要的是要有自己的目标，有自己的理想，选对前进的方向，找到适合自己的公司。

"跨行业生态"这个词现在特别流行，腾讯、阿里巴巴、百度、京东、小米都在讲，也都在做。这让这些公司扩张的版图似乎没有边界。腾讯从即时通信开始，以微信为核心，囊括了我们生活的方方面面，小程序的广泛应用让我们对大容量手机需求下降。有小程序何必装 APP。

如果有一天微信真的摒弃 iPhone，自己造一款手机，没准受伤害的是苹果公司。当然，一定要有自己的操作系统和芯片，否则自主品牌就永远是组装的自主品牌，中国制造永远不是创造，我们依靠的永远是人口红利和大市场，最紧俏的行业永远是营销，科技创新永远在路上。

新零售到底是什么？几年前的"双 11"，我去阿里巴巴"观礼"，想看看一天的交易额有多少。2017 年天猫的交易额是 1700 亿元，京东是

1300 亿元。网购消灭了所有的电器城，很少有人再去商场买电器，包括很标准化的产品。

当网购发展得如火如荼的时候，我几乎认为实体店要消失了。马云提出了"新零售"，阿里巴巴开始直接开设实体零售店，有了"盒马鲜生"，既是超市，又是餐饮店，也是菜市场。人们购物既可以在网上购买，也可以到实体店购买。

有人评价说，因为纯粹的电子商务或者网购并不完美，必须有实体经济配合，也就是"互联网+"或者"+互联网"。我去参观过北京最大的生活超市——物美超市，发现这里人山人海，很有生活气氛，如果你使用"多点"APP 或者小程序，就可以直接结账，不需要去人工柜台排队买单。

没有企业离得开互联网，任何形态的互联网也离不开实体经济，单独的形态都无法发展。

我清晰地记得，亚布力论坛第一届年会的题目是"新千年，WTO 的挑战"。我们讨论 WTO 后，外国的"狼"来了，中国企业应该怎么办？中国本土企业是否可以赢得发生在中国市场的国际竞争？

这么多年过去了，国际化已经无须再过多讨论，企业成立的那天就开始了国际化。产品服务可以通过互联网销售到全世界，当然要产品足够好。消费者也可以通过互联网了解到全世界的产品，很容易进行对比、购买、消费。中国企业没有输，还出现了像 BAT 这样的世界级公司；中国企业也没有赢，我们最主要依靠的还是中国的庞大市场，创新能力还不够强，依然没有核心技术，当然还有 WTO 框架下的政策壁垒，科技创新能力依然是中国企业的短板。

科技和互联网的发展在颠覆就业的同时也创造了就业，更重要的是融合了很多行业。现在，我们已经无法界定腾讯、阿里巴巴、百度、小米、京东这些企业到底属于哪个行业，只能用生态来形容，苹果、谷歌、亚马逊更是如此。

不知道未来哪个行业最有前途，也就不知道如果重新上大学应该学哪个专业。不过，专业也许会变得越来越不重要，最重要的是不断学习。

朋友要多，而且必须见面

　　孙悟空在取经前最大的理想就是当山大王，即便给自己封了一个"齐天大圣"，也只不过是玩玩而已，到了天上，也是没有心机，四处游走，广交朋友。原著中有"今有齐天大圣，无事闲游，结交天上众星宿，不论高低，俱称朋友。恐后闲中生事，不若与他一件事管，庶免别生事端"。孙悟空一直没有未卜先知的本事，应该不知道自己将来要去西天取经，所以"与人为善，广交朋友"是没有目的性。如果有目的性，交的朋友也是酒肉朋友，日后遇到苦难，也不会帮忙。

　　孙悟空有一个好师父，这个师父不是指唐僧，而是指菩提祖师。这个菩提祖师一直来历不明，而且佛道合一，道家的气质打扮，儒家的行事思想，为一个精通道教、佛教及诸子百家的高人形象，亦是重合了当时三教合一的思潮。孙悟空不仅学习了仙术，也学习了包容的思想，即便后来拜了唐僧为师，当了和尚，入了佛门，也会和来自道家的五庄观镇元子结拜为兄弟。由此可见，博学、摒弃门户、胸怀宽广都是广交朋友的必要条件。

　　我们经常讲"我为人人，人人为我"，这句话不能倒过来变成"人人为我，我为人人"。如果希望能够广交朋友，大家都能帮助自己，就必须先无私地去帮助别人，待人真诚、诚恳，没有目的性。《水浒传》也有这么一个人物，就是"及时雨"宋江。宋江特别喜欢帮助人，认识的不认识的都帮，所以朋友很多，在宋江落难的时候，很多人可以不惜舍去性命也要搭救宋江。

　　互联网社会，人与人之间交流的方式很多，很多人认识很久但不一定见过面，因为有微信、钉钉、脸书、WhatsApp、米聊、微博、今日头条等。我用微信，经常会看到有人在朋友圈"此号已满"，表明自己朋友很多，已经"够了"。也有朋友开启了屏蔽功能——群内、推荐、二维码等方式都不可加其为好友，估计是想成为他朋友的人太多了。

万能的朋友圈也的确能够帮到我们很多忙，可以帮助找人、找关系、找生意、找客户，比孙悟空时代容易多了。我建议所有人关闭屏蔽功能，让自己的朋友多起来，而且自己要多发朋友圈，分享自己的生活、自己的知识、自己的感悟。当然自己要控制好使用手机的时间，否则我们的颈椎会承受不了。

互联网让我们认识人更方便，了解社会更容易，获取信息更快捷，学习知识更全面，也让我们的沟通方式越来越多元化，但某种程度上，也让认识的人彼此之间更陌生，朋友之间了解更少。我们要走出大门，多去和朋友、同事见面、聊天、喝茶，能当面解决的事情，不要只通过社交软件来解决。这样，我们的生活才能动起来，而不是只停留在键盘上。

在不久的未来，人与人似乎都不需要见面了，全部使用影像就可以解决一切。我挺担心自己失业的，因为那样的话，"开会"就变成了一件很无趣的事情，但换个角度看，亚布力论坛就是最后那个人与人见面的会议。

人生的"三大件"

不同时代、不同行业、不同人对于"三大件"的理解都不一样。20世纪80年代的"三大件"是冰箱、彩电、洗衣机；90年代则是空调、电脑、录像机；到了21世纪，"三大件"就变成了房子、车子、票子。亚布力论坛理事长曾定义的21世纪的"三大件"：买车、买房、买保险。总之，随着时代的变迁，"三大件"总是代表着某些特性，代表着人类对美好生活的追求。中国特色社会主义进入新时代，我们的主要矛盾已经转化为人民日益增长的美好生活需要和不平衡不充分的发展之间的矛盾。人们对"三大件"的追求也会发生变化。

我曾经发了一条朋友圈："人生三大件：家庭、事业、健康。"留言也非常有趣，有朋友看完开玩笑说：没有把事业放在第一位，年底会没有奖金的。可是我们哪里来的年底啊？我们一年的终结是在3月，开完亚布力论坛年会才算一年的终结。更多人认同人生三大件是健康、事业、家庭，但是对顺序无法认同。这个问题的答案终究是无解的，就像大学老师问我们："快乐重要，还是健康重要？"快乐是不是也该属于"三大件"呢？

家庭第一，是因为家庭是社会的基础，是基本细胞，人生的第一所学校。一个人无论是呱呱落地，还是长大成家，甚至又创造了新生命，都始终离不开家庭。家庭就像港湾，可以避风、休憩。在家里，你可以无忧无虑地躺着，一直到睡着，家人会担心你感冒，帮你盖上被子；当你炒了几个菜，无论好不好，家里人都会说好吃；家人之间有时候会有抱怨，会有矛盾，但他们始终爱你。家庭让成年人更有责任感，更有事业心。

事业是我们必须有的。儿子现在在幼儿园学习画画。他画了一大一小两只鹰，并对我说："大的是爸爸，小的是儿子，爸爸出去工作，换来食物给儿子吃。"事业、工作是支撑家庭的手段。有事业心的人才更懂得家庭的可贵，更不怕外面风吹雨打。懂得努力工作的人，才会事业有成，家庭才会更温馨、更安稳，更像一个可以躲避风雨的港湾。家庭成员都需要有自己的事业，都有拥有事业的权利，都有照顾家庭的义务。打工挣钱不只是男人的权利，洗衣服做饭也不全是女人的义务。

健康是生活的基础。就像小品《不差钱》里的名言："人最痛苦的事情是人死了，钱没花了。"健康有两方面：一是身体健康，不得病，少得病，就像王石，到了 60 岁，掀开上衣还能看到 8 块肌肉，还能保持旺盛的精力，读书、赛艇、快意人生。二是心灵健康，有些人虽然活着，但事实上已经死了，因为没有信仰，变成了行尸走肉，更有甚者破坏环境，危害社会。

回头看，"三大件"并没有正确的排名，是一个首尾相连的圆环，谁也离不开谁。但如果一定让我给一个排名，我还是选择家庭，为了家庭，我可以付出一切，所以我要努力工作，保持健康。

没有进步就是倒退

我们大多数人都在高速上开过车，当车辆行驶在快车道上，超越其他车辆时，我们会感觉那些车在向后开。事实上，其他车辆也在向前，只不过速度慢一点，所以给人一种倒退的感觉。我们要清醒地知道这些车辆也在向前，也会加速，也懂得超越。那个时候，别人看我们就是在倒退。

为什么市场经济好？因为有竞争。如果市场上只有一个饭店，客人没有选择余地，饭店也就没有任何危机感，服务员就会和大爷一样，也就谈不上服务；饭菜肯定也特别难吃，不会有花样；卫生条件也好不到哪里去，这就是改革开放初期饭店的样子。现在可大不一样，饭店需要天天琢磨如何推出新菜品，让顾客吃好喝好，下次再来。环境、卫生、服务都是重要因素，发现问题立刻改正，原因就是饭店太多了，而且必须时刻关注竞争对手的创新，要时刻注意市场行情——对门饭店是否推出新菜品。竞争使所有饭店都追求进步，老百姓得到的实惠越来越多，选择也越来越多。所以我们也是一样，必须不断进步，不能松懈，因为自己进步的同时，其他人也在进步。

2017年12月1日，亚布力论坛在天津召开了"金色论坛"，探讨京津冀协同发展，得到天津市委市政府的大力支持，参会企业热情也很高涨，签署了一系列合作协议。协议落实情况怎样？2018年1月，我陪着田源主席考察了津南、河西、武清、东丽四区，拜会了区委区政府领导，探讨了现代服务业、先进制造业、大健康、创新小镇等具体项目，令我耳目一新。不仅因为很多项目在具体落实，更是因为天津的变化。在我的潜意识中，天津依然是过去媒体所评价的"计划经济的最后一个堡垒"。但我的确错了，天津变化很大，市场意识很强。区政府领导年轻、学历高、有活力、市场意识强。各个区也根据不同的地理位置、产业结构、区域优势制定了不同的发展策略方案，竞争意识十足，对好的项目都是势在必得。

我曾经也以"年轻有为"自居，如今发现，放松了学习的我早已被超越，于是不敢再浪费时间看电视剧，有空就要学习，多走走，多看看。我的航旅纵横统计说，2017 年，我飞行了 75 次、15 万公里、220 小时，打败了 99.7% 的用户。我觉得自己很厉害，也很累，但当我得知 60 多岁的田源、陈东升、冯仑以及当时 50 多岁的俞敏洪的飞行记录都是打败了 99.9% 的用户，飞行次数都超过了 130 次的时候，感觉自己太懒了。当我看到更年轻的亚布力论坛成员的飞行记录是 30 万公里的时候，终于感到了不安，我被彻底打败了。

年纪终归不是理由，勤奋不需要理由，懒惰才需要理由。心有远方，必有芳华，撸起袖子加油干是唯一的选择。

警惕"空心者"

2016 年，我曾参加清华大学和东润公益基金会共同主办的"东润创新与未来教育论坛"。与很多论坛不同的是，这个论坛的主角不是企业家，不是经济学家，而是科学家——杨振宁、丘成桐、杨乐、沈志勋、王晓东、董欣年都参加了讨论。当然也有著名的经济学家钱颖一、孙祁祥，著名企业家陈东升、马蔚华、吴鹰、田溯宁、阎焱、毛振华、余凯等。但主角绝对是科学家，还有致力于成为科学家的大学生和中学生。

我一直认为中国人口太多、市场太大，中国的创新基本都是商业模式创新，缺乏甚至没有原始技术创新，因为技术创新投入大，时间长，风险系数高。模式创新依靠庞大的市场很快就可以转化成生产力。但在这里，我看到了中国技术创新的希望，有如此之多的大学生，甚至中学生致力于数学、物理、化学、生物领域。作为 20 世纪 70 年代出生的人，我们也曾有此梦想。

我还是听到了一个让我迷惑不解的词语"空心者"，这是北京大学孙祁祥教授在演讲中提到的。她指出要警惕"空心者"的出现。虽然不是新词，但足以令人担忧。所谓"空心者"，指的是"价值观缺陷导致的心理障碍，症状为觉得人生毫无意义，对生活感到十分迷茫，不知道自己想要什么，多出现在大学生和中学生群体"。在稍晚的讨论阶段，有一位中学生站起来，提出了不同意见，并向台上几位嘉宾提问："如何用一个词来形容你们是如何实现人生价值的？你们是否在成功之前也曾迷茫？"

钱颖一："好问"（时刻在想问题，问问题）。

沈志勋："有准备"（时刻准备，不能急躁）。

吴鹰："好奇心"。

陈东升："做人生的长跑者"。

毛振华："坚持"。

这几位无疑都是成功人士，但他们都不认为自己很成功，都觉得在各自事业的道路上还有很长的路要走。关于"空心者"的讨论早在 20 世纪 80 年代就非常激烈。1980 年 5 月，《中国青年》杂志发表了一封署名潘晓的来信，题目是《人生的路啊，怎么越走越窄……》。这封信吐露的彷徨、苦闷、迷惘和怀疑，短短数月，竟然引发 6 万封来信，紧接着掀起了一场人生观讨论的大潮。如果当时有微信、微博，这个讨论将是何等激烈。

迷茫并不可怕，我们要对人生有信心，对事业保持信心，做一个有准备的人，做人生的长跑者。科学家、经济学家、企业家都是坚持的结果，也许真的有天才，但没有成功的捷径。

少要看水浒，老要看三国

不同人看新闻选择的 APP 是不一样的，我现在基本上用网易新闻客户端看各种信息，偶尔用一下今日头条，再就是微信的搜一搜、看一看，其他客户端基本不用了。现在移动客户端的大数据功能很强，会经常给用户推送喜欢的新闻、段子、八卦，于是我经常被推送水浒、三国的各种解读，这也的确是我喜欢看的内容。

经常有人讲："少不看水浒，老不看三国。""少不读水浒"是因为少年血气方刚、易于冲动，看了《水浒传》会学里面的英雄好汉，容易形成不良的习性，难免出去惹是生非；"老不看三国"是因为深谙世故的人读《三国演义》，洞悉其中的阴谋诡计、尔虞我诈，难免会愈加老谋深算、沟壑满胸。事实上，无论是多么悠久的名言都会有历史局限性，关键要看读书人自己的态度、世界观、人生经历所修炼出的定力。书本上的道理永远都是用来借鉴的，不能照本宣科，要做到与"自己的特色"相结合，实事求是地处理问题。

为什么马云讲话总是如此吸引人？首先，因为他是阿里巴巴的马云，因为马云成功，所以马云讲的都是对的。其次，我发现马云非常擅于打破常规，习惯性地换一个角度思考问题，使得听众思维模式总能受到冲击，耳目一新。我今天看了几集电视剧《新三国》，又翻了翻《新水浒传》，想到我们这些四十不惑的人也应该换一个思维模式：少要看水浒，老要看三国。

少要看水浒。我们应该趁着年轻，多做点事情，无论是打工还是创业，总之有事情做就好，让自己的人生更丰富多彩，努力尝试自己没有干过的事情。失败并不可怕，可怕的是不知道失败是什么。伟大的人物，无论是政治家、军事家、科学家、企业家还是艺术家都知道失败的含义，没品尝过失败的人一定是碌碌无为的。懂得失败，才能赢得成功。年轻人都应该多看看水浒，知道世界很大，应该出去闯闯。当然这个"闯"不是打家劫舍，而是有所作为。

老要看三国。三国是豪杰辈出的年代，无论是乱世枭雄的刘备，被称作奸雄的曹操，还是弟承兄业的孙权，他们都是英雄，都是成功创业的典范——按照适者生存的丛林法则，最终建立自己的王国，创业成功。任何人都知道守业远比创业难，我看三国，最喜欢的就是赤壁鏖战之后三国鼎立的较量。创业者有领先一步的商业模式，有创新的思维想法，有坚持不懈的奋斗精神，有了天使轮、A 轮、B 轮、C 轮融资，企业上市，股东满意，员工满意。但如何实现企业的基业长青，如何实现企业的社会价值，需要守业者的认真思考。百年之后，是否还能不忘初心，砥砺前行？

少要看水浒，老要看三国，而且要经常看、多看，这样才能领会出其中的意义。年轻人要努力，要做事情，还要经得起失败，学会思考，学会审时度势。企业需要盈利，更需要实现长期的社会价值，对社会反哺越多，企业盈利就会越持久健康，直到基业长青。

做时代更替的桥梁

脊梁，是中流砥柱、舍我其谁的意思。这个时代，商业英雄人物很多，单单科技领域就数不过来，例如马化腾、李彦宏、刘强东、雷军等等。他们既是企业家，又是明星，是创业者学习的榜样，更是无数大学生的偶像。当然，在金融、制造、房地产、文化、艺术等领域还有很多杰出人才。他们是这个绚丽多彩的市场经济时代的主角，是时代的脊梁。

桥梁发挥的是连接作用。正如电影《剑雨》中所描述的："愿化身石桥，受五百年风吹，五百年日晒，五百年雨打。"中国的企业家是第一代企业家，是创始人。他们经历了 20 年、30 年甚至 40 年的发展。这时就需要有人化作时代更替的桥梁，起到传递和连接的作用，让不同时代的企业家精神能够融合、贯通，让企业家们的友谊得到传承。

2017 年，亚布力论坛曾去过小米集团，请雷军主讲"互联网＋"。这也是亚布力青年论坛成员第一次一并邀请到访。会后，有一位企业家在我的朋友圈留言："谢谢亚布力的组织，我不奢望孩子成为东升或者雷军那样的巨人，但能亲自经历巨人的有质量的时光，对他会有很大帮助。"我的回复就是："愿做时代交替的桥梁。"亚布力论坛是一个朋友圈，我们更希望这是一个时代相交的朋友圈。我们从英国回来，看到了英国很多百年家族都是世代相交的，不同家族之间的友谊可以坚持百年，我相信，一定也有一个英国的"亚布力论坛"在发挥着作用。

我问过自己，每天最幸福的事是什么？我觉得就是陪伴我的家人，看着我的孩子慢慢长大。但这只是我生活的一部分，我的生活还有另一部分，那就是工作。不求名不求利，不求闻达于诸侯。我愿化身无名的桥梁，见证商业时代的更替，看到商业时代的传承。经历五百年的风吹雨打，也是一种幸福。

侠之大者

估计很多朋友和我一样，都喜欢"郭靖"这个天资愚钝但好运多多的大侠。在金庸先生的武侠世界中，有着很多名人侠客，郭靖、萧峰、杨过、张无忌、令狐冲、段誉、虚竹等等，他们都身世坎坷，奇遇不断，不是得到武林秘籍就是碰到世外高人，最终修成举世无双的武功。但这些人中，只有郭靖被誉为"侠之大者，为国为民"，成为金庸笔下第一大侠。

侠之大者的郭靖是怎么练成的呢？

郭靖很勤奋执着。洪七公收了天资愚钝的郭靖为徒弟之后，教授其降龙十八掌。郭靖对着大树开始练习，没有练熟学会前不换招式。这就是郭靖的勤奋执着：虽然我笨，但我努力。按现代的说法就是"大事要敢想，小事必须一点一滴去做"。如果不能脚踏实地工作，天天梦想创业、融资、上市，最终结果一定是一事无成。

郭靖的厚道也让他赢得了周围人的信任。按照现在的说法就是诚实，从不说谎，从不欺骗，一诺千金。郭靖的第一个师父哲别，被铁木真追杀后躲藏起来，告诉郭靖千万不要告诉任何人。结果，铁木真问郭靖是否有受伤的人经过时，郭靖的回答是："那个大叔不让我告诉你。"他太诚实了，差点害死哲别，但最终的结果很圆满。厚道诚实的郭靖赢得了无数朋友，所谓得道者多助，郭靖一生因为厚道先后得到了马钰、洪七公、周伯通的武功传授，也因为厚道，朋友遍天下。

郭靖和杨康少年时代的生长环境都很不错。郭靖跟随成吉思汗，甚至当了金刀驸马，杨康跟随大金国六王爷。两个人的区别是，郭靖从小就知道自己是宋人，不是蒙古人，做梦都想回到宋朝，他有对兄弟的义，更有对国家的忠。无论面对金国，还是更为强大的蒙古国，始终坚持自己的原则——"我是宋人，我就要为国尽忠"，凭借一己之力，几十年如一日带领全家老少，驻守襄阳，抵御外敌。相比之下，萧峰对兄弟、对朋友可以做任何事情，但始终不知道自己到底属于哪里，是宋人，还是契丹人？是忠，还是义？到底选择哪一个，萧峰永远分不清，最后牺牲自己。在萧峰看来，这可能就是最终的忠义。

我们工作中也有很多忠诚需要坚持，虽然我们不需要在一个岗位，一个工作坚守一辈子，但只要我们在岗一天就要认真履行职责，如果用一个现代词语来形容就是"敬业"。

勤奋、厚道、忠诚是郭靖的成功之道，也是值得职场借鉴的成功之道。

挣扎到最后，就会看到希望

　　我仔细读过《创业维艰》两次，这是硅谷著名创业者、投资家本·霍洛维茨所写，自己总结下来就是：

　　（1）干什么都不容易。

　　（2）看似光鲜的背后，有着无数的无奈。

　　（3）绝处总会逢生，前提是不能放弃。

　　2020年6月，为了筹备"2020亚布力中国企业家论坛·武汉特别峰会"，我的21个同事乘高铁当天往返北京—武汉，在武汉唯一的工作就是完成了人生第一次核酸检测，结果当然都是阴性，伙伴们士气当然不高，甚至可以用低落来形容，我感觉到了什么是"挣扎"。2020年1月疫情暴发以来，很多人、很多公司、很多城市、很多国家都在挣扎，无论是对抗病毒，还是复工复产都可以用"挣扎"来形容。这个"暂时超出人类知识范畴"的新冠病毒让所有人都莫名其妙地"挣扎"，我们不了解它，不知道它下一步想干什么，因为它简单来说，就是一个病毒。

　　我从《创业维艰》这本书中了解到，马克思曾经说过"生活就是挣扎"。2020年的6个月，挣扎几乎成了我的生活所感和态度。梅花落，樱花开是自然界的挣扎，城关城开是一个城市的挣扎，走下去停下来是人生态度的挣扎。每个人都在经历自己的挣扎，挣扎是为了让生活有意义，没有价值观的挣扎会迷失方向。即便在长江中随浪漂流，也要把握好自己的方向和力度。挣扎需要勇气，需要动力，更需要决心。

　　我们最后总会发现，大多数成功的人都曾经历过的惨痛失败，让他们得到教训，最终帮助他们走向成功。有时候，生活会给你当头棒喝，让你不知所措，分不清南北。最重要的是，不要失去信念，要相信自己，相信不断前进的动力就是选择做自己喜欢的事情。

　　成功企业家都有一个传奇故事，故事内容千差万别，唯一不变的是企业家精神——不断追求卓越，不断自我更新。陈东升如此，王石如此，刘永好如此，郭广昌如此，王兴如此，张一鸣如此。他们都在不断挑战自己的极限，而且一次一次突破极限。挑战极限可能使你一蹶不振，这无疑会给你和你的家人带来很大的痛苦，但如果放弃了，才是真正的失败。努力突破极限才是我们应该选择挣扎的方向。

　　我对我的伙伴说，安全回来最重要，一个也不能少！坚持，不放弃，更不抛弃，只有坚持才能让痛苦消失，更多的机会才会出现。保持乐观、开放、不断总结、不断创新，就可以继续挑战我们的极限，让挣扎变得更有意义。

快乐是生活最基本的责任

自从 Happy（我的大儿子）上了幼儿园之后，我和妻子就有了一个新身份——老师眼中的孩子家长，微信里也有了很多家长交流群。家长们因孩子认识、熟悉，交流也逐渐多了起来，主要是关于孩子教育和学校信息反馈方面的。大家慢慢熟悉起来之后，就开始交流工作，有时爸爸们会凑在一起喝酒，还能喝得大醉。

孩子们都很快乐，在最好的年龄，生活在最好的年代，有着最好的时光，没有什么比快乐更重要了。有时候，爸爸妈妈批评孩子重了，看着孩子委屈又不敢哭的样子，心里是最难受的。各个家庭环境不同，教育背景不同，国籍不同，教育孩子的方式也不尽相同。但是不能说谁对谁错，应该相互参考借鉴。因为我们的愿望是一样的，孩子长大之后，成为什么并不重要，重要的是要快乐、勇敢、诚实，但这些需要他们自己体会。

Happy 曾受邀参加幼儿园的一个小朋友 MM 的生日会。这个小朋友有一个大哥哥，父亲是欧洲人，在中国生活了 21 年，母亲是中国人，曾在国外留学。我非常希望看看他们是如何教育孩子、与孩子相处的，于是就陪着孩子一同前往。结果，5 位小朋友玩得热火朝天，我们下午五点离开，但我估计他们整理房间需要一个晚上。

这次陪孩子参加小朋友的生日会，我感触很多，发现不同家庭生活方式不同，引导孩子的方式也不同。我们去这个小朋友的家里，一进门，首先看到的就是满墙的两个孩子的照片。这个家庭，孩子的存在感特别强。从里到外，每个房间都有孩子们的东西，不仅是玩具，还有很多户外用品。而且，他们家对孩子没有约束，我们在家经常对孩子说不许看 iPad，不许吃糖，不许大声喊，不许这，不许那。但在他们家，这些事情基本上可以随意做。在聊天过程中，我还了解到，家长会经常带着孩子们出去玩，去游泳、滑冰、滑雪。MM 在很小的时候就可以从北京南山滑雪场的中级道滑下来，而我们的孩子还没有去过滑雪场。我总是告诉孩子要"小心"，而 MM 经常得到的信息是要"勇敢"。

我经常对儿子讲，爷爷上的是清华大学，爸爸的研究生在武汉大学，如果你将来上哈佛大学，那爷爷和爸爸就都输了。我儿子一直牢记着这个目标。但 MM 的父母和我的想法不一样，比起制定一个空泛的目标，他们更加关注孩子的兴趣。也许，过早定下目标会扼制孩子的兴趣爱好，反而给他们的成长徒增压力。

我们招待客人的方式也很不一样，如果是在我家做客，我一定会叫外卖，而且一定是煎炒烹炸，样样俱全。但在他们家，从我们一进门，MM 的父亲就在厨房里忙着和面，我一问才知道，原来是在准备烤比萨。生日会的午餐是比萨、沙拉和烤虾，非常美味可口。我和他们聊了几句才知道，他家基本都是在家做饭，很少叫外卖，比起我家动不动就叫外卖、下馆子，更有生活气氛。

我们每天在外努力工作，就是为了家庭。但其实父母、妻子、孩子更需要的是陪伴和笑容。我每次上班，Happy 就会说："爸爸早点回家。"每次回家，Happy 都会主动给我一个拥抱，说："你今天回来这么早。"我们工作就是为了生活快乐，而快乐的基础是家庭。能力越大，责任就越大，最基本的责任，就是让家人快乐。

每天的坚持，就是成功的一半

我很少周一早晨出差，因为大部分政府机关、企业、单位都会在周一召开内部例会，所以约不到人。有一次，周一我一早从北京飞到上海虹桥，然后在浦东和浦西之间走了两个来回，第二天再去浦东机场。

有朋友夸我文笔好，我真心觉得惭愧，我上大学时写文章，被同学评论是初中作文水平。工作之后，无论当秘书，还是当秘书长，经常要写材料、写文章，倒成了"优点"，缺点就是错别字太多。我自己的评价是：见得多了，自然也就会点儿了。毕竟在亚布力论坛工作这么久，虽然不会管理企业，但总听说管理企业的办法。其中有一条就是：坚持今天的事情今天做完。

有一天早晨，我 6：00 从家出门，向刚蒙眬醒来的儿子告别，儿子抱住我想哭，我知道他是委屈，不想让我走。我告诉儿子："工作是大人的责任，不哭应该是男子汉的品格。"儿子忍住不哭的样子更让我难受，但我必须出门去机场。出差是我的工作，更是我的责任。能力越强，职位越高，责任越大。

亚布力论坛秘书处员工只有几十人，每年光是办好那些活动，我几乎已经无法应对。我不敢想象，三千、三万、三十万、一百万员工的企业董事长、CEO 每天是怎么度过的。生活就是工作，还是工作就是生活？企业家是永远无法后退的，就像成功在哈德逊河河面上实施迫降的萨利机长，必须留到最后，只因为"责任"二字。

《论语·为政》篇有孔子的一段人生为学进德的自述："吾十有五志于学。三十而立，四十而不惑，五十而知天命，六十而耳顺，七十而从心所欲，不逾矩。"我已经人过四十了，但很多事情越来越看不明白，也想不开，搞不清楚方向在哪里。因为互联网时代，世界瞬息万变，要生存、要生活、要工作，更要学习。何况我们是在和世界上最优秀的一群人一起工作。我有时候会在办公室门口徘徊，不敢进去。因为我不知道对我的伙伴说什么。曾经的无助、曾经的迷茫告诉我：希望就在前方！也许这就是新东方校训的含义："从绝望中寻找希望，人生终将辉煌！"必须坚持、坚持、再坚持，亚布力论坛就是坚持的结果。

结果无法预计，但是可以想象。马云在家里创建阿里巴巴的时候，没有想过阿里巴巴会成为世界最大的电子商务公司，马化腾玩着 OICQ 的时候，肯定没有想过腾讯会是中国第一大、世界第五大市值公司。但他们都有一个共同点：用照相机、摄像机留下创业之初的所有影像，甚至留下写有最初想法的信纸。这就是自信。他们相信自己能够成功，即便周边的人把他们最初的想法、行为当成笑话。对自己有信心是企业家成功的必要条件，只有这样才可以不忘初心。不忘初心的坚持，就会有结果。

常回家看看

2021 年 11 月 15 日，我参加了田源主席母亲（马奶奶）的追悼会。老人家生于 1928 年，为新中国的成立做出过重要贡献，新中国成立七十周年时获得过中共中央、国务院、中央军委颁发的荣誉证书。但是在 1958 年，她的曾是地下党员的先生，因为给领导提意见被打成"右派"。对于田源母亲来说，没有迫于社会压力选择和先生离婚，而是选择了继续和相爱的人在一起，用自己微薄的收入，养活三个儿子。田主席的大哥因为受到刺激变得精神失常，小学一年级之后就没有再受过任何教育，而一直陪伴他的，就是他的母亲。由于马奶奶这个伟大而平凡的决定，让这个家庭保持了完整，坚持到田源父亲错划被改正，恢复党籍和公职，终于过上了全家团圆的日子。

伟大的母亲都是一样的，都是为自己孩子而努力。为了养家，马奶奶退休后还打一些短工，靠织毛衣做衣服来挣一些收入，为生病的儿子治病养老。虽然她的大儿子很不幸，但是她培养的另外两个儿子都非常优秀，最有名的就是中国期货之父、亚布力论坛创始人田源主席。

俗话说，久病床前无孝子，讲的是照顾病人之难。但是长达半个世纪，马奶奶一直照顾着她的大儿子。精神病患者经常会有非理性的暴力行为，但是马奶奶始终没有任何怨言。有一位著名的医生说，精神病患者能够有如此高龄，实属罕见。这完全得益于他母亲的照顾和家庭的关心。

伟大的母亲无论多大年纪，都会永远想着儿子的事业。田源讲，他经常出差一个又一个星期，无法陪伴他的母亲，但是他的母亲经常对他说，工作是最重要的！而且马奶奶还说，只是把工厂建完了还不行，必须把产品卖出去。她有时会和家里的保姆说，我们一起帮他出去卖产品。

世间最伟大的爱，莫过于母爱。我们都有自己的母亲，我们都享受过伟大的母爱。珍惜母爱，常回家看看。

人老了以后，一生中可能最后悔的事

在《钢铁是怎样炼成的》一书中，主人公保尔·柯察金有句名言："一个人的生命应当这样度过：当他回首往事的时候，不因虚度年华而悔恨，也不因碌碌无为而羞愧。"

我还看了一段视频，内容是关于当人老了以后，一生中可能有哪些最后悔的事。第一名，92% 的人后悔在年轻的时候不够努力，导致一事无成；第二名，73% 的人后悔在年轻的时候选错了职业；第三名，62% 的人后悔对子女教育不当；第四名，57% 的人后悔没有好好珍惜自己的伴侣；第五名，45% 的人后悔没有善待自己的身体。

估计我老了以后，最后悔的事情就是浪费时间在电脑屏幕上、饭桌上、闲聊中和刷微信上。人们经常把时间比喻成海绵里的水，挤挤总是有的，但我们大部分人的时间都很充裕，没有到非挤才有的程度。古人有云"少壮不努力，老大徒伤悲"，何况我们已经都不是少年了。

很多中国创业公司都在忙着上市，最令人感到神奇的是拼多多。它成立于 2015 年，短短三年时间，就于 2018 年 7 月成功在美国上市，市值 300 亿美元，基本坐稳中国第三电商的位置。几乎所有人都相信阿里巴巴和京东是中国电商的天穹，已经没有留给电商创业的机会了。致力于创新的网易严选和考拉海购还能在细分领域寻找光亮，唯品会、蘑菇街就只能活在稀薄的空气之中了。但拼多多的迅速崛起，却证明在电商的生命禁区里依然会有奇迹发生。相信这是拼多多的创始人努力奋斗的结果。

曾经梦想自己也可以成为一个创业者，梦想自己有一天也能够站在上市大锣前面，但可能永远实现不了，因为选择的道路不同。我应该不会老了以后躺在床上的时候，后悔"年轻的时候选错了职业"，因为成功的标志是"持之以恒做有意义的事业"，不是所有的事业都要用"上市"来衡量。

我们这个团队不断有人加入、有人离开，这也是人生旅程中的不同选择。生活需要"诗和远方"，也需要"苟且地赚钱养家"，无论是哪一种，最重要的是充实地享受人生，不能浪费时间和生命。希望我们每个人老了都会说，"这辈子活着很值得"。

健康为什么这么重要

  赵本山和小沈阳曾在 2009 年中央电视台春节联欢晚会上有过一段可以流传百世的对话。小沈阳说:"人生最痛苦的事情是,人死了,钱没花了。"赵本山则说:"人生最最痛苦的事情是,人活着呢,钱没了。"我一直把这几句话当笑话,但最近重温了一下,确实感受到了健康的重要性。

  人的一生,财富或多或少,但生不带来、死不带去,它永远代表不了幸福。健康对自己、对家庭、对事业、对生活都至关重要。

  我趁下班空闲整理了自己的保险单,原本打算将保额提高一些,结果却被保险公司工作人员告知需经过很严格的体检。我想多花些钱买保险都不行。

  2018 年 10 月,45 岁的大特保险经纪有限公司创始人、CEO 周磊因突发心脑血管疾病离世。这是一位年富力强的创业者,且大特保本身就是一个互联网健康险服务平台,每天关注大健康的周磊忽略了对自己的健康管理。

  周磊不是个例,这些年就有不少创业者因不同原因离世,令世人惋惜。

  2011 年 5 月,上市仅 3 天的淄博万昌科技股份有限公司董事长高庆昌坠楼自杀,据了解他生前患有严重抑郁症。

  2015 年 11 月,上市公司广东金莱特电器股份有限公司董事长田畴因突发心肌梗死去世,年仅 43 岁。

  2016 年 3 月,金龙联合汽车工业(苏州)有限公司总经理吴文文坠楼自杀身亡,年仅 46 岁,长期患有抑郁症。

  2016 年 10 月,"春雨医生"的创始人张锐因突发心肌梗死去世,年仅 44 岁。

2017 年 2 月，途牛旅游网预定中心副总经理李波因突发心肌梗死去世，年仅 44 岁。

2018 年 1 月，重庆游戏界元老冒朝华因突发脑出血去世，年仅 38 岁。

2021 年 5 月，北京链家房地产经纪有限公司与贝壳找房（北京）科技有限公司创始人左晖因肺癌恶化去世，年仅 50 岁。

我还记得上大学一年级时，课堂上有老师问："健康和快乐哪个更重要？"当时我的选择是快乐。如果现在让我重新选择，我会选择健康，因为健康是快乐的基础。我在外应酬喝酒，经常碰到患痛风的朋友，他们总是表情痛苦，这样的话，快乐又从何而来？

无论是非常成功的企业家，还是正在路上的创业者，都应该把自己的健康放在第一位，这不仅为了自身的健康和幸福，也为了为之奋斗的事业。目前，中国企业家大多是企业创始人，还是第一代，创始人对于公司的重要性可想而知。据不完全统计，截至 2023 年 10 月，涉及亚布力论坛会员 122 家，其中实业企业 87 家，总资产 1.52 万亿元，年收入 4000 亿元，年利润 600 亿元，年度税收 280 亿元，直接雇用员工 67 万人，间接影响就业 2000 万人以上。企业家的健康和生命会直接影响企业的健康发展，影响千家万户的生活。

这里，我介绍几位有着良好健康生活习惯的企业家。王石和郭广昌拥有让人羡慕的身材。他们的工作都很忙，但仍保持着对运动的热爱。众所周知，王石不仅是企业家，也是探险家，更是赛艇运动的推动者，只要可以划船，每天早上必划。郭广昌是太极高手，也是太极运动的推手。上海亚商发展集团有限公司董事长陈琦伟也有 70 多岁了，还积极参加全程马拉松比赛。

我们需要努力，需要奋斗，也需要有一个良好的身体素质。社会和国家需要健康的我们！

我和我的祖国

　　我的大儿子上学了，每天早晨 7 点不到就要出门，赶赴学校。今天早晨在去学校的路上，儿子突然说："爸爸，我想听国歌。"我用手机播放了国歌，儿子随着音乐一起唱了起来，原来是学校每天都在放，他自然而然就学会了。

　　我听着听着，一种很久未有的豪迈之情突然从内心深处迸发出来。儿子走进了校门，我无意中在手机中又找到了另外一首歌《我和我的祖国》，歌词是这样的：

　　　　我和我的祖国一刻也不能分割
　　　　无论我走到哪里都流出一首赞歌
　　　　我歌唱每一座高山　我歌唱每一条河
　　　　袅袅炊烟　小小村落　路上一道辙
　　　　我亲爱的祖国　我永远紧依着你的心窝
　　　　你用你那母亲的脉搏和我诉说
　　　　我的祖国和我像海和浪花一朵
　　　　浪是海的赤子　海是那浪的依托
　　　　每当大海在微笑　我就是笑的旋涡
　　　　我分担着海的忧愁　分享海的欢乐
　　　　我最亲爱的祖国　你是大海永不干涸
　　　　永远给我碧浪清波　心中的歌

　　我去过祖国大部分省、自治区、直辖市，去过的地级城市超过 250

个，领略过祖国的青山绿水，看过不同地区的风土人情，品尝过无数的珍奇美味。知道北上广深大城市的发达，了解边远地区老百姓的疾苦。

我突然发现，我和我的祖国这么近！我和我的祖国这么亲！我每时每刻都在感受着祖国的温暖，祖国每时每刻都在给我们每个人无限的爱！2023年，中华人民共和国74岁了，我只有49岁，但我也能了解，我们的共和国一直在进步，一直在成长！历史告诉我们：今天的一切来之不易，我们需要珍惜，需要共勉，更需要齐心协力，砥砺前行。

我记得自己刚上学的时候，我的祖国要实现四化：工业现代化、农业现代化、国防现代化、科学技术现代化。我们一直梦想到了2000年，中国会怎样？现在我们已经基本实现了"四化"，我们有了新目标即"新四化"：坚持走中国特色新型工业化、信息化、城镇化和农业现代化道路。我现在在想象2050年的中国会怎样。一定离不开亚布力论坛这个群体，也就是企业家群体。

2001年至今，亚布力论坛也不知不觉走了20多年。中国企业家阶层也从无到有，从小变大，成为社会和国家重要的建设力量，未来也一定会为实现"新四化"奉献无穷的力量。企业家也是普通的人，从为了个体生存开始，到创造企业，解决亿万人就业生活，再到关爱生命，尊重生命。企业家的命运也和祖国紧密联系在一起，伟大的祖国也锻造出了很多伟大的企业家。企业家是祖国的骄傲，祖国是企业家的支柱。

未来20年的企业家一定是"向上而生，向新而行"！

我的 2016—2023

我怀念的2016

2016年过去了，翻开日历，不知道自己干过什么。

我要感谢我的父母，父母养育了我，我才有了今天；感谢我的岳父岳母，养育了我的妻子，我才有了自己的家庭；感谢我的妻子，养育我们的孩子，每天都希望听到他的笑声；感谢我的大哥，我经常出差，父母生病的时候多亏了大哥的照顾！

感谢陈东升理事长！感谢亚布力论坛全体成员，感谢你们对论坛的支持和帮助，我们一直在成长！

感谢我的伙伴们，谢谢你们对我的包容！

感谢国家，给了我们一个好时代！

2016年比2015年更忙，我去过更多地方，见过更多人，开了更多会，看了更多书，也听到了更多的观点；亚布力论坛也完成了更多的研究报告，编辑了更多的书。

2017年终将还是要来了，躲也躲不掉。勇敢地向前吧！我们无路可退，也不需要退路，只需要一直向前。我们将见证历史，而记录历史是我们应有的责任。

2017年，我和妻子的第二个孩子也将出生，新生命代表未来，未来终将属于我们！

2017年，新的一年开始了

对欧洲人来说，圣诞节是最大的节日，就好像华人的春节一样。但对亚布力人来说，每年的 10 月就要开始谋划下一年的工作，也意味着新的一年开始了。

2017 年，我们按部就班进行的事情如下：

10 月，理事会；

11 月，外滩国际金融峰会；

12 月，天津峰会；

2018 年 2 月，亚布力论坛年会；

2018 年 4 月，中美商业领袖圆桌会议；

2018 年 6 月，亚布力青年论坛创新年会；

2018 年 7 月，出国考察；

2018 年 8 月，夏季高峰会；

2018 年 10 月，理事会。

又是一年过去了。

在此期间，我们还要出版 4 本书，开展几个研究项目，按期出版杂志。每个季度组织一次企业互访学习。对了，还有 4~6 场高尔夫球赛。天啊！大家觉得我们秘书处有多少人？

这样有计划的日子挺"好"，"好"到让我着急。我们需要一些惊喜、一些变化。最近我正在读俞敏洪的新书《行走的人生》，其中有这么一段："计划还是要做的，但我们需要注意的是，尽量做正确的计划，而不是忙碌的计划，因为只有正确的计划，才能让我们走在人生的正道上，把那些生命中发生的意外当作必不可少的惊喜和点缀。"

当然，我的团队也就是我的"战友们"一定在心惊肉跳了，这么多事情，如果再来点惊喜估计就要忙趴下了。

丰富多彩的2018

我的 2018 年表情如下：

这些表情组成了我的 2018 ：开心、恐慌、流汗、流泪、失望、得意、得病、喝酒、喝吐……

这一年倒是很充实，因为看到我的日历是满的，没有浪费时间。但同时我又感到有点失望，工作还是那些工作，没有什么创新，没有什么进步。我没有做到"每天看一小时书，学一小时英语，锻炼一小时"的小计划。我获取信息还是更多依靠网络，英语水平还是停留在需要使用翻译机的境界，体重反弹了 3 斤。还有，我说过要戒掉白酒，结果越喝越多。

2019 年就要来了，祝福所有朋友，感谢亚布力论坛所有理事，所有会员，所有参与者，还有秘书处所有同事！"中国的达沃斯，世界的亚布力"一定会实现的，因为梦想还是要有的，万一实现了呢。如果实现了，我就可以退休了。

2019 年，我希望周边每个人生活会更好，当然更重要的是保持健康、快乐。我不希望 2019 年的工作是周而复始来一遍，希望做点"有意思"的事情，有目标才会有希望：希望亚布力企业家论坛永久会址可以顺利完工，希望亚布力青春合伙人项目进展顺利，可以受到大学生们的热爱，有 100 万用户，接下来的事情就顺其自然了。

新的一年，希望我的英语水平可以提高一些，希望能够静下心来多读一些书，可以再减掉 10 公斤体重，可以少喝酒，也希望自己可以更勤快一点儿，争取飞行次数超过 100 次。2018 年只有 70 次，飞少了！

2019年，亚布力中国企业家论坛第十九届年会

马云来吗？——校长不来！

李彦宏来吗？——好像也来不了！

雷军来吗？——出差来不了！

亚布力论坛2019年年会无大腕儿？——也许吧，我想说的是：好与不好在于态度，已非角度。2019年亚布力论坛年会是我经历的最好的一次年会。

什么叫大腕？能被亚布力论坛邀请的企业家、科学家、学者都是"大腕"。能走上亚布力论坛舞台的都是"大腕"。亚布力论坛衡量"大腕"的标准不是粗细、大小，而是思想，亚布力论坛从来就不是炫富的舞台，而是思想分享的道场。马云曾经形容亚布力论坛的思想就像亚布力的雪花一样随处飘落。我今天也想说的是：人很重要，但内容比人更重要。思想最重要，亚布力论坛不只依靠某几位大腕。为什么每年这500个人都会在同一个时间出现在亚布力滑雪场？企业家在关注什么？讨论什么？焦点在哪里？分歧在哪里？对未来的趋势有什么样的判断？当然，这些问题需要你去亲身体验。

什么叫最好？亚布力论坛的内容最好。亚布力论坛年会是国内时间最长的企业家会议，一共3天，8个专场、9个领域、26场公开活动，累计会议时间超过50个小时。实在很累！参加过亚布力论坛的朋友都知道在亚布力开会是一件很辛苦的事情，内容太多，往往来不及消化，需要晚上睡觉的时候去回味。思想的火花来不及反应，就被点燃，而且还被点燃好几次。亚布力论坛有"中国商业心灵"——讲述企业家的心路历程，亚布力论坛有"青年论坛"——揭秘创业者的足迹，亚布力论坛有"青火"——让年轻人看清理想的样子，亚布力论坛有"文化大咖秀"——网络红人、故宫博物院原院长单霁翔讲述"9371间房屋、1200座建筑、20余双布鞋、5个月，捡垃圾、拔野草、拆违建、做'网红'"。

2019 年亚布力论坛年会有 120 位发言嘉宾，其中 30 位是第一次到亚布力论坛。

为什么要来？因为所有嘉宾都集中住在一起、吃在一起、交流在一起，工作效率高。三天会议让"有态度的人"听到、看到、学到超过平时 1 个月的内容。当然需要有态度的你认真去听，认真去参加讨论，认真去寻找你想认识的人。冯仑说过论坛成功三要素"思想交流、休闲娱乐、广交朋友"，亚布力论坛全部具备。当然如果来亚布力就是为了滑雪的朋友，我建议还是换个时间，因为实在浪费资源。在亚布力参会，最好不要依靠秘书或助理，因为亚布力论坛倡导的是企业家之间平等交流、思想碰撞，谁也不愿意去跟哪位助理或秘书碰撞火花。希望"陪某某去亚布力的人"也大可不必，自己想来就去注册，因为我们实在没有陪同、旁听的名额。

为什么冬天总在亚布力？ 2019 年筹款建设亚布力企业家论坛永久会址，我有点儿烦，压力巨大！由于地理位置、设计、施工等多种因素，建设费用不断攀升。与此同时，北京冬奥会所在地——崇礼又在如火如荼地建设过程中。有人问我："为什么总在亚布力？"我一开始的确回答不上来。12 月我去了瑞士，住在洛桑，想去达沃斯看看，结果被告知要开车 6 个小时。我突然想问施瓦布"为什么总在达沃斯？"相信在达沃斯创办的 48 年中，有无数人问过施瓦布同样的问题："为什么总在达沃斯，不去日内瓦，不去洛桑，不去苏伊士？"施瓦布回答的方式就是每年都在达沃斯召开世界经济论坛。明年是亚布力论坛二十周年，会有一个建筑物出现在亚布力，希望她是企业家梦想的摇篮。

最后想讲的是，第十九届年会最后一天（2 月 18 日）晚上，还有一场感人的"大事件"——"乡村医生"颁奖。希望每个人都能坚持到最后！

2020年，不确定年代的英雄

2020 年注定是充满不确定的一年，而且这种不确定可能会持续一段时间，社会和国家的方方面面都充满了挑战，企业和企业家都在大考之中——新冠病毒感染疫情、复工复产、逆全球化思维等等。习近平总书记也在关键时刻召开企业家座谈会，明确指出，要千方百计把市场主体保护好，为经济发展积蓄基本力量。企业家要带领企业战胜当前的困难，走向更辉煌的未来，就要弘扬企业家精神，在爱国、创新、诚信、社会责任和国际视野等方面不断提升自己。

在 2018 年亚布力论坛夏季高峰会上，新东方教育科技集团有限公司董事长俞敏洪有一段演讲，题目是《在一个动荡的时代，做不动荡的自己》。"我们每个人都感受到了时代的动荡，不光是中国，而且是世界。但是，我们每个人都在追求着让祖国变得更好，我们都希望发挥自己更多的力量，我们不希望自己跟着时代一起动荡，而是成为中流砥柱，为这个时代添砖加瓦。"企业家无疑是这个时代最可爱的人，理所应当成为这个时代的英雄，受人敬仰。

什么是英雄？英雄就是完成难以完成的目标，完成不可完成的目标。难以完成的目标对英雄才有吸引力，英雄不找容易的事情做，英雄的选择就是迎难而上。在《原则》这本书中，作者瑞·达利欧（Ray Dalio）引用王岐山曾经对他说过的一句话："假如冲突能在变得尖锐之前被解决的话，世界上就不会有英雄了。"

英雄是一个近乎完美、总会努力找到正确方式把事情做对的人。英雄会把生命奉献给高于自身的东西，英雄是修炼来的，英雄和我们所有人一样，原本在平凡的世界过着平凡的生活，在偶然的机遇下被"冒烟的召唤"感召，引导众人走上"钢铁炼成之路"，充满危险、诱惑、胜利和失败。

在奋斗的路上也会遇到朋友和敌人，与各式各样的人发生冲突，快意恩仇，快意江湖。英雄有优秀的品质，更必须有坚强的意志力，他们持之以恒地追求更多东西，能力会越来越强，成功会越来越多。在成长的道路上，英雄至少会遇到一次极大的失败，这将考验他们的韧性和意志力，如果能够跨越这道深渊，就能够真正脱胎换骨，真正成为英雄。

这恰恰就是企业家精神，很多企业家不愿意说自己是英雄，因为企业家懂得奉献，回馈社会。真正的企业家会想能够为社会贡献什么，而不会考虑"我做了贡献，会有什么回报"。中国暴发新冠病毒感染疫情，第一批响应的人是企业家，是他们用自己的力量在全球采购物资，无偿将海量物资运往武汉，喊出"帮武汉就是帮自己"。我们国家的疫情已经基本平息，虽时有起伏，但中国社会已经彻底进入了复工复产、恢复经济的阶段，企业家依然走在最前面。

2020 年，我们还连续召开了亚布力论坛武汉特别峰会、亚布力论坛夏季高峰会。在后疫情时代，中国企业家更需要凝聚力量，发挥市场主体作用，为中国经济复苏"加码"。

2021年，"520"这一天

每年 5 月 20 日这一天，微信可以发出 520 元大红包，是为了方便向自己的"爱人"表达爱意。2021 年，我在天津参加智能大会，在回北京的火车上，赶紧完成了这个重要任务，否则担心进不了家门。

"520"这一天相继看到了两条没有想到的新闻：一是张一鸣卸任字节跳动 CEO，写了一封大家都可以看到的内部信，表达了希望放下日常琐碎工作，专注"发呆"，专注字节大战略。字节已经是一个伟大的公司了，相信还有奇迹发生，那个专注"发呆"的人会给我们带来很多意想不到的产品和奇思妙想，不知道是不是汽车、飞机、宇宙飞船以及智能机器人之类的让生活全部改变的东西。

当我对字节跳动充满遐想的时候，看到了第二条消息——左晖去世了。我竟然无法接受，其实我们不熟悉。左晖从来没有来过亚布力论坛，无论是冬季、夏季还是其他什么季节，我曾非常努力邀请过！随着他默默地离我们而去，亚布力舞台也将不可能有左晖的身影了，这可能是我职业生涯中一个很大的遗憾。

当看到这个信息时候，我认为一定是假的，这怎么可能，他刚刚 50

岁，是我们"70后"的榜样。虽然不熟悉，但也算同学。因为我们一起参加过中央统战部的"民营重点骨干企业主要负责人专题研讨班"，领导介绍的时候，我代表亚布力论坛，左晖代表的是中国企业家俱乐部（CEC），虽然有点儿不对称，但我很荣幸和他做了一回同学。左晖不仅是一个伟大的企业家，更是一位伟大的父亲。

看看企业家的生活，我还是挺惭愧的，我何尝不是在浪费宝贵的时间。时间和生命都是自己的，抱怨解决不了任何问题，懒散只能浪费生命，刷各种朋友圈更是在欣赏其他人绚丽的人生，而不是在创造美好的生活。有时间，不如去陪陪父母，陪陪家人，陪陪孩子。不如多看几页书，多学学"张一鸣的发呆"，思考人生，思考工作，思考下一阶段的目标。争取上俞敏洪校长的《酌见》！

2021年的"520"，一个更有意义的日子，有欢乐，有悲伤，更有希望！希望每个人每年拥有更多的"520"，拥有更多的快乐，拥有更多的健康。

2021年，发生的"大事件"

2021年发生的最重要的一个"大事件"就是，亚布力论坛召开了2021年理事会。虽然由于疫情影响，很多活动被迫推迟，但理事会还是照常召开。本次理事会以"线上＋线下"的形式同时召开，理事们的参与度高达90％。

理事会高度肯定了张文中主席的工作，选举出由丁健理事担任亚布力论坛新一届轮值主席。当然，秘书处的工作报告也顺利通过，我得以继续担任论坛秘书长，这也意味着我即将开始第19年的秘书长岁月。

虽然我们的工作由于疫情的持续被切割得时断时续，但我们信心仍在。这份自信源自我们的国家，源自企业家群体。我相信，疫情终会过去，终有一日，我们会摘下口罩，能够在安全的环境下组织各种活动，认真研讨企业发展之道，更加全力以赴地参与建设伟大的祖国。

自新时代以来，亚布力论坛受到中央统战部、全国工商联的日益重视和支持。亚布力论坛经全国工商联主席办公会批准成为"全国工商联直属团体会员"。有了这个资格，亚布力论坛就可以受邀在全国开展活动，为区域经济发展助力。同时，我们与中国光彩事业促进会签订战略合作协议，成立了社会责任委员会，为助力乡村振兴贡献一己之力。

当然，任何组织、任何人都不能忘了自己的家乡，亚布力论坛的家乡是黑龙江，亚布力论坛全体企业家都盼望着家乡的振兴、繁荣，期待家乡过上新时代的美好生活。

对我个人来说，还发生了"两件大事"。我有了新职务，更重要的是有了新任务。全国工商联正式批准亚布力论坛秘书处成立"党支部"，由我担任副书记，可不要轻视党支部"副书记"这个职务，因为"书记"是亚布力论坛理事长、亚布力论坛最大的义工陈东升同志。

回想过去 20 年，我和陈东升董事长之间的关系不断变化，先后建立了四重关系。每一种关系中，都是我被陈东升董事长所领导：最初，我和他的关系是"秘书与董事长"（我做了他 3 年的秘书），接下来是"秘书长与理事长"（我已经做了论坛 18 年的秘书长），后来是"常务理事与名誉副会长"（中国光彩事业促进会），现在是"党支部副书记与书记"。

我和陈东升董事长之间的关系不断发生着变化，每一种关系都意味着一种新的责任。

肩上的职务多了，责任也就多了，可惜我的能力和水平没有随之增加，所以我还要努力学习。秘书长的工作需要广泛涉猎各行各业的知识。事实上，我最希望自己再读一个历史学博士，因为我们的工作是记录、整理和传播企业家思想。"如何真实撰写企业家历史，反映最真实、最完整的企业家发展过程"是我的工作。我相信通过学校系统性的学习，会让我的工作成效进一步提升。

我们在亚布力修建了永久会址，会址内两侧展馆像两只"大耳朵"，初步具备了"企业家博物馆"雏形。馆内梳理了从洋务运动以来，以企业家精神为主线的企业家发展历程。虽然我和我的伙伴们也花了很多精力以求提供最精准的企业家发展资料,但仍有很多不足。理事长和很多理事也经常提出建议:"(博物馆内容)还很不完善,不太专业!"我知道,学习历史是为了记录历史,所以我们还在努力中。

我还有一件重要工作是,担任小学班级家委会会长。这个会长责任很大,没有报酬,而且要付出很多。此前我还询问学校关于年级家委会会长的职责(我没有想去竞选啊),年级组长告诉我:"要有耐心,经常接听家长电话。"我一听就晕了,我接的电话已经够多了,可不敢承担自己能力范围之外的事。但既然做了班级家委会会长,就先做好班级事情吧。当好"二道杠"很重要。

为什么家委会的工作很重要?因为这关系到孩子,关系到目前国家"双减"政策的落实和执行。孩子的教育,当然主要靠学校和老师,要让学校成为教育的主阵地。虽然"双减"政策苦了我们的俞敏洪校长,他不得不带领新东方转型;但我想强调的是,俞敏洪校长是我认识了将近20年的良师益友,是我非常敬佩的企业家,希望有一天俞敏洪校长可以来我们小学班级讲课。

家委会的工作很纯粹,很多朋友都问我:"你这么忙,为什么要参与?"我的回答是:"有意思,可以保持年轻、保持活力;当然也有自私的一面,我可以多和老师交流,了解自己孩子的情况。"朋友又问:"你不怕家长说你有私心吗?"我答:"我本来就有私心,为什么担心其他人讲,最重要的是要做到不贪功、不惧责、大公有私。要想认认真真把工作做好,就先要做到无条件地付出。"

某位大企业家说过:"以前我的生活就是工作,以后我的工作就是生活。"这也说明工作和生活常常分不开,我们要努力工作、享受生活。正如另外一位大企业家所说:"努力工作,造福社会的同时,也造福自己的生活。"

让我们一起努力!理想是有的,而且它一定能实现。

我的2022年

2022年年底，我们家多了一只小动物，是一只小仓鼠，也是我们家唯一没有"阳过"的生命，而且小仓鼠生命力极强，两次趁着笼子没关门逃了出来，从1米高的桌子上摔到地上，等我再发现它的时候，它在很远的角落里躲着。它肯定不知道外面没有粮食，没有水，但看到外面的世界那么大，它渴望出去逛逛。下次如果不关门，估计它还是要出去的。2022年很快就过去了，这一年有很多有意思的事情。最重要的事众所周知，大家都"阳过"了，也很快"阳康"了，并对2023年充满期待。当然，我们依然要做好准备，没有什么比健康更重要，没有什么比家人安全安康更重要。

还有，对于我们这些"70后"的人来讲，激动人心的是梅西带领阿根廷队夺冠了，从长发飘逸的少年，到胡子拉碴的大叔，梅西还是夺冠了，虽然过程千辛万苦，但他最终亲吻了大力神杯。作为足球运动员，35岁的梅西年龄不小了，但对于很多人来讲，35岁才刚刚开始，最重要的不是年纪，而是坚持下去的勇气和毅力。

2022年，一次偶然的机会让我认识了一位不简单的人，他叫蔡磊，曾经是京东集团原财务副总裁，非常可惜得了渐冻症。让我意外的是，蔡磊是一个非常乐观的人，虽然他很不幸——渐冻症是世界难题，根本没办法治愈，但他依然把最宝贵的时间投入罕见病药物的研发上。想想蔡磊，想想他的顽强，你就会知道世界上没有什么困难，最大的挑战正是我们自己。

2022年，最可惜的是亚布力论坛厦门峰会在开幕前的最后一刻决定延期，美丽的厦门只能2023年再去了。过去三年也好，过去一年也好，似乎很漫长，我们的会议一直在延期、重启、再延期，在重启中徘徊和努力，虽然屡战屡败，但我们还是屡败屡战，还是熬了过来，接下来就是2023年亚布力论坛年会。

党的二十大胜利召开之后，2022 年 12 月 15 日，中央经济工作会议召开，再次明确"两个毫不动摇"——毫不动摇巩固和发展公有制经济，毫不动摇鼓励、支持和引导非公有制经济发展。2023 年亚布力论坛年会的主题是"弘扬企业家精神，聚力高质量发展——中国式现代化的机遇与挑战"。

千呼万唤之后，俞敏洪校长也正式成为亚布力论坛新一届轮值主席。他的创业历程也是企业家不畏苦难、勇往直前的写照。23 岁的亚布力论坛已经大学毕业了，开始走向社会。

迎接更卷的2024

2023 年，一个充满挑战与机遇的一年即将过去。这一年，我们用"卷"这个词语来形容，因为它既代表了我们的努力和拼搏，也反映了我们在各个领域取得的成果。

在这一年里，我们举办了诸多活动，如年会、夏季高峰会、青年论坛等。这些活动不仅丰富了我们的精神生活，而且提高了我们的综合素质。同时，我们还积极参与国际交流，与世界各国分享经验，共同应对全球性挑战。

回顾过去的一年，我们感叹时间过得飞快，仿佛比过去三年都要快。这是因为我们在这一年里付出了更多的努力，取得了更多的成绩。然而，我们也深知，前方的道路依然充满挑战，需要继续努力，不断提升自己。

展望 2024 年，我们希望它能够更加卷，因为只有更卷，我们才能在这个新时代中不断前进，实现中华民族的伟大复兴。让我们携手共进，迎接充满希望的 2024 年！

后记　人活着不是为了改变世界，
而是为了改变自己

　　用过苹果手机、读过《乔布斯传》、看过乔布斯电影的人，都会记住一句话——"活着就是为了改变世界"。我读过这句话，也记了、用了，受到了鼓舞，做了很多梦，想着自己也能去改变世界，但梦醒了之后，却不知实现梦想，要从何处着手。

　　我估计我做的梦都无法实现，还是应该现实点，从改变自己开始，少做梦，多行动。每天甚至每年进步一点点，比光做梦要更实际。例如，我希望自己能够再减重 10 斤，于是每天坚持跑步、骑自行车，但由于我每天坚持吃 1 斤花生米，体重还是一直没减下来。我不知道能否改变这个生活习惯，如果改变了会有很多不适应，也不知道有没有"替代品"。对于我来讲，戒掉"花生米"，成了我减肥路上最大的挑战。

　　2022 年，亚布力论坛组织企业家去了一次乌鲁木齐，拜会新疆维吾尔自治区党委和政府主要领导，取得了意想不到的效果。企业家代表中有两位"高龄"企业家，王石董事长和刘永好董事长，他们都是 1951 年出生，年过七十，体力之好，精力之旺盛，令人钦佩。我之前也提过这个问题，他们之所以能够一直"健康"地活跃在大家面前，最重要的是，他们都保持着一个乐观的心态和健康的生活习惯，自律性都特别强——不抽烟且滴酒不沾。

　　王石给人更多的感觉是超越了年龄限制，70 多岁又爱上了攀岩，还鼓励企业家都去玩攀岩。刘永好更多地给人厚重、稳健的印象，被誉为企业界的"常青树"。成功的企业家还有一个共同特点：愿意改变自己，完善自己，不断追求创新和进步。

在我琢磨如何改变自己的时候，2022年北京冬季奥运会特别是中国运动员已经给了全世界一个惊喜。中国代表队出现了两位新的偶像级人物谷爱凌和苏翊鸣，这两位奥运冠军可以说在一定程度上"改变了世界"。很多年轻人视他们为榜样，积极投入冰雪运动中。成为冠军需要放弃很多，改变很多，更要付出很多。我还在上小学的儿子就是其中一位粉丝，每次看完比赛，他总是问我："怎么才能成为像他们那样的奥运冠军？"我只能告诉他，需要好好学习、不断完善、不断改变、不断进步，一切就有可能。

我们处在百年未有之大变局的新时代，再过20年，我就快70岁了，我是否还可以像刘永好、王石一样健康？北京、中国、世界，会是什么样子？哪些人还会参加亚布力论坛？谁会是论坛的主角？机器人的数量会不会超过人类的数量？它们会不会造反？20年后的亚布力论坛年会主题又会是什么？当然最重要的是，我们存在了下去。

想想20年后，一个年近70岁的老秘书长带着一群"2010后"，在努力筹备亚布力论坛第四十二届年会，我就想笑。不知道那个时候是否还需要我挨个发信息？亚布力企业家论坛永久会址是不是应该重新装修过了？周边是不是又有新的建筑了？

那时的我，可能还在吃着花生米，想着如何控制体重。我可能没有改变自己，更没有改变世界，还会感叹一句：王石怎么就爬上那个攀岩峭壁了呢！